U0610984

后系列

大漠女杰

萧太后

王德忠 著

辽宁人民出版社

图书在版编目（CIP）数据

大漠女杰：萧太后 / 王德忠著. -- 沈阳：辽宁人民出版社，2025. 3. --（历代名后系列 / 赵毅主编）.
ISBN 978-7-205-11299-8

Ⅰ．K827=461

中国国家版本馆 CIP 数据核字第 2024P9D951 号

出版发行：辽宁人民出版社
地址：沈阳市和平区十一纬路 25 号　邮编：110003
电话：024-23284191（发行部）　024-23284304（办公室）
http：//www.lnpph.com.cn

印　　刷：嘉业印刷（天津）有限公司

幅面尺寸：165mm×235mm

印　　张：21.5

字　　数：244 千字

出版时间：2025 年 3 月第 1 版

印刷时间：2025 年 3 月第 1 次印刷

责任编辑：赵维宁　姚　远

封面设计：乐　翁

版式设计：一诺设计

责任校对：冯　莹

书　　号：ISBN 978-7-205-11299-8

定　　价：68.00 元

"历代名后系列"序

　　"历代名后系列"是一套上起先秦下迄晚清，包含12位王后、皇后（包含皇太后、太皇太后）的传记史学作品，分别是：夏桀王后妹喜，商纣王后妲己，周幽王王后褒姒，汉高祖皇后、汉惠帝皇太后吕雉，汉成帝皇后、汉哀帝皇太后赵飞燕，晋惠帝皇后贾南风，北魏文成帝皇后、献文帝皇太后、孝文帝太皇太后冯氏，北魏孝明帝皇太后胡氏，唐中宗皇后韦氏，辽景宗皇后、辽圣宗皇太后萧绰，清世祖皇太后、清圣祖太皇太后博尔济吉特氏（即孝庄文皇后），清穆宗、清德宗皇太后叶赫那拉氏（即慈禧太后），编为9册。这是一套史学专家撰写的通俗性历史读物。

　　夏商周三代尚无皇帝尊称，是分藩裂土的王政时代，因此，妹喜、妲己、褒姒被称为王后。秦汉以降才是帝制的开端，最高统治者称皇帝，其配偶称才人、女御、嫔妃、贵人、贵妃、皇后等，等级分明，地位天壤，皇后执掌中宫，是内廷宫闱的高层级支配者。皇后原则上只册封一人，但在帝制时代，两后并立亦不鲜见。当朝皇帝的正妻或其最喜欢的妃嫔往往被册封为皇后。当朝皇帝驾崩，子侄辈即位为新皇帝时，皇后往往被尊为皇太后，待孙辈登基为新皇帝时，皇太后则被尊为太皇太后。没有皇后履历的皇帝妃嫔，母以子贵，在其子加冕称帝时，被追尊为皇太后是常例。

严格说来，社会只由两种人构成，即男人和女人。历史本应由这两种人不分伯仲共同创造与书写，然而，实际的情形并非如此。

自先秦至晚清数千年间，朝代更替频繁发生，占据历史舞台中心的帝王将相、达官显贵、英雄豪杰，几乎清一色是男子，女人仅是男人的附庸，全无展示自己的平台，无法成就轰轰烈烈的伟业。通观中国古代历史，唯有武曌一位女皇，对其评价尚褒贬不一，罕见女性有位极人臣、出将入相者。中国古代的正史——"二十五史"、历朝政书的书写者均为博学多识的男性官僚学者，除班昭参与了《后汉书》的部分编纂工作外，再无任何女性参与正史、政书书写。历史的书写者基本为男人。书入正史的帝王将相、达官显贵占去了史书绝大部分篇幅，而约占人口总数 50% 的女性，仅占有《后妃传》《列女传》等少得可怜的篇幅。

中国古代是男人的社会，中国古代正史由男人书写，中国古代，尤其两汉以后，儒家思想成为社会主流意识形态，宋代以后理学存天理、灭人欲的礼教观念广行流布，女子无才便是德、男主外女主内、节烈贞洁等种种礼教戒律严重束缚女性，在政坛上叱咤风云的女性更难得一见。

本书的 12 位传主，夏后、商后、周后、吕太后、赵皇后、贾皇后、韦皇后等 7 人系汉族女性（夏后、商后、周后可视作华夏族），而胡太后、萧太后、孝庄文皇后、慈禧太后等 4 人为少数民族女性，冯太后为少数民族化的汉族女性。为什么少数民族女性所占比例如此之高呢？这与少数民族对女性礼教戒律束缚较少、少数民族女性的社会地位相对较高密切相关。尽管在古代中国历史上出现很多炙手可热的名后，有的在政坛上翻云覆雨，甚至临朝称制，掀起巨澜,但实质上她们仍是男性的附属。

古代社会,从太学、国子学到府州县学,各级官学不录取女性学员,妇女受教育的权利被剥夺;古代社会,从乡举、里选、征辟、察举、九品中正到科举取士,各种官吏选拔均不把女性划入考查范围,妇女参与国家政治的权利又被剥夺。只因皇帝有一套严格而完整的后妃制度,服务于皇权,才有了这样一个皇后、皇妃群体。首先,皇后必须由皇帝册封,皇后的名分是从皇帝那取得的;其次,皇后在家庭中必须服从夫君——皇帝的权威,皇后的权力是皇权的外延,是皇帝给予的。在帝制时代,专制皇权不断强化,为防止后妃干政、外戚坐大,形成后党,在政治设计上约束限制后妃、外戚权力膨胀的规则日益严密,个别朝代甚至推出并实行册封皇太子后处死皇太子生母的冷酷政策。

这套"历代名后系列"的12位传主,生活在不同朝代,政治履历、知识素养、性情禀赋、胆识谋略及最终结局各不相同。作者对她们生平际遇、历史功罪等诸多方面,在尊重史实、参酌同行研究的前提下,做了尽可能详细的陈述与评说,不仅为了再现她们多姿多彩的人生,更是想让读者透视她们生活年代变幻莫测的政治风云。汉高祖皇后吕雉,辅佐刘邦成就霸业,与萧何谋划除掉韩信,巩固统治。高祖病逝后,惠帝软弱,由吕后实际掌权,她继续无为而治的黄老政治,使汉朝国力不断增强。她又擢拔吕氏族人,形成诸吕集团,操控朝政,最终陈平、周勃铲除诸吕,迎立汉文帝,酿成汉初一场政治大震荡。夏桀王后妹喜、商纣王后妲己、周幽王王后褒姒、汉成帝皇后赵飞燕,皆为倾城倾国的绝代美人,以姿色取悦君王,虽行止乖张,恣肆任情,颇受后人非议,但把夏、商、西周败亡,汉朝衰败的历史责任加到她们头上恐未必公允。北魏献文帝冯太后,有度量有胆识,激赏汉文化和中原王朝成熟的典章制度,促成孝文帝实行改革，接受中原文化，推动了鲜卑族社会发展进步和与汉族的民族融合。辽圣宗皇太后萧绰，是有影响有担当有作为的政治家，她能在朝堂上决断大政，亦能统率百万大军攻城略地，与敌人对垒。在辽宋对战势均力敌的情势下，审时度势，促成"澶渊之盟"，使辽宋之间实现数十年之和平。孝庄文皇后博尔济吉特氏是位聪明睿智的女人，她的成功在于在清初复杂的皇位争夺中施展手段，辅保年幼的儿子福临、孙子玄烨登上皇帝宝座，摆平满洲贵族各派政治势力。即或有下嫁摄政王多尔衮之韵事，也毫不影响其历史地位。晋惠帝皇后贾南风、北魏孝明帝皇太后胡氏、唐中宗皇后韦氏3位传主有许多共性，凶悍、妒忌、残忍而又野心极大，是史上公认的"女祸"。贾皇后的丈夫惠帝司马衷是低智商，不能亲理朝政，贾皇后操控大权，在朝臣和宗王间拉帮结派，拨弄是非，引发司马氏自相残杀的"八王之乱"，使晋朝走向衰亡，贾皇后也在乱世中被杀。北魏胡太后，心狠手辣，两度临朝称制十余载，挟持皇帝、势压宫妃，威福自专，天怒人怨，最终被尔朱荣沉于黄河。唐中宗皇后韦氏是位心机颇深、手段高妙、野心勃勃的女人。在武周和中宗时期，她巧妙周旋，地位虽有浮沉，但终究保住了权位，膨胀了势力，与上官婉儿等结成势力集团，顺昌逆亡，甚至密谋政变，弑君自立，效法则天武后。在唐前期朝政大变局关键时刻，睿宗之子李隆基果断发动兵变，杀死韦皇后，化解了一场政治危机。慈禧太后是清文宗之懿贵人，没有皇后名分，文宗死，穆宗立，径封皇太后，历同治、光绪两朝四十余年，垂帘听政，独断朝纲，地位从未动摇。她思想保守、观念陈腐，在西学东渐，世界格局大变演中，无能应对，锁国闭关，为保住其独尊地位，血腥镇压维新人士；在对西方列强的斗争中，屈膝投降，签订了一系列割地赔款、丧权辱国的条约，使偌大中华沦为半殖民地社会；她个人生活厚自奉养、奢侈挥霍，为庆六十大寿，竟公然连续数年挪用海军经费近200万两，这也是导致甲午战争中北洋水师全军覆没的一个重要原因。

这套名后传记史学读本，成于众人之手，风格不同，学识也有差异，相信读者慧眼识珠能够发现其精到和舛误。此套书曾刊行于20年前，此次应邀修订，主要是打磨文字，订正史实错误。限于作者水平，肯定还有其他问题没能发现更改，欢迎读者教正。

辽宁师范大学　赵毅

2023年5月15日

目　录

引

子

在辽朝上京城朝廷重臣北院枢密使兼北府宰相萧思温豪华气派的宅邸前，彩门高耸，披红挂绿，宅邸内外到处洋溢着喜庆而热烈的气氛。

原来，宰相府正在举行送亲仪式，与萧思温属同一支系的萧氏族人们正聚集在宰相府门前，准备送萧思温的第三个女儿入宫，做不久前即位的景宗皇帝耶律贤的皇妃。

按契丹族风俗，在婚丧嫁娶的仪式上并无很多的贵贱之分和忌讳。所以，宰相府与皇家结成姻亲的消息很快传遍都城内外，前来看热闹的各色人等拥在宰相府前宽阔的官道上，里三层，外三层，围了个水泄不通。

此时，虽然已过立春多日，但地处塞北的上京城依然大地封冻，春寒料峭。然而，正所谓"人逢喜事精神爽"，在袭人的寒气中，萧氏族人们的脸上仍然面露喜色，掩饰不住盎然的春意。

送亲仪式完全是按照契丹固有的婚俗进行的。

新皇妃的父亲萧思温至大门外亲自迎接了皇帝派来的迎亲使臣和仅具有象征意义的媒人，接受了皇帝赏赐的美酒、牛羊、锦缎、绢帛及各种礼物。使臣下马，先向新皇妃敬酒，又依次向新皇妃的父母、兄弟姐妹、至亲族人们敬酒。

随迎亲使臣同来的惕隐夫人①，恭请新皇妃登车启程，只见新皇妃面若桃花，沉静不失娴雅，娇羞中更显妩媚，说她有沉鱼落雁之美亦不过分！又经过

————————————
① 惕隐：辽朝官名，掌皇族事务。

精心梳妆打扮，从头到脚，珠光宝气，穿金戴银，真是光彩照人，仪态万方。

新皇妃在宫中来的官女们的搀扶下，向父母亲、诸兄弟姐妹和众族人们侧身拜了四拜，登车后又向父母亲敬上一杯告别酒。

萧思温夫妇站在车前，接过酒杯一饮而尽，对女儿悉心叮嘱道："吾儿此去，远离父母膝下，既为人妇，当恪守妇道，在皇帝面前要小心侍奉，不可辱没我萧氏门风，珍重！珍重！切记！切记！"

新皇妃在车上应道："二老放心，女儿都记住了，一定不辜负二老教诲。"

这虽然都是婚礼中的例行程序，但在此亲人离别之际，自有一番不可言状的滋味涌上心头，萧思温和女儿，一个在车上，一个在车下，两人眼中都充满了泪水。

萧思温又对使臣、媒人等迎亲的一行官员们施礼，说了一些路上辛苦、费神关照之类的话。

当迎亲队伍启行之后，萧氏族人们在车后一拜再拜，追拜不止，寓不忍皇妃离去之意，由迎亲官员遍赐美酒后，族人们才结束追拜散去。继续前行未久，又有宫中教坊的伶工乐人们拦住去路[①]，载歌载舞，赞颂新皇妃的美貌绝伦，祝愿她入宫后万事如意。这实际上是民间婚礼中凑趣讨赏的内容，只不过因为这是皇帝娶亲，改由教坊的演员充当凑趣的乡民罢了。于是，新皇妃便下令把早已准备好的各种礼物分赐给众人。

来到皇宫门前，已有宰相率惕隐及皇室男女老幼在此迎候。宰相宣读了迎娶新皇妃入宫的诏敕，并代表皇帝向新皇妃及送亲的萧氏族人们赐酒。

当车行至皇帝所在正殿东南 70 步之遥时，礼仪官示意停车，新皇妃由惕

---

① 教坊：皇宫中掌教习音乐的机构。

隐夫人搀扶下车，背负银罂，手持滕囊①，沿着事先铺就的崭新的黄土路步行前进，前有一皇族妇人手捧铜镜退步而行，后亦有一皇族妇人双手伸展着一件羔皮缝制而成的裘衣，做遮盖新皇妃身体之状。这象征着驱逐新皇妃周围的邪恶之气，保佑她大富大贵，永无灾祸临头之意。

在进入寝殿的门前正中，又放置着一副镶金镂银的马鞍，新皇妃在惕隐夫人的搀扶下，从马鞍上跨过去，以祈求将来平平安安，诸事吉祥如意。至此，在皇宫之外的迎亲仪式才告结束。

进入皇宫，新皇妃要先去供奉列祖列宗神位的祭祀场所，向祖宗牌位和画像敬酒，行叩拜大礼，在惕隐的主持下，以祖宗的名义向新皇妃赏赐衣服、珠宝、首饰诸物，新皇妃要当场穿着佩戴。又由皇族中儿女双全的妇人向新皇妃赠送银罂、滕囊，并向陪同新皇妃的萧氏族人们赏赐礼物。

进入正殿，皇帝已在御座上等候，由皇族耶律氏中年龄最长且有德望者为主婚人。先由萧氏送亲人中的年长者向皇帝长跪问安："圣躬万福"，然后面奏送新皇妃入宫之意。在主婚人的致辞中盛赞萧氏与耶律氏世代联姻，共治天下的美举，祝愿皇帝与皇妃多子多福，寿比南山。接下来是举行盛大的酒宴，皇族耶律氏与后族萧氏数百人，不论君臣，不分贵贱，同席而饮，喝到高兴处，又起而且歌且舞，无不尽欢。

第二天，皇帝大婚典礼达到高潮，除了继续在宫中排宴招待皇族、后族和蕃汉文武百僚外，还上演百戏，进行角抵②、马术、射箭等文娱、体育活动，皇宫内外沉浸在节日般的气氛之中。

---

① 罂：口小肚大的陶罐；滕囊，口袋。新妇在婚礼中携带罂、滕囊，寓意婚后生活富足，不愁吃穿。
② 角抵：古代比试力气的技艺表演，类似现在的摔跤。

第三天，景宗皇帝驾临正殿，召见和赏赐萧氏送亲的众族人们，萧氏也向主婚人献上礼物，感谢他对新皇妃入宫的周到安排和对萧氏送亲众人的热情款待。皇帝的大婚盛典到此宣告结束。

在以上辽景宗婚礼大典中的新皇妃，就是本书的主人公萧太后。萧太后（953—1009），契丹人，名燕燕，汉名绰，辽朝北院枢密使兼北府宰相萧思温的三女儿，入宫即被册为贵妃，同年册立为皇后。辽景宗在位时，她即开始参预朝政，辅佐皇帝治理天下。景宗去世后，她奉遗诏以皇太后身份临朝摄政，直至统和二十七年（1009），才还政于辽圣宗耶律隆绪，摄政时间长达27年之久。

萧太后的一生，经历了辽朝从摆脱"中衰"走向繁荣鼎盛的重要发展阶段，她对内主张学习和吸收中原先进的文明，积极推进社会改革，对外连年发动战争，以拓地开疆为志，终于使辽朝发展成为与当时的宋朝南北对峙、雄踞于中国北部的强大政权。

萧太后一生的所作所为，为推动辽朝的历史进步与发展建立了不可磨灭的功勋，不愧为辽朝有作为的政治家，也是中华民族历史上巾帼英杰中的著名一员。

本书要展示的是萧太后所经历的那个特殊的历史时代以及萧太后作为辽朝最高统治者充满传奇色彩的人生和感情世界。

第一章

争皇权同根相煎急
频动乱『中衰』堪称忧

以公元 907 年契丹迭刺部酋长耶律阿保机建立大契丹国为标志，这个中国北方古老少数民族的历史进入了一个全新的发展阶段。其中最突出的表现就是契丹奴隶主最高统治集团通过对外征服和兼并战争，掠夺人口，扩大疆土，攫取财富，他们把这作为增强自己势力最便捷、最有效的途径，而且连年征伐，乐此不疲。辽太祖耶律阿保机在位时期，就率领精甲骑兵以所向披靡、不可阻挡之势，横扫长城以北，先后征服突厥、吐浑、党项、沙陀、乌古、阻卜、渤海等部族和政权，在中国历史上第一次把长城以北的广大地区置于一个统一政权的管辖之下。

契丹统治者发动的战争，与五代时期的中原纷攘、动荡相表里，给各族人民，包括汉族人民和契丹人民带来深重灾难，却给契丹统治者带来巨大的实惠和利益。

辽太宗耶律德光即位后，把对外侵扰、掠夺的矛头对准了长城以南的中原大地，其最大收获是五代后唐（923—936）末年应河东（今山西太原）节度使石敬瑭之邀，以出兵助其灭后唐让他当皇帝为条件，得到了今河北、山西省北部的 16 个州的土地，即所谓的燕云十六州。

然而，正当契丹统治者的对外征服和掠夺获得极大成功的时候，契丹上层统治集团内部两种政治势力之间的分裂和斗争却愈演愈烈，经常兄弟反目，骨肉相残，动辄酿成流血冲突。

当时，契丹国家政权虽然已经从原来氏族制的基础上建立起来，但是，在契丹上层统治集团的政治生活中不可避免地带有氏族社会的影响和痕迹，如在权力和利益分配问题上，耶律阿保机就与其诸兄弟及诸部贵族发生过多次流血冲突。

在这一特定的历史发展阶段中，契丹统治集团内部矛盾与斗争的基本内容是坚持推进契丹社会的改革与进步，还是顽固坚持契丹民族在氏族社会阶段的各种陈规陋习。随着契丹民族自身的不断发展，和在对外扩张中越来越多地接触到先进的中原文明，就使得这种矛盾和斗争日益激烈。

这一斗争的核心是由哪一种政治势力掌握契丹的最高统治权，而且这一斗争又与契丹贵族内部诸多的矛盾错综交织在一起，更赋予这种新与旧的斗争长期性和复杂性的特征。

从辽太祖耶律阿保机死去至萧燕燕登上辽朝政治舞台的40余年间，契丹最高统治权力在新旧势力间的反复易手即说明了这一点。

一、遭疑忌耶律倍让国

辽太祖天显元年（926），耶律阿保机在率领契丹大军东进忽汗城（今黑龙江宁安东京城），灭亡渤海国后回军途中，突然得病，死于扶余城（今吉林四平境）。按照耶律阿保机的生前安排，皇位的继承者应为嫡长子耶律倍，因为早在耶律阿保机称帝建国的神册元年（916），他就被册立为皇太子。

然而，因事出仓促，契丹统治集团内部两种政治势力间的斗争再掀波澜，更由于守旧势力的代表，辽太祖的皇后述律氏把持了朝中大权，使皇太子耶律倍的皇位合法继承人地位受到极大的挑战。

皇太子耶律倍自幼聪明慧颖，又能刻苦读书，对中原汉族的高度文明极为仰慕，成年以后，通晓阴阳之术，精于医药之学，又对音乐、绘画有很深的造诣，他的工笔画《射骑》《猎雪骑》《千鹿图》等作品流入中原，被后来宋朝的宫廷画院作为精品收藏。他通晓汉文和契丹文，能够用这两种文字写出文采绮丽的诗赋和文章，他曾经把汉文的道家经典《阴符经》翻译成契丹文。

耶律倍不满足于北方文化落后、文献缺少的状况，专程派人去中原乃至长江以南寻访和购求图书典籍1万卷，而且在医巫闾山（今辽宁西部）的山顶修筑了藏书的望海堂。

由于唐朝末年以来的长期割据混战，中原社会动荡，图书典籍难逃战火焚毁厄运，而耶律倍所藏图书之丰富，就是流入契丹统治地区的汉族士大夫也不由得为之击掌叫绝，因为他们在耶律倍的望海堂看到了已许久未看到的珍异版本的图书。

耶律倍在契丹贵族众多向往汉族封建文明的人中堪称佼佼者，又由于他对中原王朝的政治制度了解得比较多，所以在事关契丹统治方针的重大原则问题上，他积极主张大张旗鼓地吸收和学习中原王朝的统治制度和经验就不足为奇了。

辽太祖耶律阿保机在世时，有一次与蕃汉文武臣僚们议论国家大事，太祖问："秉承天命统治万民的君王，理应敬奉上天和诸路神仙，朕想设坛祭祀对于我大契丹国有大功劳者，以何者为先？诸爱卿不妨直言。"

当时，佛教已经在契丹统治地区广泛传播，在社会上层的贵族和契丹平民中有众多的信徒，于是，参加议论的许多人都表示应当把祭祀佛祖释迦牟尼放在首要地位。

而太祖听罢则表示了相反的意见,他说:"佛祖释迦牟尼本不是我中国人,佛教也不是我中国本土固有的宗教,若优先祭祀,恐难以服众。"

耶律倍也在座,他起身奏道:"孔子是我国历史上最伟大的圣人,世世代代受到天下万民的敬仰,堪为君王师表,若论宜于优先祭祀者,儿臣以为莫过于孔子。"

耶律倍的一番话正中辽太祖下怀,太祖不由得龙颜大悦,对耶律倍的卓见与己之所思不谋而合赞不绝口。辽太祖随即颁布诏令,在都城(今内蒙古赤峰巴林左旗林东镇南)之内修建孔庙,并令皇太子耶律倍在春秋二季按时祭奠。

终太祖之世,契丹统治集团的主要任务是连年对外进行扩张和征服,政权建设和统治制度的确定尚处在初步阶段,因此,吸收和学习中原王朝的统治制度和经验还不能排到日程上来。但是,辽太祖耶律阿保机积极推进契丹社会进步的主张和措施,给皇太子耶律倍以十分重要的影响,为他在思想上进一步倾向汉化和后来主政东丹国时期推行"汉法"做了重要的思想准备。

辽太祖耶律阿保机灭亡渤海国后,为加强对渤海遗民的统治,在这里建立了东丹国,任命皇太子耶律倍为东丹王。这是耶律阿保机经过深思熟虑做出的审慎决定,因为渤海国原来就是一个在社会发展水平上大大高于契丹的政权,对渤海故地实行什么样的统治政策,关系到能否在这里建立稳固统治的重大问题。耶律阿保机反复权衡,认为只有皇太子耶律倍具有胜任主政东丹国的学识和才干。

耶律倍上任以后,果然以优异的政绩证明辽太祖的选择是正确的,可惜的是辽太祖来不及看到了。耶律倍继承了渤海国原有的政权规模和体制,留用了渤海国贵族和官员，沿袭了原来的政治、经济制度。这样，使渤海故地在改朝换代的大变动中以相对平稳的方式实现过渡，没有造成剧烈的社会动荡，使渤海故地在原有较高水平的基础上继续向前发展，成为割占燕云十六州之前契丹统治区域内社会发展水平最高的地区。

耶律倍在东丹国实行的统治措施，是契丹统治者在中国北部疆域辽阔、民族众多、社会发展不平衡条件下进行有效统治的成功尝试，对后来"因俗而治"统治政策的形成产生了重要的影响。

耶律倍的汉化倾向和他的所作所为，理所当然地引起了契丹贵族内部顽固坚持旧俗旧制，反对变革进步的保守势力的反感，其中之一就有他的母亲淳钦皇后述律氏。

述律氏是辽太祖耶律阿保机的正宫皇后，她处事果敢而有胆略，为人残忍而不乏智谋，在耶律阿保机东征西讨、底定北方的军事斗争中，她或留守都城，或随行军中，或策划于帷幄，或驰骋于沙场，是耶律阿保机不可缺少的参谋和助手。因此，述律氏在契丹贵族包括耶律氏中拥有很高的威望，在耶律阿保机建国时，册封她为应天大明地皇后，简称应天皇后。

述律氏在事关契丹社会变革的问题上明显地表现出她的保守落后性，她激烈反对改造契丹旧制中与社会发展早已不适应的部分，对契丹贵族中如耶律倍这样的远见卓识人士和投靠契丹的汉族士大夫积极进行社会改革的主张不屑一顾，认为只要有了契丹铁骑，就可以纵马驰骋，横扫天下，可以得到任何想得到的东西。

述律氏与太祖耶律阿保机生有三子，即长子耶律倍、次子耶律德光、三子耶律洪古。耶律倍虽然在名义上被册立为皇太子，具有了继承皇位的资格，但由于他与母亲间政治态度上的分歧，耶律倍早已失意于述律氏。

相反，耶律德光、耶律洪古兄弟二人残忍好杀，生性暴虐，却由于他们对述律氏言听计从而格外受到述律氏的喜爱。特别是耶律德光，辽太祖在世时即被授予"天下兵马大元帅"之职，经常代辽太祖统军出征，屡立战功，权倾朝野。

让耶律德光取代耶律倍的皇太子地位，取代皇位继承人的合法身份，述律氏本来就蓄谋已久，只是因辽太祖仓促去世于军中，才未能得手。而述律氏并未就此罢休，她不能眼看着让皇太子耶律倍登上皇帝宝座，而使自己受制于人。

辽太祖去世后，述律氏利用当时的非常形势，宣布自己以皇后身份临朝称制，总理军国事。于是，述律氏决心凭借她把持朝廷大权和耶律德光控制军中精锐之师的优势，纠集党羽，全力拥戴耶律德光继承皇位。

然而，耶律倍毕竟是由先皇亲自册立的皇太子，其名正、其言顺，述律氏慑于舆论的压力，不敢对耶律倍的皇太子身份视而不见，把事情做得太明目张胆。于是，她便施展淫威，演出了一幕好像她很尊重众人意向的自欺欺人的鬼把戏。

述律氏让耶律倍和耶律德光兄弟二人分别骑马立在自己的帐幕之前，然后对文武臣僚说："他们二人都是我的儿子，我都很喜欢。但是，当皇帝的又只能有一个人，这真让我左右为难，拿不定主意。事到如今，我只好请大家帮忙来办好这件事，你们希望谁当皇帝，就请上前抓住他的马缰绳，以人数的多寡为定。"

其实，文武臣僚们对述律氏这套把戏的真实用意早就一清二楚。追随述律氏、耶律德光的心腹爪牙们争先恐后一拥而上抓住了耶律德光的马缰绳。而那些仍然支持耶律倍，维护他的既定皇位继承人身份的人，在眼前的形势下却敢怒不敢言，只有屈从于述律氏的高压和淫威，违心地跟随众人上前抓住了耶律德光的马缰绳。

耶律倍在东丹国接到父皇去世的讣告，星夜兼程赶来奔丧，自以为继承帝位非他莫属，但眼前的事实却无情地打碎了他的皇帝梦。他知道弟弟有母后作靠山，自己难以与之争雄，只好承认既成事实，他当即表示："大元帅的品德和勋劳人神共鉴，万民归心，堪为社稷之主，我举双手赞成！"

述律氏见状，急忙站出来故作姿态，结束了这场闹剧，她说："让大元帅继承帝位，既然是大家的共同愿望，我又有什么可说的呢？"于是，耶律德光就成了大契丹国的第二代皇帝，即辽太宗。耶律倍因其徒有皇太子身份而没当成皇帝，所以，在世宗即位后，给他上谥号称让国皇帝。

耶律德光当上了皇帝，但事情并没有就此结束，述律氏和耶律德光对耶律倍的怀疑、迫害仍在不断升级。当耶律倍奔丧尚未返回东丹国的时候，刚刚即位的皇帝就下令迁移渤海民户至东平（今辽宁辽阳），这其中就包含了对东丹国王耶律倍的不信任，刻意防范他以东丹国为根据地对自己地位可能造成的威胁。

天显五年（930），辽太宗耶律德光秉承述律氏的旨意，册立其幼弟耶律洪古为皇太弟，授予他天下兵马大元帅之职，使耶律洪古成为继辽太宗之后的帝位继承人。

同年，耶律倍从东丹国返回都城，辽太宗借为他设置仪仗、增加卫士的机会，加强了对他的监视，甚至连耶律倍在宅邸中的言行举止都在皇帝耳目的监视之下。

耶律倍在他的政治抱负被粉碎后，又接连遭受如此不公平的待遇，不免思想颓废，万念俱灰，或终日饮酒畋猎，倦于政事，或寄情山水，耽于游玩，或闭门谢客，以读书赋诗自娱。

与此同时，在中原立国的是五代后唐政权，正是英明贤达的明宗皇帝李亶在位，他久慕耶律倍的学识和才气，又了解到他正身处逆境，便派使者专程渡海北上，秘密召耶律倍移居后唐洛阳（今属河南）。

耶律倍被后唐使者的游说所打动，他对身边的人说："当年我把当皇帝的机会让给了当今皇帝，但并未使我摆脱厄运，皇帝和母后对我的迫害反而变本加厉，接踵而至。为今之计，莫如离开这是非之地，就让我学一回周朝先祖太王的大儿子吴太伯，索性把功名利禄都让给当今皇帝吧！"

耶律倍在后唐使者的帮助下，从辽东半岛横渡渤海南下直奔洛阳而来，随身只携带了少许书籍和妻妾、奴婢数人而已。耶律倍在登船启程之际，在海边竖木牌一块，刻诗其上，诗曰：

> 小山压大山，大山全无力。
>
> 羞见故乡人，从此投外国。

诗的字里行间抒发了这位政治斗争失败者愤懑、悲伤和无可奈何的情绪。鉴于耶律倍以皇太子身份与皇位失之交臂的经历，其子耶律阮即辽世宗在位时为其上谥号让国皇帝。

二、世宗立述律氏理屈

天显十一年（936），辽太宗耶律德光率大军直指洛阳，打败后唐官军，把傀儡石敬瑭扶上帝位，开始了五代时期的第三个朝代——后晋。在 10 年以后，即会同九年（946），又是辽太宗耶律德光再次率军南下，发动了对后晋的战争，理由是继石敬瑭之后登上帝位的石重贵只向契丹称孙而不称臣，是明显要与契丹断绝和好关系。

后晋虽然顽强抵抗，最终仍未能逃脱覆灭命运。会同十年（947）正月，耶律德光在中原王朝仪仗的簇拥下进入后晋都城大梁（今河南开封），并改穿汉族皇帝朝服在皇城崇元殿接受蕃汉百僚的朝贺。二月，耶律德光下诏将国号"大契丹"改称"大辽"，改年号称"大同"，借此表示他不仅是契丹的皇帝，而且是全天下的皇帝。

辽太宗耶律德光入居大梁，并没有短时期就离开的打算，但是由于契丹军队在南下过程中烧杀抢掠，使中原大地备受蹂躏，契丹人民厌战情绪也极为强烈，因此，各地的反辽武装斗争迫使辽太宗在大梁未住满三个月就匆忙北撤了。

当辽太宗耶律德光一行北返至杀胡林（今河北石家庄栾城区境内）时，其突然患病不治而死。辽朝最高统治权的易手，再次在契丹皇族耶律氏内部引发了争夺皇位的角逐。

此时，从皇族耶律氏内部来看，有资格参与皇位争夺，而且有可能获得成功的有三个人：一是辽太宗的幼弟皇太弟兼天下兵马大元帅耶律洪古，二是辽太宗长子、寿安王耶律璟，三是东丹王耶律倍南奔后唐时仍留在契丹的长子永康王耶律阮。

在辽太宗百年之后，让其幼弟即位，述律氏早已为此做好了准备，这是实现她企图长期左右朝政谋略中的一部分，并曾经得到过辽太宗的默许。照理说，耶律洪古在这场争夺中所占有的有利条件是最充分的。然而，由于辽太宗死得突然，又是在远离都城的行军途中，这与当年辽太祖去世的情形颇有雷同之处。不同的是，述律氏鞭长莫及，她无法控制行在中发生的事情朝着有利于自己的方面发展[①]。于是，上述三个有可能染指皇位的人在获得最后成功的排列顺序上，发生了一系列戏剧性的变化。

首先是耶律洪古，他虽然担任天下兵马大元帅的军职，理应统兵出战，但他又同时有皇太弟的身份，所以辽太宗一朝的重大军事行动，一般是由辽太宗本人御驾亲征，而耶律洪古则往往留守都城。另外，耶律洪古还有一个致命的劣势，就是他的人缘极差，在契丹统治集团中，甚至在皇族中可以称得上是不受欢迎的人。此人生性暴虐残忍，又自幼受到母后述律氏溺爱，更养成了他骄横、野蛮、放荡不羁、为所欲为的性格。他视人命如草芥，动辄以杀人取乐，部属有小过微错者，轻则黥面羞辱惩罚，重则投入水火立即毙命。

其次是寿安王耶律璟，虽然在这场斗争中他以辽太宗长子的身份而具有相当优越的先天条件，只可惜他没有随行军中。辽太宗这次出征前，特意把他留在了述律氏身边。

最后是耶律倍之子耶律阮，此时他恰恰随皇帝南下作战而在军中。阴差阳

———————————

[①] 行在：皇帝临时驻在地。

错之中，耶律阮被推向这场皇位之争的最有利地位。

更准确地说，耶律阮能取得登上帝位的成功，也不仅仅是由于他占有近水楼台的优势，还与契丹统治集团内部新的矛盾斗争有密切的关系。在此时的皇族耶律氏内部的政治营垒的分野，仅仅用是坚持保守旧制还是主张变革进步的单一标准来划分已经远远不够了，在原有矛盾的基础上，又产生了许多新的矛盾，使统治集团内部的斗争变得更加复杂和激烈。其中，对述律氏嗜杀专制的强烈不满，是这些新矛盾的重要内容之一。述律氏树敌颇多，对她的不满已经超越了政治态度的分野，在发生如眼前皇权易手的重大政治变故之际，足以能够起到左右人心向背的巨大作用。

这个新矛盾还需从辽太祖去世谈起，述律氏为了巩固自己的地位，保持自己在契丹统治集团中的绝对权威和影响，颇费了一番心思。

在为辽太祖治丧期间，述律氏曾多次表示在大行皇帝下葬之际[1]，她要舍身殉葬，追随、侍从皇帝于九泉之下。此时的契丹葬俗中虽然仍保留着生殉的野蛮习惯，但是已经很少实行了。经过皇族耶律氏、蕃汉大臣们的反复劝谏，她虽然最终改变了殉葬的念头，但是在辽太祖下葬的那天，述律氏还是令人剁掉了自己的右手，放在太祖皇帝的灵柩之中。

述律氏使用如此残忍的手段，是要向众人说明她是太祖皇帝的后来者，要继续太祖的未竟事业。同时借此威慑那些对自己怀有不满情绪的人，她既能够活活剁掉自己的一只手，对于政敌也绝不会心慈手软，她将会用铁的手腕对付他们，文武诸臣必须像忠于太祖皇帝那样忠于她，必须恪尽职守，规规矩矩。因此，述律氏在契丹朝野便有了"断腕太后"之美誉，朝廷专门在都城内修建

①大行：臣僚讳言皇帝死亡，以皇帝一去不返喻之，后专指皇帝死后停棺未葬为大行皇帝。

了"义节寺"和"断腕楼",使述律氏断腕殉葬的事广为流传,男女老少,无人不知,无人不晓。

与此同时,述律氏还乘机罗织罪名,屠杀那些一生追随辽太祖南征北战、出生入死的功臣宿将。她先是下令解除这些人的官职,下狱囚禁起来,然后把他们的妻妾召集到一起,对她们说:"我的丈夫已经死了,而你们的丈夫却还活着,这有多么不合理!我变成了寡妇,你们也不应当再有丈夫。"

述律氏想把谁置于死地,就把他召到眼前,对他说:"请你帮我跑一趟,带个信给皇帝。"或者对他说:"你是皇帝生前最信得过的人,让你去地下跟随皇帝,是你莫大的荣耀!"接着便下令把他推至太祖陵前杀死。就这样被述律氏杀死的先后有数百人之多,致使朝廷内外人人自危,笼罩在一片恐怖之中。

述律氏以杀人立威,其残忍程度令人发指,事过多年后提起来还让人心有余悸。所以,当时随辽太宗出征作战的文臣武将们出于自身的性命安危,十分害怕述律氏故技重演,他们很自然地在选择拥戴对象时想到了眼前的永康王耶律阮。

耶律阮作为辽太祖的嫡长孙、耶律倍的长子,他目睹了本支系在皇权争夺中惨败的全过程,其怨恨和愤怒之心并不亚于他的父亲。如果说耶律阮对当皇帝并未产生过觊觎,也不完全符合实际,只不过是其中憧憬、空想的成分多一些罢了。因为在述律氏的指挥下,耶律倍一系要重新夺回已经失去的地位谈何容易!

如今,耶律阮所梦寐以求的机会摆到了他的面前,而耶律阮面对伸手可得的皇权又表现出犹豫未决的心态。一方面是事情来得太突然,在思想上还不能马上接受。另一方面他心存顾虑,他很清楚朝廷中实际上是他的祖母述律氏当家，又有叔叔耶律洪古、堂弟耶律璟，他们对皇位早就虎视眈眈。就目前情形来说，他要称帝即位并不是一件难事，但麻烦在后面，述律氏、耶律洪古等一定不会善罢甘休，与他们之间必然有一番拼死厮杀。耶律阮对于自己在即位之后能否击败对手，稳定地控制局面缺乏信心。

此时的杀胡林行营，完全被一派令人恐怖的沉寂气氛所笼罩，知底细的文臣武将们心中都十分清楚，耶律氏内部新的流血冲突不可避免了。

耶律阮与自己的亲信正在彻夜密谈，商讨应变大计。耶律阮正是在他的亲信的鼓动下，摆脱犹豫，坚定了夺取帝位的决心。在耶律阮的小集团中主要有三个人，这就是贵族耶律安搏、耶律吼、耶律洼。

耶律安搏，这次随辽太宗进入中原，统率宫卫骑军，负责行营宿卫，因他兵权在握，对于耶律阮的成功有着举足轻重的作用。他的父亲耶律迭里因为当年支持耶律倍，被述律氏以党附东丹王的罪名下狱处死。因此，耶律安搏与耶律阮情投意合，私谊很深，彼此十分信任。

在耶律阮大帐中，耶律安搏说："为今之计，还是先下手为强，更何况大王又是太祖长房嫡孙，继登大宝，名正言顺！振兴祖宗基业，此其时也！当断不断，则要受制于人，悔之不及，望大王熟计之。"

契丹迭剌部部族军统帅南院大王耶律吼和北院大王耶律洼也对耶律阮说："若遵循常例，待还朝后请太后主持议立新君，必立李胡无疑①，以其暴戾残忍，怎么能安抚天下万民呢！为祖宗基业不坠之计，请大王痛下决心，及早动手。"

于是，在行营拥立耶律阮当皇帝的决策就在四个人的密谋中形成了。耶律阮为了争取支持，减少夺取帝位的阻力，给自己的行为披上合法的外衣，便

---

① 李胡：耶律洪古的契丹名。

伪拟了太宗临终遗诏："永康王，大圣皇帝之嫡孙，人皇王之长子，聪慧宽恕，天人属意，群情允归，又倍受太后钟爱，可于行营即皇帝之位。"

耶律吼和耶律洼也在行营中部署所部军队严阵以待，并且大造舆论说："皇帝宾天，我堂堂大辽社稷不能一日无主，永康王已遵诏即位，若有居心叵测，拒不从命者，定以军法从事！"

耶律吼等人登高一呼，才使六神无主不知所措的文武官员们安定下来，浮躁不定的军心也逐渐趋于平静。虽然在耶律阮小集团之外，还有人打着太祖子孙的招牌在窥视皇帝的金交椅，此时也只好眼看着耶律阮称帝的既成事实，后悔自己下手慢了一步。这就是辽朝第三位皇帝耶律阮，也就是辽世宗在非正常情况下继承帝位的全过程。

辽世宗耶律阮在前线军中即皇帝位的消息很快报入朝廷，使述律氏极为震惊和愤怒，她对着留守京城的文武众臣说："皇帝不是人人都可以做的，要看谁对朝廷的功劳大。我儿率军讨灭晋朝（指后晋），占领大梁，丰功伟绩无人可比。他的幼弟李胡，多次统军出征，斩获颇多，蜚声诸部，且已册为皇太弟，绍继大统的名分已定。而永康王之父耶律倍却不孝不义，不顾母子亲情而投奔外国，千刀万剐犹不能解我心头之恨，而如今怎么能让忤逆者的儿子当皇帝呢？"随即调集兵马，令耶律洪古统军南下，企图用武力迫使辽世宗就范，夺回皇权。

南北大军在泰德泉遭遇，初战的结果是辽世宗的前军将领耶律安端打败了耶律洪古，然后两军在横渡隔潢河（今内蒙古西拉木伦河）列阵对峙。耶律洪古穷凶极恶，传令都城囚禁了辽世宗的全部家人，又派人传话给辽世宗说："若不主动交出皇权，就要杀死永康王全家。"

正当皇族耶律氏内部的武装冲突进一步扩大之际，辽朝老臣耶律屋质为缓和矛盾、平息冲突，奔走斡旋于潢河两岸。

首先，耶律屋质从辽朝和皇族耶律氏的最高利益出发，向交战双方说明和战的利害关系，指出惟和为善，只有议和才是最佳结局，继续打下去只能是两败俱伤。

其次，耶律屋质站在公正的立场上，向述律氏直言进谏道："太后当年舍长而立次已经铸成大错，又杀戮无辜臣僚，几致众叛亲离，如今众人拥戴永康王，军心民心之所向，显而易见！"

再次，耶律屋质向述律氏大讲了一通血浓于水的道理："李胡为太后爱子，永康王是太祖的嫡孙，无论谁当皇帝，象征国家权力的神器均在耶律氏掌握之中。既然是一家人，又何分彼此？由永康王继承祖宗基业，又有什么不可接受的呢？"

述律氏和李胡母子自知理亏，气势已是大不如初，在与辽世宗的议和交涉中并没有达到预期的目的。最后，是由双方的力量对比决定了横渡议和的结局。当初辽太宗南下伐晋，几乎带走了辽朝军队的全部精锐，留守都城的军队虽然也是战斗力很强的宫卫骑军，但也无法与辽世宗抗衡。述律氏在无可奈何的形势下，也只有接受耶律屋质的调停，同意罢兵议和。这在辽朝历史上被称为"横渡之约"。

辽世宗率军返回都城不久，有人告发说述律氏和耶律洪古母子图谋不轨，遂下令把他们囚禁在祖州（今内蒙古赤峰巴林左旗境），为辽太祖守陵。

三、阴阳错寿安王即位

"横渡之约"使契丹皇族耶律氏内部避免了一场骨肉相残的厮杀，因皇位继承问题而导致的危机得以暂时解除。但是，在辽世宗即位以后，契丹统治集团内部新的两种政治势力的矛盾和斗争，在经过一段沉寂之后，在新的条件下又逐渐变得尖锐起来。

辽世宗受家庭熏陶，少年时期就读过不少汉文书籍，仰慕汉地田园生活和风俗习惯，与在辽朝统治地区的汉官、士大夫交往很多。在辽太宗灭亡后晋撤离大梁时，曾胁迫后晋的众多官员随军迁往上京。这些人被世宗待之若上宾，授予他们大小官职，在理政之余与他们在一起品茶弈棋，切磋诗文。相反地对契丹贵族不免有轻慢之色，更有甚者，辽世宗还曾当众羞辱那些地位很高却又胸无点墨不学无术的人，因此招致了一部分契丹贵族的不满和怨恨。

在横渡之争中因不满于述律氏专制嗜杀而拥立辽世宗的守旧贵族发现新皇帝即位后并没有给他们带来更大的好处，甚至损害了他们的既得利益。于是，这些人又在共同利益驱使下重新纠集在一起，结成帮派和集团，策划于密室，接连发动武装叛乱，使辽世宗颇伤脑筋。

萧翰和耶律刘哥都曾经是辽世宗的支持者，当年他们之所以支持辽世宗，是因为萧翰的母亲和耶律刘哥的父亲都是被述律氏杀死的。他们同时又是守旧势力中的主要代表人物，率先在暗中勾结辽太宗子孙进行谋反的恰恰又是他们，其中还包括辽世宗下嫁给萧翰的妹妹、公主耶律阿不里。

天禄三年（949），萧翰、耶律阿不里夫妇二人再次写信给当年横渡之争中充任世宗前军主帅的耶律安端，策划谋反，被世宗察觉。萧翰夫妇因一再谋逆，为世宗所不容，被处死。而耶律安端的儿子耶律察割却利用了这一机会，秘密向皇帝报告了其父参与谋反活动的情况，他的大义灭亲行动倍受世宗赞誉，取得了皇帝的信任，耶律安端被贬职外放，而他却仍留在朝廷中。

从此，耶律察割屡被恩泽，平步青云，成为权倾朝野的显赫人物，而在暗中却在策划着推翻辽世宗，夺取辽朝最高统治权的阴谋。

老臣耶律屋质最先发现了耶律察割的阴谋，并且抓住他谋反的凭据，先后多次向皇帝报告，请求尽早采取措施处置之，以防酿成祸端。辽世宗已完全被耶律察割的假象所蒙蔽，对耶律屋质的报告不以为然，反而说："耶律察割能向朝廷揭发其父的罪恶，可见对朕的忠诚是无可挑剔的，朕可保他不会参与阴谋活动！"

天禄五年（951），后汉枢密使郭威称帝，建立后周，原后汉河东节度使刘崇在太原建立北汉，因受到后周的军事威胁，刘崇就派使者向辽朝乞援，表示愿意向辽世宗称侄，接受辽朝的册封，成为藩屏之国，以求得辽朝的支持，抵御后周的进攻。同时，江淮流域的南唐也派来使者，协商与辽朝南北出兵，夹击后周的事。

这一年的夏天，辽世宗在九十九泉（今内蒙古察哈尔右翼中旗境）避暑。本来辽世宗是热衷于对中原发动战争的人，因为他也和许多契丹贵族一样，对掠夺财富和人口表现出异乎寻常的热情，但由于即皇位以来，接连发生武装叛乱，无暇发兵南进。如今北汉和南唐既然表示愿意联合共同对付后周，何不纵兵深入，烧杀抢掠一番，当会满载而归。

当辽世宗在避暑地召集文武臣僚商讨此事时，却遭到了激烈反对，很难做出一致的决定。主要是契丹诸部酋长从各自的利益出发，认为自辽太祖耶律阿保机以来的长期对外扩张战争，尽管得到了一些财富和人口，但常年奔波和曝露荒野，早已是人疲马乏，难得休整机会，尤其是下层部民中厌战情绪日益强烈，他们企盼着草原上能过上和平安谧的生活，这种情绪对契丹贵族和朝廷中蕃汉官僚也不无影响，使辽朝统治集团的对外战争第一次遇到了来自内部的阻力。

可是，辽世宗不顾诸部酋长和臣僚的反对抵制，强行调集各部兵马，严令克期进发，对迟滞不进、贻误军机的将领将严惩不贷。这实际上是辽世宗把自己置于孤立的危险境地，居心叵测的耶律察割对此看在眼里，暗中煽风点火，扩大矛盾，以等待时机发难。

当辽世宗亲率大军行至新州的火神淀行营（今河北涿鹿境）时，按照惯例，在战前要祭祀祖宗。所以在行营中设神位祭拜他的父亲让国皇帝耶律倍，当晚即与随驾的官员将领排宴饮酒至深夜，世宗喝得烂醉如泥。

至五更时分，预谋已久的耶律察割联合了统军将领中的耶律盆都、牒蜡、耶律郎五等五人，率心腹亲兵杀退值宿卫兵，直入辽世宗官帐，世宗还未来得及完全清醒就变作了耶律察割的刀下之鬼，同时遇害的还有随军南下的世宗汉族皇后甄氏。

耶律察割见政变告成，便自立为帝，发布号令，威胁文武百僚听从他的命令，有敢不从者，即劫持其行营中的亲戚、家属而为人质。

但是，耶律察割利令智昏，把这件事看得太容易了，认为他只要独树一帜，便会一呼百应，马到成功。造成最终失败的是他没有完全控制皇帝心腹亲军即"皮室军"的指挥权。"皮室"是契丹语，汉语是"金刚"之意，这是辽朝各军中最精锐最有战斗力的部分，平时扈跸侍从，执行警卫皇帝的任务，作战时冲锋陷阵，几乎是攻必克，战必胜。至辽太宗时，皮室军不断扩编充实已有3万之众，分左、右、南、北、黄五部，各设详稳司为指挥机构，置详稳一员为指挥官。而这次跟随辽世宗的皮室军统帅正是揭发过耶律察割谋逆的耶律屋质。

耶律屋质在政变的当天晚上披着一件紫色战袍，耶律察割为了对付皮室军，所以命令亲信要设法活捉耶律屋质，特别下令："行营内外有穿紫衣者，不可放过！"

耶律屋质随即换了战袍，逃出大帐，召集所属皮室军诸将领，指挥部下反击叛军的进攻。当耶律屋质得知皇帝和皇后已被叛军杀害的消息，为了使讨逆有名，掌握与耶律察割斗争的主动权，必须拥立世宗年仅4岁的幼子耶律贤为皇帝。然而当耶律屋质派人在行营中到处寻找耶律贤时，因正在和叛军打仗，行营中人马杂沓，火光冲天，至黎明时分，仍是踪迹杳然，遍寻不着。耶律屋质身边的将领们推测，小皇子肯定也是被耶律察割杀害无疑，只是不知抛尸何处罢了。

经历过"横渡之争"的耶律屋质心中很清楚，契丹耶律氏政权再一次面临着极其严峻的考验，如果任凭耶律察割一伙叛贼的僭逆行为发展下去，继续混淆视听，扰乱军心，后果将不堪设想，而结束眼下局面的最好方式是拥立皇子耶律贤即位，此举足以使那些觊觎皇帝权力的野心家的阴谋大白于天下。而皇子耶律贤又恰恰在这个节骨眼上活不见人，死不见尸，使这位一向足智多谋的契丹老臣辗转反侧，坐立不安。

正当耶律屋质一筹莫展之际，他突然想到了随行军中的辽太宗长子、寿安王耶律璟。自从世宗即位以后，太宗一系诸王受到冷落，失去往日的荣耀，耶律璟的南下也只是例行的随驾而已，并没有担任实际的职务。所以，直至政变突起，耶律璟还被蒙在鼓里，不知道究竟发生了什么事。

耶律屋质以为，与其让耶律察割谋逆篡位的阴谋得逞，还不如拥立耶律璟即位，这样至少可以保证皇权掌握在皇族耶律氏之手，凭自己目前的能力把事情办到这一步也聊可自慰了。

于是，耶律屋质派弟弟耶律冲在乱军之中找到了躲在营帐角落里被吓得瑟瑟发抖的耶律璟，对他说："叛臣耶律察割已经弑君僭号，我大辽天下不能一日无主，大王乃先皇帝太宗嫡子，荣登大宝，继承祖宗开创的基业，当仁不让！"

而耶律璟听了耶律屋质的话，似乎对行营中发生的事才有所了解，听说要让他做皇帝，由于没有思想准备，显得有些犹豫动摇。

耶律屋质见状，进一步向他说明利害："大行皇帝之幼子现已不知下落，唯大王是行营中皇亲宗支，耶律察割穷凶极恶，为扫除其僭伪障碍，必然不会放过大王，望大王熟计之。"

耶律璟明白自己目前已别无选择，只好表示："唯详稳大人是听，本王服从安排就是。"于是，耶律璟在行营中即帝位，这就是辽朝第四代皇帝辽穆宗。

由于耶律屋质的果断处置，很快就控制了局面，大部分军队集中在新皇帝的旗帜下，而以耶律察割为首的叛乱分子则成了千夫所指的一小撮，陷入重重包围之中。

耶律察割在绝望中犹作困兽之斗，他要用杀死全部被囚禁的诸将亲戚家人及蕃汉百官的方式顽抗到底，以避免身败名裂的可悲结局。在被囚禁的官员中有一个名叫耶律敌猎的人，他出于能避免被耶律察割杀头的侥幸心理，向耶律察割献计说："若不杀死当今皇帝，他寿安王又怎么能登上皇帝宝座？以此为理由，或许还有获得赦免的可能，而不会被论以死罪。"

耶律察割穷途末路，只好依计而行，耶律敌猎又主动请求当使者，前去乞求免罪。

耶律屋质认为耶律察割谋逆弒君，又僭伪称帝，罪恶盈天，断然是不能赦免的。然而，又假意答应可以考虑他的请求，将计就计，让耶律敌猎把他骗出大营，伏兵一拥而上将其活捉，就地凌迟处死。参与叛乱的诸将见头领毙命，树倒猢狲散，主动放弃抵抗。火神淀之乱被彻底平息。

四、肆暴虐辽穆宗遭弒

耶律璟能当上皇帝，完全是耶律屋质在火神淀行营采取应急措施的结果。本来在辽世宗即位以后，皇权由太宗一系转入东丹王耶律倍一系，耶律璟头脑中虽然也曾有过一闪而过的当皇帝的想法，但他自己心里清楚，那只不过是非分之想而已，要把它变成现实几乎是不可能的。

如今，正如耶律敌猎所说，他坐收耶律察割发动叛乱给他带来的巨大实惠，一顶皇冠从天而降，不偏不倚落在他的头上，怎么能不大喜过望，以至于在接受文武百官朝贺和山呼万岁声中还有一种不可名状的复杂感受，他在心里一遍又一遍地问自己，这难道是真的吗？我真的当了皇帝吗？

可是，摆在辽穆宗面前的形势是十分严峻的，远远赶不上他实现了梦寐以求的当皇帝的理想那么惬意。此时的辽朝上下，已经不是太祖太宗时期，那时的契丹贵族、平民受对外战争可以带来巨大的物质利益的引诱，战争热情高涨。而如今，从表面上看，是契丹诸部酋长、部民有厌战情绪，但深入分析，却有着深刻而复杂的原因，其主要方面是随着辽朝社会自身的发展，陆续呈现出一些亟待解决的问题，如不及时解决这些问题，必然加剧其内部矛盾。例如契丹最高统治权的传承问题，制定和实施适合辽朝民族众多、疆域辽阔、社会发展不平衡状况的统治方针的问题，等等。

从辽穆宗的主观上看，无论是运筹帷幄的韬略，还是冲锋陷阵的剽悍，与太祖太宗相比都相去甚远，逊色很多，难以适应辽朝社会向前发展的客观要求。相反，由于辽穆宗在政治上的无所作为和残酷暴虐，使辽朝内部的各种矛盾迅速激化。

辽穆宗一旦皇权在握，并不是首先解决已经暴露出来的阻碍社会发展的问题，连世宗时开始实行的有限的稳固统治，吸收汉地文化、风俗礼仪之类能够推进契丹进步的措施亦被停止，而把巩固自己地位，清除朝廷中威胁皇权的因素放在第一位。

首先，辽穆宗对前朝官居要害岗位的文武诸臣采取十分谨慎的防范措施，有的人被解除职务，调离原岗位，有的人虽然仍任原职，但是已经得不到皇帝的信任和重用。即使对那些在火神淀行营积极参加平定耶律察割叛乱的人也存有戒备之心。因为这些人从横渡之争时起，就追随世宗皇帝左右，与太宗一系终究不完全属于一个政治营垒。

耶律何鲁不即是其中的一个典型，其在与耶律察割作战中立有大功，只因辽穆宗还记着他的父亲耶律吼在横渡之争时是首议拥立世宗皇帝的几个人之一，所以，耶律吼的官职一直得不到提升，到晚年也不过是本部族长官的敞史而已[①]。

辽穆宗即位时，耶律安搏已官至北院枢密使，这是辽朝北面官中的极品。而辽穆宗却下诏解除他的职务，不再叙用。应历三年（953），太宗次子耶律罨撒葛与耶律洪古之子耶律宛等人谋反，办案官员在勘问中秉承皇帝旨意把耶律安搏牵连进去，耶律安搏被下狱囚禁而死。

耶律颓昱在火神淀之乱中是为数不多的追随辽穆宗的将领之一，得力于他的保护，辽穆宗才在乱军之中保全了性命，才有他后来当皇帝的一幕，辽穆宗对耶律颓昱的感激之情是显而易见的，曾经亲口许诺他出任本部大王之职。后来耶律颓昱只是在世宗葬礼时说他曾蒙受世宗恩惠，愿为世宗陪葬的话，便断送了自己的前程，辽穆宗的许诺如泥牛入海，永无兑现之期。

耶律敌猎在诱杀耶律察割，成功平定叛乱和保全当时被囚禁的官员及其家属的生命中曾发挥过重要作用，辽穆宗也曾许以官职，后来并未兑现，所以耶律敌猎心怀愤恨，在应历二年（952）因参与一起另立皇帝的阴谋活动，败露后被凌迟处死。

辽穆宗因对文武臣僚无根据的猜忌、怀疑、排挤和打击异己，在朝廷中树敌甚多，把自己置于众叛亲离的孤立境地。不仅世宗朝的权贵显官结怨于他，就是原来属于太宗、耶律洪古一系的诸王、将领也对他心怀不满，矛盾不断加深，谋反、叛乱的事件接连不断。

辽穆宗幼年时曾大病过一场，损害了他的生育能力，所以在他成年以后便

---

① 敞史：长官的佐吏。

不近女色，史书上说他"体气卑弱，恶见妇人"，这在中国历史上的众多皇帝中是十分罕见的。在他做寿安王时，他的奶奶、太后述律氏曾经张罗过给他选妃，被他拒绝了。当了皇帝以后，虽然按礼制的规定，三宫六院，妃嫔满堂，但不过是摆设而已，穆宗统统视而不见。后妃之位出缺，朝臣提出补充，他也拒而不纳。所以在辽穆宗在位期间，在大内洒扫庭除、侍奉皇帝生活起居的无一女官，全部由男性或宦官或小吏担任。

至辽穆宗在位的后半期，朝廷中的反对派势力因受屡次严厉镇压而暂时销声匿迹，在表面呈现了少有的风平浪静的局面。穆宗也自以为高压之下，臣民慑服，其统治巩固无虞，于是就把朝廷大事交给蕃汉大臣们处理，自己则终日以宴饮和畋猎为事。

辽穆宗进行狩猎活动多在辽朝皇帝秋捺钵之地，即庆州（今内蒙古赤峰巴林右旗境）一带，这里地处今大兴安岭和蒙古大草原的接合部，有黑山、赤山、大保山等，树木葱茏，水草丰美，夏秋之际，更是景色宜人，气候不冷不热。山中獐狍满山，麋鹿成群，是既可避暑纳凉，又可狩猎消闲的好去处。辽穆宗几乎在一年里都不离开庆州，整日驰骋逶迤于山水之间。

宴饮是辽穆宗生活中的另一项重要内容。除去纵马围猎的日子，几乎无日不喝酒，在皇宫中喝，在行宫营帐中喝，甚至骑在马上也离不开酒，每次喝酒必然要通宵达旦，又必然要酩酊大醉。穆宗夜则长饮，昼则长睡不醒，长饮长睡往复循环，有至七昼夜、九昼夜者。于是，契丹臣民送他一个绰号，谓之"睡王"。

辽穆宗终日行猎，宴饮无度，不能正常上朝听政，处理军国大事，已经丧失了作为辽朝最高统治者的资格。更为严重的是穆宗在酣饮之后乘醉胡乱处理政事，因喜而滥赏、因怒而滥杀的事情时常发生，严重损害了契丹贵族统治集团的利益。

应历十四年（964）十月，近侍、某部族酋长乌古者投辽穆宗喜欢奇巧玩物的爱好，酒席间进献石错一只，穆宗在醉眼蒙眬中如获至宝，欣喜异常，随即口宣诏令，不仅赏赐乌古者白银250两，而且给予他对所属部民生杀予夺的政治特权。

辽穆宗还在酒后随意给身边的人封官加委，而且不论是贵族、平民还是奴婢，是否有资格和政绩，有的人可以从一介平民一步登天而为高官显贵，被同时擢升职务的少则数人，多则数十人，更有甚者最多的一次达到上百人，使朝廷中选官、任官的机构和官员左右为难，啼笑皆非，堂堂皇帝，如此自坏规制，不知如何办理才对。

从辽穆宗对待后周攻取辽朝瓦桥关（今河北雄县）以南的所谓关南土地的轻率态度上，亦可窥见其昏殆之一斑。

应历九年（959），后周世宗柴荣在攻取了南唐长江以北十四州土地之后，凭借其雄厚国力和连战皆捷的军威北上伐辽，打算收复当年后晋石敬瑭割让给辽朝的燕云十六州。后周大军长驱直入，辽朝瓦桥关以南州县长官和诸将望风而降，后周几乎兵不血刃就很快收复了关南大片土地，推进至南京（今北京）城下。

南京留守、驸马都尉萧思温身陷孤城，势穷无计，飞马奏报朝廷，请求皇帝发兵增援。

此时，辽穆宗正在拽剌山射鹿，而且兴致正高，当他从已经跑得精疲力竭的信使手中接过这封十万火急的边报后，草草看了一眼，便随手扔在一边，用十分轻松的口气说:"关南土地本来就是汉人送给太宗先皇帝的,现在后周发兵要收回去,就让人家收回去好了,这有什么值得大惊小怪的?"说完,就在随从侍卫的簇拥下纵马驰赴猎场而去。

然而,南京对于辽朝来说实在太重要了,后周大军兵临南京城下,引起了朝野震动,蕃汉大臣们来到拽剌山,他们以南京的战略地位关乎辽朝的生死存亡,多次向穆宗上表陈述,面谒进奏,说明其中的利害关系。萧思温从南京派来的信使所报告的情况也一次比一次紧急。至此,辽穆宗才被说动,他从拽剌山返回上京,调集诸部兵马,御驾应援南京。但是,由于后周世宗突然在军中患病,主动解南京之围撤军而去,萧思温等人只不过经受了一场虚惊而已。

最能表现穆宗残忍暴虐的是他草菅人命,杀人如同儿戏。

辽穆宗即位之初,一个名叫肖古的女巫通过侍臣向穆宗进献壮身延年的药方,这种药必须加成年男子的胆汁调和制成才有效。穆宗对此深信不疑,不仅拒绝御医为他诊治和配药,而且把肖古待若上宾,先后赏赐给她的黄金、白银、珍宝、牛羊等财物难以计数,又因为有皇帝的特许,肖古可以堂而皇之地出入皇宫,使蕃汉百官为之侧目,敢怒而不敢言。

为了调制御药,每隔一些天便要杀死一名成年男子,先后被杀的有数十人之众,尽管这些被杀死的人多是地位低下的囚犯、奴隶之类,但也足以表现了穆宗的野蛮、残酷。

穆宗服了按肖古药方调制的药,并没有出现如其所说的灵验效果,不禁渐生疑心,下令夷离毕院将肖古拘拿审问[1],在重刑之下,肖古如实招供,她向皇帝进献药方,只是贪图富贵而已,至于这种药能否壮身延年,她对此也是一无

———————————

[1] 夷离毕院:辽朝的司法机构,相当于刑部。

所知。

真相大白，辽穆宗深为自己受了女巫的愚弄而恼羞成怒，为了发泄心中的愤懑之气，下令将肖古交给宫卫骑军乱箭射死，又纵马踩踏，肖古在铁蹄之下顿成肉泥。

自此以后，辽穆宗的性格在多疑之外，日益变得喜怒无常，动辄就以不成理由的理由下令杀人，尤其在他进行狩猎中长夜酣饮之后，寻找借口杀人，似乎成了他帝王生涯的组成部分之一。

被辽穆宗杀死最多的是五坊小吏和掌兽人①，在把狩猎视为生活第一乐趣的穆宗眼里，五坊中驯养的凶禽猛兽要比饲养它们的小吏的生命更可贵。于是，一旦发生禽兽逃逸或因管护不善而受伤死亡的，分工饲养的小吏必死无疑。

在狩猎中，经常用陷阱、罟网等活捉到诸如獐、鹿、野猪之类的动物，穆宗为了观赏玩乐，下令把这些动物带回皇宫中圈养。这些动物如在圈养中发生死亡、逃逸，饲养者也要被处死，先后被杀的有雉人、狼人、獐人、麃人等。

皇帝狩猎，需要有人把动物轰赶或引诱到事先划定的包围圈里，以猎鹿为例，有鹿人模仿鹿的鸣叫声，把鹿吸引出来，供皇帝射击。这是一种充满了危险的工作，攀高登险且不说，还要经常遭受猛兽的袭击，随时都会有性命之虞。而最可怕的是诱鹿并不能每次都让皇帝满意，一旦引诱失败，皇帝空手而归，鹿人的末日就到来了。所以，在穆宗狩猎中杀得最多的是鹿人，在应历十七年（967）四月的一次射鹿中就杀死鹿人44人。

应历十五年（965），在辽穆宗起程赴春捺钵之前，派专门负责皇帝田猎的虞人沙剌迭先行，观察天鹅是否已经回到捺钵地。由于沙剌迭所报告的日期不

———————————

① 五坊：皇宫中主持饲养雕、鹘、鹞、鹰、犬等禽兽的机构。

准确，辽穆宗没有射到天鹅，就对沙剌迭施以炮烙、铁梳的酷刑而致死。

其次，被穆宗杀害人数较多的还有近侍、奉膳、掌酒人等，这些人每天侍奉皇帝，随时都可能招来杀身之祸。在应历十五年（965）三月的一天，近侍东儿都服侍穆宗进膳时，因递给匕首和筷子稍慢了一点，就被穆宗亲手刺死。至穆宗在位的末期，他经常亲自动手杀死服侍他的人，这已经是司空见惯的事情了。

辽穆宗在清醒时也曾经对自己的所作所为表现出追悔之意，他曾对臣僚说过："朕在醉酒后说的话、办的事若有违制度，卿等不要曲从照办，待朕醒酒后再重新处置。"话虽如此说，蕃汉诸臣心里都清楚皇帝是怎样的一个人，他在神志清醒时尚不能听从劝谏，谁敢在他酩酊大醉、满口胡言时去老虎嘴边拔毛呢？岂不是白搭性命？所以大家也就唯皇帝之命是从，他怎么说，大家就怎么办，任他胡闹就是了。

臣僚中也有因说话办事违背穆宗旨意，被当即处死者。穆宗又下令在上京城中营建百尺牢，专门用于囚禁和惩治违旨官员。其刑罚名目繁多且极其残酷，有所谓斩击射燎、断手足、烂肩股、折腰胫、划口碎齿等，不一而足，闻之令人发指。对在百尺牢中被折磨毙命的人，或枭首示众，或将其尸首肢解、凌迟，或抛诸荒郊野外，任野犬恶狼撕咬。

应历十九年（969）二月，辽穆宗在怀州黑山（今内蒙古赤峰巴林左旗境）狩猎，有一天猎得一头大熊，他十分高兴。当晚又在行宫中喝得烂醉，忽然传旨要吃熊肉。皇帝的诏旨忙坏了也吓坏了行宫中的上下人等，因为熊肉不可能在短时间做好，穆宗勃然大怒，扬言要亲手杀死专司为皇帝烹煮肉食的掌膳庖人辛古。

当晚轮值服侍穆宗的近侍、掌膳诸人陷入极度的恐慌之中，他们知道，按照以往的经验，在这个寒气袭人的夜晚，在他们之中又会有人成为皇帝的刀下之鬼。

近侍小哥、舆人花哥、庖人辛古等人在走投无路的形势下，为了保证自身性命安全，在秘密策划一个他们并未预见的、被后来的事实证明对辽朝历史发展产生了重大影响的事件。尽管此时他们的心态并不完全一样，但是对他们的目前处境和要摆脱这种处境的认识是一致的：现在皇帝已经把刀按在了我们的脖子上，与其引颈等死，倒不如铤而走险，拼个鱼死网破，或许可以保全自己的性命。

密谋既定，他们派人在皇帝御帐之外观察放哨，由庖人辛古借进御帐送酒食之机，在食盘之下隐藏了利刃，在走近斜倚在虎皮榻上的穆宗时，趁其不备把利刃插进穆宗的胸膛，这个在辽朝历史上以暴虐残忍著名的暴君只低沉地哼了两声，就翻身滚下了虎皮榻，俯卧在污腥的血泊之中，结束了他罪恶的一生。

契丹人的英雄人物耶律阿保机以其雄才大略开创了大契丹国的宏伟基业，又在对外扩张中兵威所至，无不披靡，发展为与中原二分天下的强大政权。但是，与此相伴的皇族耶律氏内部的厮杀和争夺，严重削弱了契丹统治集团的力量。政治昏暗，国力下降，而辽穆宗的暴虐和倒行逆施起了推波助澜的作用，这是辽朝历史上最动荡的时期，使耶律氏皇家的统治不可避免地走向"中衰"。辽穆宗死于非命，完全是咎由自取，而辽穆宗残暴统治的结束，对于辽朝克服"中衰"未尝不是一件好事。

第二章

耶律贤应运登皇位

萧燕燕奉命入宫闱

一、避锋芒耶律贤成功

在黑山行宫皇帝御帐摇曳不定的烛光中，近侍小哥等人望着地上渐渐僵硬的皇帝的尸体，刚才还是情绪激奋，而现在却谁也不说话，谁也不看谁，好像在想着各自心事，御帐内是死一般的寂静。

最终还是小哥首先打破这可怕的沉寂，把众人召集到一起，说："万恶的皇帝已经被杀死，如今我们该谋划一下，下一步该怎么办了。"

小哥的话似乎把众人从遐想唤回到现实中来，对于刚刚发生的事件的严重性才有了认识，他们杀死了皇帝，暂时摆脱了被杀的危险，可是弑君之罪为十恶之首，不可饶恕，是要被祸灭九族的。当初大家密谋举事时，在满腔愤恨驱使之下，恨不得立刻置皇帝于死地，谁也没有想到事成以后该怎么办。

小哥接着对大家说："在我们面前只有两条路可走，一是束手就擒，坐以待毙，等着天亮，宫卫骑军来抓住我们，砍下脑袋；二是三十六计走为上，大家即刻逃离这是非之地，或许还可以保住性命。"

众人出于求生的欲望，自然选择了逃生一途。但是，因为仓促起事，逃向何处呢？这更是大家连想也没来得及想的问题。

正当大家为此事而一筹莫展的时候，还是小哥出了一个主意说："我有一计，说与诸位，不知可行否？我们离开行宫向西北，绕过都城，然后分散进入大草原。我曾经随检视牧马的官员到那里，辽阔得望不到天际，有时走上几天也碰不到一顶毡帐，有几个为朝廷牧马的部族分散在那里。诸位从此隐姓埋名，就终生当一个牧马人，生存下去当无问题。"

正当大家议论之际，更鼓传来，已是子夜时分，不容再耽搁下去了。大家悄然离开御帐，小哥诸人一向在皇帝御帐出入，帐前侍卫并未发现有什么异常。小哥等潜入行宫飞龙厩，每个人牵出两匹御马，备好鞍辔，翻身上马，冲着西北方向疾驰而去。

急骤而起的马蹄声，引起了侍卫军的警觉，执掌行宫宿卫的殿前都点检耶律夷腊葛下令卫士小心巡视，对在行宫中违反夜禁的各类人等格杀勿论。耶律夷腊葛不敢大意，亲自率领数名军校在行宫各处巡察。

当耶律夷腊葛一行来到皇帝御帐之前时，他们发现今夜情形与往常不同，由于穆宗有通宵酣饮的习惯，御帐中总是彻夜灯火通明，服侍皇帝的各色人等出出入入，忙个不停，五更天结束也算是早的。而今夜的御帐中虽依然透着烛光，但是安静得出奇，除了在御帐四周黑色毡伞下值夜的卫士外，看不到一个杂役人员。

耶律夷腊葛不知就里，快步跨入御帐，眼前的情景吓得他目瞪口呆，好像被谁施了定身魔法一般愣在那里，只见皇帝俯卧在血泊中，尸体已经僵直，御帐中弥漫着血腥气味。皇帝被大逆不道的贼子杀害，而且这些逆贼已经逃得无影无踪，身负行宫宿卫之责的耶律夷腊葛头脑里首先想到的是这个问题的严重性，他知道难脱干系，即将大祸临头了。

尽管如此，耶律夷腊葛依然没有忘记履行自己的职责，他一面派部下军校封锁行宫大门，禁止任何人出入，一面派飞骑疾赴都城向朝廷报告皇帝被弑的消息。

辽穆宗在位的后半期的政治形势，表面上是由于穆宗的残暴统治，较少发生叛乱和谋反事件，但事实上并非如此，在这种平静的背后，已经在酝酿着更大的政治危机了。以皇族耶律氏中有权势的代表人物为核心的各派政治势力都在利用朝廷内外对皇帝的不满和怨恨情绪，在暗中网罗党羽，蓄积力量，准备在时机成熟时发难，夺取最高统治权。尤其是穆宗没有儿子，这在穆宗生前蕃汉臣僚谁也不敢在皇帝面前提起，却又是谁都心里清楚的敏感话题，因此，更给穆宗百年之后的皇位继承问题蒙上了神秘莫测的色彩。

在以上这些政治势力中，就有后来继承帝位的耶律贤的小集团。

耶律贤，原名明扆，字贤宁，辽世宗耶律阮第二个儿子，母亲为怀节皇后萧撒葛只。在天禄五年（951）的"火神淀之乱"时，只有4岁的耶律贤也在行营之中。在耶律察割发动叛变，杀死辽世宗和汉人皇后甄氏之后，又要斩草除根杀死耶律贤，派部下在行营中到处搜寻而没有找到。

叛乱发生时，一个世宗对其有知遇之恩的御厨尚食刘解里抢在叛兵之前①，把耶律贤抱出大帐，用一块牛毛毡包裹起来藏在柴草堆里，虽然受了些惊吓，却使他免于一死。他的母亲萧撒葛只被耶律察割杀死后，耶律贤便成了孤儿。

辽穆宗当了皇帝以后，一方面是有感于世宗死于非命，另外一个主要方面是因为他没有子嗣，就把耶律贤当成自己的儿子收养在永兴宫中。年纪稍长以后，耶律贤从皇族遗老和后族勋戚的闲言碎语中了解了一些他的祖父耶律倍、父亲耶律阮当年参与争夺皇权的情况，这些都在耶律贤幼小心灵中打上了很深的烙印，对他成年以后在事关辽朝统治的政治态度中都产生了十分重要的影响。与其说是他出于好奇而对本国的历史陈迹抱有兴趣，莫如说是他在潜移默化中接受了历史的洗礼和教育。

---

① 尚食：掌皇帝膳食供奉的小官。

成年以后的耶律贤在与蕃汉臣僚的交结中形成了以他为核心的小集团，在这个小集团中比较著名的人有耶律贤适和汉官韩匡嗣等。

耶律贤适是当年奉命创制契丹文字的耶律鲁不古的儿子，细论起来，耶律贤适还是皇族耶律氏的远支宗亲。耶律贤适自幼以学习勤奋而在契丹贵族子弟中小有名气，成年以后，通晓汉文和契丹文，于经、史诸书无所不谈，于佛、道、儒、天文、阴阳无所不知，是继东丹王耶律倍之后文化修养颇高的人。

穆宗统治时期，很多蕃汉臣僚因言事忤旨而被夺官免职，耶律贤适却乐于恬退，自请解职，过着闲居生活，寄情于山水之间，以游猎自娱，待人接物中绝不言及政事。唯有对耶律贤例外，倾全力而结纳之，他们经常在家中作彻夜长谈，论及当朝时事，多有共同语言。虽然耶律贤适在年纪上要比耶律贤大许多，但多次的接触和交流，使他们成了无话不谈的忘年之交。

他们在私下谈论最多的还是皇帝的残暴和千疮百孔的朝政，耶律贤适对耶律贤说："多行不义必自毙，自古以来的暴虐君王无一能逃脱身败名裂的最终结局。能振兴祖宗基业者非大王莫属，望好自为之。"

耶律贤适还告诫耶律贤必须要韬光养晦，当时机成熟时一举而成大事，万不可与蕃汉百官有过多交往，对朝政有过激的言论，以免引起皇帝的怀疑。辽穆宗对这位"过继"儿子始终信任不贰，耶律贤适在暗中为之呵护，功不可没。

韩匡嗣是著名汉官韩知古之子，以擅长医术与皇族耶律氏、后族萧氏都有广泛的交际，同时又有家学渊源，熟悉儒家经典和历史上的兴亡替代。他与耶律贤是交谊很深的朋友，对儒家思想学问的喜欢是他们结为挚友的基础，二人经常在一起质难答疑，切磋学艺，促膝长谈。耶律贤成年以后，为避人耳目，表面上看两人关系似不如从前密切，但在暗中仍往来不断，耶律贤后来当皇帝所实行的"汉化"措施，如果追本溯源的话，主要是来自韩匡嗣对他的影响。

在辽穆宗命丧黑山行宫后，耶律贤成功登上皇帝宝座，其中起了关键作用的人物是驸马都尉、门下省侍中萧思温。

萧思温本来在这次黑山狩猎中也是随驾伴猎的官员之一，就在穆宗被杀当天的白天，萧思温还在黑山行宫中，穆宗射杀了一只黑熊，萧思温还献酒祝贺，说了很多恭维的话。因朝廷中有亟待办理的公事，萧思温于当日起程返回都城，而穆宗当天夜里就被杀死了。后来，萧思温每逢提起这件事，都暗自庆幸自己有福星照应，在阴差阳错之中帮他从这一皇帝被弑身死事件的重大责任中全身而退。而接下来发生的事情，又为他荣膺新立皇帝的从龙功臣恰到好处地添上了重重的一笔。

说来也巧，当萧思温一行刚刚回到都城府中，黑山行宫殿前都点检耶律夷腊葛派来报告皇帝凶讯的飞骑也随后疾驰而来，把紧急奏报直接送到了萧思温的手中，也就是说都城中全数蕃汉臣僚中是萧思温最先得知了皇帝已经死去的消息。

萧思温展阅奏报，先是为何人敢于冒天下之大不韪公然弑君谋大逆而惊讶，又为他眼前不知怎样处置好这一重大事件而焦虑不安，他独自一个人在府中不停地踱步，头脑中在紧张地思考着。

契丹最高统治权的传位方式，本来在耶律阿保机建国称帝时就已经解决了，后来由于述律氏干预朝政，辽太宗耶律德光当皇帝以后，又册立其幼弟耶律洪古为皇太弟，作为皇位的合法继承人，这些都属述律氏权力欲和个人独裁的产物是不言而喻的，因此遭到了皇族耶律氏和许多蕃汉大臣的反对。

世宗、穆宗两朝干脆就没有册立皇储，使那些觊觎皇权的野心家更加有恃无恐，围绕皇权继承问题的争夺更加尖锐，政变屡屡发生。而世宗、穆宗在非常情况下继承帝位也似乎启发人们，看谁能够把握时机，捷足先登，率先夺取象征皇帝权力的传国玉玺和神器——旗鼓①，造成号令天下的既成事实，而这种事实一旦形成，便具有了合法性，一般不会被改变。

而此时的萧思温的焦虑所在，是把这个千载难逢的捷足先登的机会送给谁，也就是把这顶从天而降的皇冠戴在皇族耶律氏中哪一个人头上的问题。萧思温是完全从对这一突发事件的处置能给自己和萧氏家族带来巨大利益的角度来选择处理方式的。

萧思温在辽朝的几股政治势力中处于很微妙的地位。他在南京留守任上与汉官韩匡嗣过从甚密，两家结成亲家之谊，把自己的三女儿燕燕许配给韩匡嗣的第二个儿子韩德让。而韩匡嗣、韩德让父子又与耶律贤来往密切，情谊淳厚，这在朝廷上下是人人皆知的事情，早已不是什么秘密。

而太宗和耶律洪古兄弟支系诸王树大根深，势力仍不可低估，善于察言观色、左右逢源的萧思温也与他们保持着联系。

在萧思温与两派政治势力的接触中的直觉告诉他，在思想上他更倾向于耶律贤。这主要是因为耶律璟的专制暴虐，造成了政治昏暗、天怒人怨，在这种局面下，耶律贤的名望和才干更容易被朝廷上下所接受，这一点，耶律贤较之太宗、耶律洪古一系具有不可比拟的优势。

萧思温思虑再三，最终还是下决心把皇冠戴在耶律贤的头上。

事不宜迟，萧思温主意已定，策马朝耶律贤的藩王府邸疾驰而去。在王府

---

① 旗鼓：原指军中号令工具，契丹以其象征国家权力。

大门前，萧思温翻身下马，未待门人通报便排闼而入，直奔耶律贤内室而来。

萧思温见到耶律贤便拱手致礼道："在下向大王道喜了！"

耶律贤与萧思温一向没有太多的交往，只是保持着一般的礼节性的往来关系，但是，耶律贤知道萧思温是凭着驸马都尉的身份而宦途顺利、享受目前高官厚禄的人，其才能平平且并无引人瞩目的政绩，尤其是当今皇帝昏聩，他身任宰辅不能谏诤匡正，朝廷中蕃汉百官对他颇有微词。

耶律贤对萧思温突然造访颇感意外，又对他口称"道喜"更是丈二和尚摸不着头脑。尽管如此，耶律贤还是不失礼貌地应酬道："不知大人光临寒舍，有失迎迓，得罪！得罪！适才大人所言更让本王疑团在胸，还请大人明言点拨一二。"

"皇帝已经宾天，这对大王来说难道不是大喜吗？"

听了此话，耶律贤不禁先是为之一愣，随后又急匆匆扑到萧思温的面前，连声发问道："这是真的吗？是什么时候发生的事？"

"就在昨天夜里，我刚刚收到殿前都点检耶律夷腊葛派飞骑从黑山行宫送来的紧急奏报。"

萧思温又接着说："在下知道大王早就盼着这一天，故而赶来禀告大王。"

这个消息对于耶律贤来说，来得太突然了一些，使他在激动不已的同时又有些恐惧的复杂感觉，情急之中竟不知说什么才好。

萧思温见状忙道："如今都城之中除在下与大王尚无人知道此事，大王该早下决断，速速赶赴黑山行宫，控制神器在手，为大行皇帝主持发丧，然后继登大宝，以号令天下。"

紧接着，萧思温又不失时机地把耶律贤恭维了一番："大王聪明贤德，有帝王之度，继承皇位，上顺天意，下合民心。大王又是先皇帝世宗嫡子，这是名分之内的事，毫无僭越之嫌。大王素以出人头地、建功立业为志，大有作为，此其时也！倘若消息传开，被他人抢了去，大王则成终身之憾，悔之何及？"

萧思温的一番话是鼓励也罢，是恭维也罢，为耶律贤平添了信心和勇气。

"大人所言极是！若大事有成，本王不忘推戴之功，与大人共享荣华富贵！"

萧思温听耶律贤这样一说，喜不自胜，得意中竟然面对耶律贤行起了跪拜之礼，仿佛耶律贤已经当上了皇帝，连称呼都马上发生了变化："皇帝在上，臣愿为陛下肝脑涂地，万死不辞！"

耶律贤连连摇手制止："大人快快请起！这如何使得！岂不是折煞了本王？"

接下来，便是萧思温协助耶律贤部署前往黑山行宫之事，因时间紧迫，不容充分打点，只好诸事简约，而其中只有一件事是不能马虎的，这就是在耶律贤去黑山行宫时，必须有一支精干有战斗力的军队随行。耶律贤很清楚在目前没有礼制约束和法律秩序的情况下，没有军队作靠山，要登上皇位几乎是不可能的，只有金戈铁马才是最高权威。于是，耶律贤从属于他父亲辽世宗的积庆宫宫卫骑军中调精甲骑兵1000人①，带着萧思温及飞龙使女里、汉官南院枢密使高勋等人当天就来到黑山行宫。

在耶律夷腊葛的主持下，黑山行宫中仍在封锁着穆宗被杀死的消息，一切

---

① 辽朝制度，每一代皇帝都拥有私人武装宫卫骑军，入则居守，出则扈从，皇帝死后，其宫卫骑军不能解散，扈卫帝后陵寝，也听从新继位皇帝的指挥。

活动还是按照皇帝生活在行宫御帐中一样正常进行着。直到耶律贤一行到来，才按发丧的要求，因陋就简，草草设置了灵堂，安放穆宗神位。

耶律贤在随行诸人的簇拥下，在穆宗神位前哭奠如仪，致哀尽礼，然后在穆宗灵前即皇帝位，同时颁布新皇帝即位例行的大赦令，下诏当年改元保宁，这就是辽朝的第五代皇帝辽景宗。

二、得先机萧思温腾达

耶律贤圆了他朝思暮想的皇帝梦，对于他能成功夺取皇权，萧思温有定策之头功。萧思温也没有想到自己为官半世一直政绩平平不能出人头地，而这次却时来运转，如意算盘打到了点子上，他摇身一变坐上景宗皇帝蕃汉大臣中的第一把交椅。

萧思温，契丹名寅古，出身萧氏述律家族，父亲叫萧忽没里，与辽朝初年的著名宰相萧敌鲁是同族兄弟，萧敌鲁又是辽太祖耶律阿保机皇后述律氏的弟弟。可见萧思温的家族在契丹贵族中可算相当显赫的阶层。至萧思温，又娶太宗之女沂国公主耶律吕不古为妻，成为萧氏家族中众多驸马之一。

说到辽朝皇族驸马多姓萧氏，有必要追溯一下契丹族的婚姻制度。

辽朝的契丹人主要有耶律氏和萧氏两大姓。耶律氏中包含了皇族、大小贵族、平民和被皇族驱使的官户、役属于贵族的奴婢等各个阶层，即所谓国族皆以耶律为姓。

萧氏是皇族耶律氏的后族，辽朝皇帝的后妃、诸王妃以及公主下嫁的驸马绝大多数都是萧氏中人，极少有例外。萧氏原来是契丹八部之外的一个部族，号称审密氏，他们与耶律氏世代保持着联姻关系。在审密氏内部分为拔里和乙室已两个家族，其中拔里家族又分为大父房和少父房，乙室已家族又分为大翁房和小翁房。

在辽朝后族中还有一个具有特殊地位的家族述律氏，即辽太祖皇后述律氏的家族。述律氏原不是契丹族，与审密氏也没有关系。述律皇后的祖先是回鹘人，她的父亲名叫月椀，而生母则是辽太祖的姑姑，因此，述律氏是一个带有契丹血统的回鹘家族。

辽太宗在位时把述律氏家族事划归主管皇后族事务的国舅帐，借以提高其地位。大同元年（947），辽太宗从大梁撤军时，留述律太后之侄小汉为汴州（今河南开封）节度使，赐他姓名为萧翰。从此以后，后族萧氏中就包含了拔里、乙室已、述律氏三个家族。其中述律氏的地位最为尊贵，使拔里、乙室已两个家族不能与之相提并论，辽朝皇帝的皇后，多是出自述律氏家族。

辽朝的后族为什么要以萧为姓？据说辽太祖耶律阿保机很喜欢听汉族官员给他讲历史典故，从中吸取治国安天下的良策，他也经常借古鉴今，教育臣民。他十分仰慕汉高祖刘邦经邦治国的雄才大略，所以自以耶律氏比刘氏，而审密氏的拔里、乙室已两个家族又与耶律氏互为婚姻，世世不绝，依为唇齿，成为耶律氏统治天下不可缺少的臂膀和盟友，所以，把审密氏比为西汉初年的著名宰相萧何。这就是辽朝后族以萧为姓的来历。

萧思温自幼就表现出与其他契丹贵族子弟不同的做派和行为特点。契丹人以尚武好斗为荣，因此，契丹人不论是贵族还是平民，从少年起就必须接受骑马射箭的人生必修课教育，以从小培养其武勇剽悍的作风和坚韧刚毅的精神，这不仅是辽朝军人的基本技能，因射猎仍在契丹人的经济生活中占有相当的比重，所以，骑射也是他们不可缺少的谋取生活资料的手段。然而，萧思温对纵马弯弓之事了无兴致，却对读书学习抱有极大热情和孜孜以求的刻苦精神。又由于其家境优裕，为他的学习提供了良好的条件，成年以后的萧思温，在一班贵族子弟中也算是以满腹经纶而小有名气的人物了。

由于萧思温对兵略缺乏兴趣，又确实没有才能统领军队指挥作战，所以在进入官场以后，一直在各级衙门中担任文翰职务，做一些文字工作，这样既可以发挥他的特长，又免去在军中的鞍马劳顿之苦。

在萧思温娶沂国公主之后，思想上发生了一些变化，他对长期从事的文翰工作颇感乏味，而且自己又是堂堂的皇家驸马，为朝廷效力总要做出些政绩来。于是他便通过沂国公主向辽穆宗请求任命自己一个相对繁剧的职务。皇帝还真给面子，立即下令让萧思温出任南京留守，成为总掌南京地区军事、行政、财政、司法诸事的封疆大吏。

然而，事情并不像萧思温想的那么简单，南京留守任上，萧思温经历了他进入仕途以来前所未有的严峻考验。

应历八年（958），辽穆宗得知后周倾全国军力讨伐南唐的情报，乘后周北部边防空虚之机，下令萧思温跟踪袭扰，劫掠后周与辽朝相邻州县。

起初，萧思温以天气炎热不便行军为借口，按兵不动，迟迟不领军出城南进，继之在皇帝的严令之下，萧思温无奈率师进入宋境，却又畏首畏尾不敢深入，只是游击徘徊于边境一带，又多虚张声势之举动，很少与后周守边军队正面冲突。最后仅仅攻占了后周边境上守军人数较少的村寨据点后即撤回南京城，这就是萧思温第一次带兵作战的结果。

应历九年（959），后周世宗柴荣亲率大军北上，要从辽朝手中夺回燕云十六州，而且进军的速度相当快，当萧思温接到边报时，后周军队已经包围了瀛州（今河北河间），攻占了益津、淤口、瓦桥三关（今河北霸州、霸州信安镇、雄县），进逼辽朝的前沿军事重镇固安（今河北固安）。

萧思温此番的处境已非上次应历八年（958）对后周作战可比，上次是萧思温占有主动权，而此次他所面临的是后周大军压境，而且后周进军速度之快，大有迅雷不及掩耳之势，在很短时间里就攻占了辽朝南京以南的大部分州县。

萧思温在后周军队的攻势面前惊慌失措了，拿不出退敌的良策。可是，萧思温有一套看家的本事，这就是任凭你后周军队在南京城外攻城略地，我却按兵不动，决不跨出南京城一步，据坚城而固守。好在南京城墙高壕深，城中粮草储备充足，兵马众多，足可抵御后周的进攻。

萧思温自以为得计，他对部属说："敌军来势凶猛，一旦出战败绩则后患无穷。不如以固守为上，待机而出，随时日迁延，敌军疲惫，可乘势蹴击之，必获全胜。"

然而，南京城下的后周军队日益增加，把南京城团团围了起来，而且士气高涨，并不见疲惫之相。南京城中流言汹汹，人心浮动。达官贵族们更是惶恐得六神无主，纷纷打点细软，准备逃难。

作为守城主帅的萧思温，在这时更加恐惧，他心里很清楚，如果在别的地方打了败仗，丢了城池，大不了免官降职，他还是皇帝贵胄，而现在若真是因为自己指挥不力，丢了南京城，皇帝暴戾无常，是很难放过自己的，断送做官的前程事小，就怕把性命搭上也难抵其罪！

萧思温思忖再三，认为现在除了继续守城之外，就是向朝廷告急，奏请皇帝驾幸南京，坐镇对后周作战，这样做可以一举而两得，既能掩饰自己的畏敌怯懦心理，又能推卸指挥不力的责任。有皇帝在前线，打了胜仗固然可喜，打了败仗也不至于让我一个人承担全部责任。

于是萧思温一方面召集诸将说："皇帝亲率精锐之师已经过了古北口，指日可至，与我城中守军内外夹击，破敌必矣！"派属下官吏至城中各处大造舆论，以安定军心民心。另一方面接二连三派出飞骑信使，上表皇帝请求增援。

萧思温是幸运的，正当周世宗决意对南京城发动进攻的前夕，他却突然得了重病，攻城作战不得不停止，南京城外围的后周军队也随之撤围而去。恰好辽穆宗也在这时来到南京，南京城下形势顿变，萧思温也仿佛成了另外一个人，格外果断和英武，指挥守军出城尾追后撤的后周军队，打了一个不大不小的胜仗。

不论怎么说，南京保卫战的结局，让萧思温保全了面子。此后，萧思温又通过沂国公主的关系，被调回朝廷，担任南面官中的侍中一职[①]，这是一个虽然官品很高却不掌握实权的闲散职位，算是对驸马萧思温的礼遇，让他养尊处优的安排。

辽穆宗的突然被杀打破了萧思温的平静生活，把他卷进了皇权纷争的政治旋涡，他又不失时机地把耶律贤当成了自己的靠山，在这场政治赌博中获得了成功，取得了在目前能够出人头地，荣耀门庭，在以后又可以封妻荫子，名垂青史的殊荣。

新皇帝即位后，自然不会忘记藩王府邸中早就许下的承诺。景宗从黑山

[①] 辽朝官制分北、南面官，北面官由契丹人担任，掌实权，南面官参用契丹人和汉人，无实权。

行宫回到都城后，颁布的第一道诏令，就是任命萧思温为北院枢密使兼北府宰相。北院枢密使是辽朝北面官中第一要职，负责统领兵马之重任。北府宰相执掌契丹族八部中以皇族耶律氏为核心的迭剌部等五部族事务，职权颇重，自辽太祖时就由后族世选①，现在，景宗又把北府宰相一职的世选特权交给了萧思温的家族。同年，景宗又为萧思温加官至辽朝官品之极尚书令，封魏王。

萧思温身被皇恩，犹如沐浴在春风之中，踌躇满志，好不得意。然而萧思温追求恩宠并没有就此画上句号，他又断绝了与汉官韩家的姻亲关系，应皇帝之召，把自己的三女儿萧燕燕送入皇宫为妃，使他具有了宰相和皇帝岳父的双重身份，这对于萧思温本人和他的家族来说真是锦上添花，荣耀之至，尊贵之至！

三、应诏命燕燕成皇妃

辽景宗耶律贤当皇帝这一年刚满 20 岁，在做藩王时就已经过了纳妃的年龄，却至今尚未婚娶。于是，朝廷中的大惕隐司和敌烈麻都司开始张罗着为新天子物色皇妃②，筹办大婚，以充实后宫，保证皇族耶律氏的子孙香火兴旺，连绵不绝。这对于朝廷的有关机构来说是例行的公事，并没有什么特别的意义，因为每一代新皇帝即位后都要如此办理，是礼法制度的内容之一。

然而，这次选妃和大婚对于其中的一男一女两个当事人来说却是非同寻

---

① 世选：将选官范围限定在一个家族中。

② 大惕隐司：执掌皇族耶律氏政教事务，相当于宗正寺；敌烈麻都司：执掌礼仪制度，相当于礼部。

常。如果说这一活动的结果如同耶律贤继承帝位一样，对辽朝的历史产生了重要影响一点儿也不过分。

作为皇帝大婚的中心人物辽景宗并没有太关注选妃议婚的官员向他的后宫送进了多少婵娟佳丽，他现在只想着一个人，这就是他曾见过一面的萧燕燕，她就是当朝北院枢密使兼北府宰相萧思温的三女儿。

萧思温和沂国公主结婚后生下三个女儿，成人以后，不仅个个天生丽质，美貌绝伦，而且聪明伶俐，知书达礼，上京城中的蕃汉各族达官显贵阶层中几乎无人不知萧氏府中有这样三位漂亮的千金。作为父亲萧思温经常借此聊以自慰，弥补了没有儿子的缺憾。

在姊妹三人中，最受到父母宠爱的是小女儿燕燕，燕燕是她的契丹名，汉名绰。她从小小年纪起就非常懂事，与一般的孩子不同，秀外慧中，才思敏捷，年龄稍长则遇事爱动脑筋思考，处事沉稳果断，若有成人之状。

萧思温曾经在家中留意三姐妹洒扫庭除干家务活，总是萧燕燕做得既快且好，在两个姐姐之上。萧思温曾断言："将来能光耀我萧氏家门者必燕燕也！"

遵循萧氏与皇族耶律氏联姻的制度，萧思温的三个女儿自然都是皇妃或诸王王妃的最佳人选，燕燕的大姐胡辇已经嫁给了齐王耶律罨撒葛。

对于小女儿的婚事，萧思温颇费了一番脑筋。当然萧思温想得更多的是希望通过燕燕的婚姻在皇族耶律氏中攀高结贵，给萧氏家族找到更硬的政治靠山，从萧氏家族的长远利益来说，这要比聚敛多少财富都重要得多。

而萧燕燕却违背了父亲的愿望，没有走上相沿成习的无数萧氏未婚女子所走过的道路，而是对汉官韩匡嗣次子韩德让情有独钟。

萧燕燕是萧思温在南京任上所生，在他应召入朝返回上京后，所居宅邸与韩匡嗣府上相去不远。韩匡嗣有五个儿子，依次为韩德源、韩德让、韩德威、韩德崇、韩德凝，这时五兄弟都已经成年，在朝廷中任职效力。其中，韩德让更为出类拔萃，小伙子仪表堂堂，潇洒倜傥，而且文武兼备，多才多艺，既能吟诗作赋写文章，又娴熟于军事，擅长骑射；单论马上功夫也丝毫不比契丹贵族子弟逊色。凡是与韩德让接触过的蕃汉官员，无不对他的学识才气赞不绝口，说他有将相的气度和风范，只可惜他是一名汉官。

萧、韩二府相邻，两家人经常来往，况且契丹女子不像汉族妇女那样被许许多多的清规戒律束缚着，在社会交往中还享有比较多的自由。萧燕燕与韩德让的交往是从谈古论今、酬唱应和开始的，韩德让在年龄上要大萧燕燕十多岁，在这方面，说韩德让可以当萧燕燕的老师也是绰绰有余的。所以，当他们在一起的时候，萧燕燕像个拜师求学的学生，只有洗耳恭听的份了。

萧燕燕对韩德让的渊博知识和不凡谈吐敬佩得五体投地，爱慕之意油然而生，她经常暗自思忖：能和这样的人白头偕老，终生相伴，也不枉此生了！

是萧燕燕自己向父亲主动提出来要嫁给韩德让为妻的，这与萧思温原来寄托在小女儿身上的期望显然是大相径庭。可是，萧思温毕竟是契丹贵族中文化修养较高的人，懂得尊重女儿的感情，在萧燕燕对自己婚姻大事的抉择上采取了比较开明的容忍态度。

萧思温也很欣赏韩德让的才干，即使他身为汉官，与契丹贵族不能相提并论，但倘若真的成了萧家的女婿萧思温也是相当满意的。平心而论，萧思温身为契丹贵族和朝廷高官，对汉人汉官并没有那么多的偏见。他本人曾经较多地接受过汉文化的熏陶，认为多结交汉人朋友不是坏事，特别是像韩氏家族这样的汉人，他们虽然在名义上仍是皇帝的宫户[1]，但是，他们有渊博的知识和一技之长，从辽太祖耶律阿保机时起就与皇室有着密切的关系，韩氏家族的人受到了历代皇帝的信任和重用，其实际地位已经与契丹贵族没有什么差别，而且汉官的势力在朝廷中还有继续扩大的趋势。

当年，韩德让的父亲韩匡嗣还健在，由萧韩两家的家长共同主持，举行了订婚仪式，只要萧燕燕到了及笄之年就正式迎娶[2]。

而辽景宗耶律贤则是在一次中和节萧氏家族举办的聚会上第一次见到萧燕燕的[3]，当即被她的美貌所倾倒，决意要娶萧燕燕为王妃。派王府中官员探听的结果是萧思温已经把她许配给韩德让，无奈名花有主，耶律贤着实遗憾了好长时间。

如今，耶律贤当上了皇帝，又正在选妃议婚，他又想到了萧燕燕，这是十分自然的事情。当他得知萧韩二家尚未正式结亲的消息，便打定主意利用至高无上的皇帝权力把萧燕燕弄到手。因此，景宗旧事重提，召见宰相萧思温，口诏宣萧燕燕入宫为皇妃。

在一般情况下，谁如果能被皇帝亲口册为皇妃，不啻从天而降的千载难逢的大好事。而对萧思温来说确实是一道难题，使他颇费思忖。皇帝说出的话即是金科玉律，但是臣民家的婚姻大事也同样不能视同儿戏呀！况且与皇帝选妃相比，我家女儿许配韩德让之事在此前已议定，出嫁之期业已确定，只等吉日一到，行迎娶之礼，燕燕就是韩家的媳妇了。

———————————————

[1] 宫户：供辽朝皇帝、后妃役使的奴婢。

[2] 及笄：古时女子成年的年龄。

[3] 中和节：契丹族节日，由萧氏做东，宴请皇族耶律氏。

可是，萧思温绞尽脑汁思来想去，怎么也找不出合适的拒绝皇帝的理由，皇帝是天下至尊，是万民之主，皇帝的权力是至高无上的，诏旨既下，臣子必须无条件地服从照办，打不得折扣，讲不得价钱，否则就是抗旨不遵，就是忤逆行为。

萧思温在围绕如何解决这一难题的思索中，他的为人处世中趋利避害的原则又开始起支配作用，他还是从个人前程和家族的长远利益的角度，来权衡其中的利害。萧燕燕嫁给韩德让，充其量不过是一个拥有贵族身份的人而已，而入宫为皇妃，接下去是被册立为皇后，两者岂能同日而语？这就是萧思温决定把萧燕燕送给皇帝为妃的主要动机，至于他宁可割断女儿与韩德让的恋情，开罪于韩氏家族而不敢违背皇帝诏旨不过是表面文章而已。

这件事对萧燕燕本人来说似乎关系很大，因为皇帝和父亲要强制改变她对婚姻的选择，但是她的个人意志在此时已经不能像当初决定嫁给韩德让那样得到尊重了。契丹上层贵族家的婚姻之事虽然不是很严格地讲究父母之命、媒妁之言，但不尊重个人意愿的包办婚姻还是普遍存在的。尤其是社会上层的婚姻关系，往往都是散发着互相交易、互相利用气息的政治行为，完全是从各自政治利益出发来决定对待婚姻的态度。

当萧思温把皇帝的旨意和自己的决定告诉萧燕燕时，她心里很清楚，她自己成了父亲手中攀高结贵的政治筹码和提高家族地位的砖石。对此，她即使奋起抗争也是毫无意义的。于是，萧燕燕很平静地接受了这样的安排，然后才有了本书开篇所记述的萧氏家族送亲的场面。

第三章

挽狂澜皇后参大政

亲姐妹反目成仇敌

一、遭嫉恨萧宰相殒命

萧燕燕奉诏入宫与皇帝大婚已毕，辽景宗耶律贤不由得大喜过望，一连多少天都沉浸在无比欢悦的情绪之中。先是，自己以一皇族耶律氏的平常藩王平步青云荣登皇帝大位，圆了他的皇帝梦，而且出人意料的顺利，这已经使他喜不自胜。如今，他又运用皇帝说一不二的权力，把绝色女子萧燕燕拥入自己的怀抱，了却平生之愿。好事双双而至，怎能不令龙心大悦！所以在大婚后不久，景宗即下诏，册立萧燕燕为贵妃。

此时的萧燕燕尽管大婚已过，她已经当了皇帝的贵妃，但是在心理上她还没有完成从一个平常的契丹贵族女子向贵妃的过渡，她与韩德让之间的一往情深的恋情也并未随着她的入宫而被完全割断。

可是，摆在萧燕燕面前的事实是实在而严酷的，她必须服从命运对自己的安排。萧燕燕一个纯情女子对宫闱中的事情了解得并不多，而"伴君如伴虎"的古老话题和人们在茶余饭后口耳相传的关于历代后宫女子失宠后以泪洗面，在无限哀怨、忧伤中了却一生的故事，她还是有所耳闻。特别是入宫前夕父母的谆谆叮嘱，使她在思想上警钟长鸣，不敢有一丝一毫的懈怠、掉以轻心。

萧燕燕心里很清楚，要想在后宫站得住脚，争得出人头地的地位，必须要取悦于皇帝之心。于是，萧燕燕便投景宗之所好，极尽曲从逢迎之能事，以其美貌、柔顺和善解人意彻底征服了皇帝，使辽景宗终日流连后宫，乐此不疲，有如鱼得水之状。萧燕燕入宫未及半年，专宠后宫已成定局，皇帝下诏册立她为皇后，萧燕燕的第一步成功了。

辽景宗即位以后所面临的内部局势却远远没有当皇帝、娶皇妃那样能够让他高兴。辽穆宗暴虐统治遗留下来的千疮百孔的政局亟待治理，拨乱反正的任务相当艰巨。正是这种特殊的条件和环境，为年轻的萧燕燕显示其才能，经受锻炼和考验，乃至后来登上政治舞台，执掌辽朝的最高统治权提供了机遇。

而辽景宗即位后第一件朝政大事就是如何处置辽穆宗耶律璟在黑山行宫被杀的事件。这一事件的发生虽然说是穆宗作恶多端、罪有应得，即使千刀万剐也难以洗刷其罪恶，但是，从另一面也充分说明了辽朝的统治秩序随着其不断加剧的内部矛盾而受到猛烈的冲击，皇族耶律氏的利益和权威受到了前所未有的挑战。

因此，辽景宗耶律贤决心以处理穆宗被杀事件为突破口，从整顿朝廷纲纪入手，重新树立天子的绝对权威。

耶律夷腊葛身为殿前都点检，总领黑山行宫宿卫之职，穆宗被杀，他负有不可推卸的责任。就如何处置耶律夷腊葛的问题上，景宗曾左右为难下不了决心。穆宗生前对皇室诸王多怀有戒备之心，唯恐遭受他们的暗算，便把耶律夷腊葛引为知己，不仅把护卫皇宫的重任交给他，而且每逢朝廷中的军政机密大事拿不定主意时，经常找耶律夷腊葛一起讨论，征求他的意见，耶律夷腊葛实际上是辽穆宗的私人顾问。

耶律夷腊葛有感于皇帝的恩宠，尽心竭力，忠于职守，知无不言，言无不尽，越发得到皇帝的信任。使辽景宗最有感慨的是在穆宗生前朝野曾广为流传的耶律夷腊葛敢于犯颜直谏的故事。

穆宗时皇家后苑中曾经饲养各种雉，一名雉人不慎把一种很名贵的雉弄伤致残，因慑于皇帝的残暴畏罪逃跑了。穆宗发觉后立即派人将雉人抓了回来，要杀死他。耶律夷腊葛闻讯后上奏劝谏说："雉人伤雉，固然有罪，但罪不至死！雉人逃跑，畏陛下天威耳！人命至重，望陛下饶此人不死。"

这时的穆宗已是杀人如麻，仿佛只有杀死雉人他才能得到心理上的平衡。他拒绝了耶律夷腊葛的谏诤，下令把雉人杀死，然后把雉人的尸体交给耶律夷腊葛，说："请爱卿为你的朋友收尸吧！"意思是告诫耶律夷腊葛以后不要再管这样的事。

耶律夷腊葛不避斧钺，敢于冒死谏诤，在朝野赢得很高声誉，景宗即位前就十分仰慕他的威名。如今他即位伊始，百废待兴，正在用人之时，朝廷百僚备员，而像耶律夷腊葛这样的名臣实在难得。而他又对穆宗的死负有重大责任，不杀死他，就难以了结此事。景宗思忖良久，想找个两全其美的解决方法。

景宗回到后宫，在闲谈中把他的满腹心事说给贵妃萧燕燕听。不料想萧燕燕说出一番话来，使景宗对这位刚入宫不久的贵妃刮目相看，使他摆脱犹豫，果断了结此事。

萧燕燕说："陛下爱慕名臣，其情可原。而陛下此时最需要的是严肃纲纪，纲纪振则百官守职用命，名臣亦会接踵而来。要名臣，还是要纲纪，陛下圣明，不难决断！"

景宗听罢，不禁为之击掌连连叫好："爱妃所言极是，正合朕意！"

次日上朝，景宗就下诏把殿前都点检耶律夷腊葛以宿卫不严的罪名斩首。这件事在朝廷文武百官中产生了很大的震动，敢于玩忽职守以身试法者顿时慑息踪消。

辽景宗在萧思温等人的协助下，抢先一步当上了皇帝，此事固然可喜，但是，景宗心里明白，在他登上皇帝宝座的同时，他就成了皇族耶律氏内部权力斗争新的矛盾焦点，成了新的众矢之的，太宗和耶律洪古一系诸王不会就此善罢甘休，俯首称臣，他们会纠集朝野反对派势力在时机成熟时向新天子发难，随时都可能引发大规模的流血冲突，骨肉相残、尸陈宫阙的悲剧又将不可避免，动荡的政局将会持续下去。

因此，景宗在即位初期，就面临与严肃纲纪具有同等重要意义的安抚皇族耶律氏的问题，以缓和、化解皇族内部矛盾，克服可能会导致局势动荡的不利因素。萧燕燕曾向景宗献策说："诸王者，陛下之宗亲骨肉也，与其反目成仇，莫如不吝名爵币帛结其欢心，抑或能成为陛下之股肱，为匡扶朝廷而效力。"

于是，景宗在即位的当年，就在赏赐诸王巨额财富的同时，对他们加官晋爵。晋封太宗次子、太平王耶律罨撒葛为齐王，四子耶律敌烈为冀王，五子耶律必摄为越王。封东丹王三子耶律稍为吴王，四子耶律隆先为平王，五子耶律道隐为蜀王。晋封耶律洪古长子赵王耶律喜隐为宋王，次子耶律宛为卫王。

景宗对诸王的笼络安抚政策，大大缓和了皇族耶律氏内部的剑拔弩张局面，基本稳定了统治秩序，掌握了防范和镇压敢于向皇权挑战的不轨活动的主动权。

可是辽景宗的安抚政策并没有取得完全令人满意的效果，而且他只注意了皇族耶律氏，而新的矛盾的爆发却首先起自后族萧氏内部，主要是针对新贵萧思温和新皇后萧燕燕而来的。

萧思温一族骤然成为后族萧氏中最为显赫的家族，古语云"一人得道，鸡犬升天"，以此比喻萧思温家族的权势一点儿也不过分。在辽景宗即位后的不长时间里，萧思温一家从朝廷接受的奴隶、牲畜、金银、绢帛，数量之巨，难以计数。其亲戚多擢列显官，就是萧家的奴隶也趾高气扬起来，倚仗主家权势横行霸道，多行不法。

萧思温家族的所作所为在后族萧氏中引起激愤。萧思温万万没有料到，就在他为自己的飞黄腾达而志得意满的背后隐藏着森然的杀机，后族中的萧海只、萧海里已经在纠集对萧思温不满的人，在暗中策划伺机刺杀萧思温。

保宁二年（970）正月，皇后萧燕燕生下了第一个女孩，在上京居守。萧思温随景宗离开上京，巡幸各地。景宗一行沿潢河（今内蒙古西拉木伦河）两岸东巡来到东京（今辽宁辽阳），在那里举行了祭奠让国皇帝，即东丹王耶律倍和世宗耶律阮的仪式。在五月返回上京途经医巫闾山（今辽宁西部），萧思温陪同景宗在盘道岭围猎时，被事先埋伏在那里的萧海只、萧海里杀死。

这是辽景宗即位以来发生的第一起谋杀事件，而且被杀者又是当朝宰相、皇帝最信任的大臣，同时又是皇帝最宠爱的皇后的父亲。这一事件在朝野引起很大震动，景宗皇帝由于萧皇后的关系，下诏严令夷离毕院和宫卫骑军将领缉拿谋杀萧思温的凶手，并一再下诏催促，限期破案。

萧思温随驾行猎的医巫闾山险峻林密，人迹罕至，又是辽朝皇帝的固定狩猎地，封禁颇严。参与破案的夷离毕院的官员认为，即使有小股盗贼盘踞山中，也绝不会有此胆量竟然在光天化日之下刺杀随皇帝行猎的朝廷大臣。于是，他们在随皇帝出巡、狩猎的各类人员中展开缜密查证，终于在萧思温被杀当日萧海只、萧海里的行踪调查中发现了破绽。

至同年九月，杀死萧思温的元凶萧海只、萧海里被缉拿归案，经过勘问，他们对谋杀萧思温的罪状供认不讳，他们交代了杀死萧思温的动机主要是由于萧思温才能平庸，为官数十年并无卓越治绩可言，偶然机会使他青云直上，而且他的女儿萧燕燕屡屡干预朝政，这些都为萧氏中萧思温家族以外支系难以接受和容忍，杀死萧思温也是为了孤立和打击皇后萧燕燕。

然而，萧海只、萧海里在勘问中没有把参与谋杀的同党全部交代出来。在这个阴谋集团中还有女里和汉官高勋。

女里和高勋曾经是当年耶律贤赴黑山行宫时的随行官员，参与谋议和护驾行动，在拥戴耶律贤即位过程中是仅次于萧思温的核心人物，他们与萧海只等人勾结在一起，对萧思温施以极端手段，同样也是为了发泄对萧思温的不满。

女里本来是世宗耶律阮宫帐积庆宫的马群侍中，掌养马事务，对饲养马匹有丰富的经验。他有一手通过观察马蹄印鉴别马匹优劣的绝活，可以在杂乱无章的马蹄印中发现百里挑一的骏马，而且屡试不爽，堪称一绝。

由于女里在景宗还是藩王时就倾心交结，忠诚不贰，两人遂成莫逆。景宗的黑山行宫之行，随驾的一千精甲中，就有五百人是女里统领的，帮了景宗的大忙。景宗即位后，感他翼戴有功，任命他为政事令、契丹行宫都部署，接受的赏赐难以计数。

女里所居职位和拥有的财富，比较原来的放马生意已不啻天壤之别。然而，女里贪婪成性，不满足于皇帝的丰厚赏赐，席宠放纵，不择手段地聚敛财富，依仗皇帝的宠信，纳赂请谒，门若贾区，送礼行贿的人络绎不绝。

女里贪婪成性，朝野无人不知，就连当时远在数千里之外的北汉皇帝刘继元也投其所好，为了巴结这个辽朝皇帝的宠臣，在每年女里生辰的时候，都要派使臣专程上门送礼祝贺，女里当然也是照收不误。

在当时上京城中流传着这样一个笑话，说女里和他的同僚萧阿不底是以贪财而齐名的人，有一位契丹贵族穿了一件用皮毛制成的毡裘，由于在草原上行猎时沾满了苍耳子，有人一本正经地跟他说："你穿这样的毡裘当千万小心，不要被女里和萧阿不底遇上，如果被他们发现，会把这上面的苍耳子一个也不剩地摘去！"以讥讽女里的贪婪丑态。

保宁十年（978）五月，女里因私藏甲胄500副而被别人告发。在皇帝看来，女里贪恋财富，好为聚敛，甚至不择手段，除了名声不好之外，算不得有碍大节的事情。所以，景宗对女里贪猥之事早有所闻，碍于二人过去友谊很深的情面，并没有拿他怎么样。而此番女里所犯则非同小可，甲胄和兵器一样，都是不祥之物，臣子私藏甲胄就完全有理由被怀疑成对皇帝的不忠或有其他的不轨企图，单是对皇帝的不忠一条就是不能容忍的，足以构成杀头之罪。

于是，景宗下令将女里拘禁，交夷离毕院勘问。出乎意料的是，又从女里的家中搜到的书信中，发现了他当年与萧海只、萧海里等人策划杀害萧思温的内容，又从信中得知汉官高勋也是这个阴谋集团的成员之一。新揭露出来的女里参与谋害萧思温的罪行，尤其令皇后萧燕燕无法容忍，一定要景宗下令杀死他。景宗随即下诏赐女里自尽，在女里了结生命之时，赏他保留一具完整的尸体，算是景宗对故人的最后一点情分。

高勋，字鼎臣，原五代后晋人，官至阁使，在开运三年（946）北投契丹。因高勋为人奸诈，又善于交结，在契丹贵族和上层官僚中颇有人缘。高勋门路很广，又逐渐取得了皇帝的信任，官职擢升得很快，世宗时官至南面官中的枢密使，总掌汉军事务。穆宗时奉命担任过上京和南京留守。在当时的汉官中，除了韩匡嗣，没有人能和他相比。

景宗即位，高勋以定策功勋晋封秦王，地位显赫，权倾朝野，因他参与谋害萧思温的事情尚未败露，所以皇帝对他信任如故。

是高勋后来的一次向皇帝进奏断送了自己的前程。高勋在任南京留守期间，发现南京城周围有许多被抛弃不耕的土地，他认为任其荒芜岂不可惜，于是向景宗建议将这些土地重新开垦，就近引河水灌溉，改种水稻，可增加粮食产量。

这本是对朝廷有利的好事，景宗也认为可行，已经令南京留守筹划办理。这时却有一个曾与高勋结怨的契丹官员耶律昆宣向景宗秘密进言说："汉官高勋的建言是别有用心！本朝军队以骑兵最劲，骑兵又以平坦原野纵马驰突为上，最不利者莫过于山峦水网。陛下若采纳高勋所言，引水灌田，南京城外尽成泽国矣，南京一旦有变，朝廷大军怎能以最快速度赶赴南京呢？"

耶律昆宣的话引起了景宗对高勋的警觉，也认为他的建议是有不良企图，虽然没有马上解除他的官职，但是也绝不会像从前那样信任他了。

高勋感觉到了皇帝对自己的疏远，在快快不快中终日混迹于皇族贵戚的行列，其间被牵连进皇族贵戚尔虞我诈的旋涡中。保宁八年（976），景宗的异母兄弟、宁王耶律只没的妃子萧安只私造鸩毒，这些鸩毒又经高勋之手转给了驸马都尉萧斡里。私造鸩毒是触犯朝廷法纪的行为，好在这些鸩毒还没有被使用就被揭露了。景宗下诏剥夺耶律只没王爵，妃子萧安只被处死，高勋则以其助纣为虐的罪名被免去官职，流放铜州（今辽宁海城境）。后来，因在从女里家中搜出的书信中发现了高勋也曾参与过当年谋害宰相萧思温的活动，皇后萧燕燕新账老账一起算，下令将高勋就地正法，没收其全部家财，转赐于萧思温族人。

辽景宗、萧皇后所面对的反对派势力还来自皇宫内部。

保宁三年（971）四月，发生了景宗的庶母、皇太妃萧啜里因在自己的寝殿里从事厌魅活动而被其奴婢告发的事件。厌魅是一种迷信活动，主要在民间下层社会中流传，通常是厌魅者把自己所仇恨的人或事寄托于某一偶像，通过诅咒或向上天鬼神祈祷的方法，置此人于死地，以发泄仇恨。厌魅活动比之巫术更为原始和低级，历代官府都把它当作一种违法活动而明令禁止，唐朝法律中将其比拟为谋杀罪减二等论处，其情节恶劣或造成严重后果也要被处以极刑。

据皇太妃的奴婢揭发，她进行厌魅的直接目标是辽景宗和皇后萧燕燕，在一块白色绫片上用墨写着她所希望发生的事，一是杀害宰相萧思温的人能平安逃走，永远不被捕获，二是一年之内皇帝在出行狩猎时从马上摔下来，造成肢体残疾，皇后得暴病横死。每晚夜深人静之时，皇太妃都要将绫片挂在正堂，焚香祷告，顶礼膜拜。

契丹人虽然起自塞北草原，其文明程度与中原相比有很大差距，但是对于厌魅之类借助鬼道发泄私愤的活动是不允许其合法存在的，而在皇室内部尤其不能容忍有人从事这类活动。皇太妃因对景宗即位和萧燕燕正位中宫心怀不满，以极其恶毒的语言进行诅咒，严重损害了皇帝和皇后的尊严。所以萧啜里受到的惩罚也是严厉的，景宗诏令赐死。

二、国主弱萧皇后预政

　　景宗耶律贤因幼年时在"火神淀之乱"中遭受惊吓，留下了严重的后遗症，患有多种疾病，身体虚弱。当皇帝以后虽然有御医多方调治，但并未收到显著疗效。特别是他沉湎酒色，纵欲过度，更使他的健康状况一天不如一天，30岁以后的景宗羸弱更甚，有时连重要的朝会、契丹人的传统令节庆典也不得不缺席，最严重的时候连跨上坐骑都很困难。在气候适宜、身体状况允许的情况下，也能够上朝与大臣共议国事，或去狩猎场、各处行宫游幸，但一年之中的大部分时光，景宗是在病榻上度过的。

　　皇帝不能胜任繁剧政务的身体状况和朝野人人望治的客观形势，把不到20岁的皇后萧燕燕推到了前台。可是，萧燕燕毕竟是一个年轻的女流之辈，对于处理好庞杂和繁重的军国大事缺乏政治经验。为了肩负起"中兴"的历史使命，萧燕燕多方延揽人才，把那些有真才实学的人团结在自己的周围，组成忠诚于皇帝的文武班底，形成景宗朝统治集团的核心。

　　在这些人之中，除了在"横渡之争"中为调解世宗和述律皇太后的矛盾起过重要作用的耶律屋质之外，还有耶律贤适和耶律斜轸。

　　耶律贤适，字阿古真，皇室近支之后裔，其父耶律鲁不古曾任于越要职。穆宗统治期间，耶律贤适虽然在表面上是一副放荡不羁、玩世不恭的派头，实际上对朝廷政治有着极敏锐的观察力和独到的见解。

　　景宗即位后以耶律贤适有护佑、赞立之功为他加官检校太保，位列三公，贵宠无比。不久又授予他宁江军节度使职位，赐号"推忠协力功臣"。景宗为防范诸王，又令他统率宿卫皇宫的右皮室军。在萧思温被杀后，耶律贤适被任命为北院枢密使兼侍中，赐号"保节功臣"，成为蕃汉群臣之首。后来，耶律贤适又奉命至辽朝的西北路出任兵马都部署之职，成为西北地区最高军政长官，他恪尽职守，政绩卓越，深受各族人民群众拥戴。

耶律斜轸是萧思温以其有经国之才推荐给景宗的。景宗召他入宫，问以治理天下之大政，耶律斜轸侃侃而谈，无不切中要害，景宗听罢大喜，以为奇才。受命主持西南面军事，援助北汉。北宋初年曾几次北上进攻北汉，均是在耶律斜轸的指挥下增援成功，使北汉转危为安，北宋大军无功而还。

在景宗朝统治集团的官员民族构成中增加了汉族官员的比例，这是一个具有重要意义的变化。

汉族官员一般都受过较好的教育，有较高的文化修养，熟悉历史上的兴亡替代，对治国安民的经验也比较丰富。在契丹建国初期，太祖耶律阿保机就十分注意笼络汉族知识分子，让他们在统治中发挥作用。但是，太宗以后，由于皇室内部的夺权斗争不曾间断，汉族官员的作用被削弱，其地位也在下降。汉官的主要工作就是为皇帝起草诏令文书，较少担任具体政务。

受到辽景宗、萧燕燕重用的汉官，先后有室昉、郭袭、刘景、马得臣、韩匡嗣等人，他们进入朝廷的各类机构担任要职，原来汉官很少染指的北面官中的北府宰相一职、非皇室勋戚不授的南京留守一职等，也开始任命汉族官员担任。

在辽景宗、萧燕燕的文武臣僚中，集中了来自不同民族、不同出身的优秀人物，特别是汉族官员的增加，使辽朝大张旗鼓地吸收先进的封建文明成为可能，大大加快了辽朝社会走向繁荣鼎盛的发展步伐。

为了适应辽朝的社会发展，选拔更多更好的汉族官员为契丹统治者服务，保宁八年（976）十二月，景宗下诏在汉族知识分子相对集中的南京恢复礼部贡院，专司以考试办法选拔汉族官员的事务。

在皇后萧燕燕辅助景宗主持朝廷大政期间，除了广泛延揽贤才，提高汉官地位，委之以重任之外，还在此基础上发展了辽朝历史上的北面官、南面官的会议制度。

辽朝皇帝每年要避寒暑而南北游幸，在纳凉行宫和越冬行宫，朝廷中的北、南面官随行，与皇帝一起讨论朝廷的方针大计，称为"南北臣僚会议"。

萧皇后主持朝政以后，因皇帝常年卧于床榻之上，为避免朝政决策的失误，集思广益，充分、及时地听取蕃汉臣僚意见，形成了"蕃汉诸臣集众共议"制度，共议的内容不仅包括朝廷的统治方针等大政，而且几乎涉及朝廷所有的日常政务。讨论中蕃汉诸臣就政务提出具体的处理办法，供皇后在决策中参考，然后报告皇帝。从此不难看出，朝政的决策大权实际掌握在萧皇后的手中，皇帝只是一尊偶像而已。

"蕃汉诸臣集众共议"制度，在萧燕燕主政期间发挥了极其重要的咨询作用，为辽朝统治的巩固，进而走向"中兴"奠定了坚实的基础。

年轻的皇后萧燕燕面临朝野内外的各种矛盾和复杂斗争，她日理万机、处变不惊、沉着果断，表现了她从容大度的政治家风范，赢得朝野人士和蕃汉臣僚的普遍赞誉，特别是那些起初对萧燕燕以皇后身份干预朝政心怀不满或持疑虑观望态度的人，也转而佩服她的胆略和气魄，心悦诚服地恪尽职守，为朝廷效力。而那些窥测时机随时准备犯上作乱的人，则迫于景宗即位以后统治秩序日趋稳定的形势不得不有所收敛，把自己的真实面目隐蔽起来，萧燕燕以胜利者的姿态被满朝蕃汉臣僚所接受和承认，初步树立了她的权威和尊严。

景宗面对繁剧的朝廷政务，初则有心理政而力不能及，久而久之，则乐得赋闲，巡幸狩猎，欣赏乐舞，而且景宗又对医学、音律很有些研究，精神尚好时与乐工探讨音律，与他的医学同好切磋医术，也能颇得其乐。他将把朝政决策大权交给皇后看成理所当然的事情，在心里并无虚拥尊号听命妇人的不平衡感觉。当皇后向他通报朝廷的重大决策时，一般也只是点头拱手而已。

保宁八年（976）二月，景宗下诏翰林院，自此以后在记录皇后言论时，一律自称"朕"和"予"，并作为制度实行下去。"朕"和"予"是皇帝专用自称，景宗的这一诏令，从制度上确立了萧燕燕在朝廷中拥有与自己平等的至高无上的尊贵地位。

与此同时，萧燕燕娘家地位也随之提高，成为辽朝后族的第一家族，由景宗下诏先后追封萧燕燕的父亲萧思温为楚国王，祖父萧胡母里为韩王，伯父萧胡鲁古兼政事令，伯父萧尼古只兼侍中。

三、道不同姐妹终成仇

在皇后萧燕燕临朝主政的过程中，不仅遇到了来自皇族、后族的挑战，而且她的两个同胞姐姐也同她势同水火，反目成仇，迫使萧燕燕在手足之情和契丹贵族根本政治利益之间做出选择，表现了政治斗争的严酷性。

萧燕燕的二姐是三姐妹中出嫁最晚的一个，在萧燕燕入宫为皇妃时，她尚待字闺中。她是由萧燕燕做主嫁给赵王耶律喜隐为王妃的。

耶律喜隐，字完德，耶律洪古长子，初封赵王。耶律喜隐受父亲影响很深，行为做派颇类其父，亦以残酷暴戾而闻名。

"火神淀之乱"中，耶律璟被拥立为帝，原来同属同一政治营垒的太宗耶律德光和耶律洪古一系诸王开始发生分化，耶律洪古一支对屡屡不得染指皇位而愤愤不平，他们不甘心俯首为臣的地位，多次策划叛乱。应历十年（960）十月，耶律喜隐串联父亲耶律洪古和诸兄弟阴谋乘穆宗出城狩猎之机取而代之，不料因事不机密，走漏了风声，叛乱未来得及实施便破产了，元凶耶律喜隐被拘拿囚禁。在勘问中，耶律喜隐交代了叛乱的谋划过程和参与叛乱的诸王，同时供出他的父亲耶律洪古也曾经为这次叛乱出谋划策，是重要成员之一。

耶律洪古自从兵败"横渡之争"后，先是与他的母亲述律皇太后被世宗皇帝囚禁在祖州，为太祖耶律阿保机守陵，后来虽然获得人身自由，但由于述律皇太后不能再左右朝政，耶律洪古失去这个强硬靠山的支持，一扫往昔耀武扬威、横行霸道的野蛮做派，原来追随其鞍前马后的一帮为虎作伥的狐群狗党也树倒猢狲散，耶律洪古变成了地道的孤家寡人，没有人再去买他的账。此番下狱不久，便因抑郁恐惧交加死在狱中。

辽穆宗因耶律喜隐全部交代了犯罪事实，其父亲也已经死去，看在堂兄弟的情面上，不忍心再惩罚他，下诏赦免，释放出狱。不到半年，耶律喜隐不思悔改，再次因参与谋反被囚禁。这一次耶律喜隐在狱中一住就是10年。

辽景宗即位发布大赦令的消息传到狱中，耶律喜隐自以为是皇亲，又长皇帝一辈，自然在赦免之列，等不及使者到来便强令狱卒打开械锁，擅进皇宫向皇帝申诉委屈，请求皇帝为自己平反昭雪。

景宗深为耶律喜隐如此目无法纪而感到吃惊和愤怒，对其痛加斥责道："你身为负罪之人，岂有擅离禁所入宫自辩之理？胆大妄为，莫此为甚！"于是，下令将狱卒斩首，又把耶律喜隐押回狱中囚禁。

景宗为取得皇族耶律氏诸王的广泛支持和合作，大力推行安抚政策，将穆宗时由于各种原因被下狱囚禁的皇族子孙、诸王全部赦免出狱，耶律喜隐也是其中之一。并且在大封宗室中，晋封耶律喜隐为宋王。

在景宗即位后的最初几个月里，经过皇帝与蕃汉臣僚的不懈努力，形势较穆宗末期已经大有改观，皇帝已经掌握了巩固统治秩序，应付各类突发事件，包括平定叛乱、政变在内的主动权。然而，景宗鉴于本朝历史上皇位传递多因政变而进行的教训，仍不敢掉以轻心、放松戒备。对皇族耶律氏诸王尤其如此，于是，不惜名爵和财富，极尽笼络之能事。皇帝的这笔账自然算得不差，比起皇帝至高无上的地位，王侯公卿的名分就算不上什么了，至于财富更属身外之物不足惜，只要皇位巩固了，财富去了还会再来。

在皇族耶律氏诸王中，耶律喜隐是重点防范的对象，在如何对待耶律喜隐的问题上，确实让景宗费了一番思索。

耶律喜隐与一般的诸王相比，权力欲相当强，是一个十足的野心家，因屡次阴谋叛乱身陷囹圄而不肯悔改即可证明。景宗认为对于他仅有名爵和财富是不够的，还必须有更可靠的办法去控制他，才可以防止他在政治上造成麻烦，威胁自己的地位。

这个办法就是用女人去降伏耶律喜隐。说具体一点就是在后族萧氏中选择一美貌女子嫁给耶律喜隐为妃，用女性独有的妩媚和温柔去感化和改造耶律喜隐，用以柔克刚的方法改变他的暴戾性格和政治野心。景宗对此计虽然没有十分的把握，但作为笼络之计不妨一试。

景宗将萧氏一门尚未出嫁的女子物色一遍，认为只有新近正位中宫的皇后萧燕燕的二姐是最合适的人选。第一，她貌美风流，亭亭玉立，足以倾倒好色之徒耶律喜隐。第二，她与萧燕燕是亲密无间的姐妹，"是亲三分向"为人之常情，让她嫁给耶律喜隐，随时掌握耶律喜隐的动向就更方便了。

当景宗把这一决定告诉萧燕燕时，她却感到十分为难。二姐比她大三岁，也正值如花似玉的芳龄，嫁给臭名昭著的耶律喜隐，真让她于心不忍。可是，萧燕燕以自己入宫以来所见所闻，站在巩固新朝统治秩序的立场上，她很能理解皇帝的这番用心。

萧燕燕借省亲的机会，向父母和二姐转告了皇帝的旨意，正如她所预料的那样，萧思温的家中顿时掀起了轩然大波。

先是父亲萧思温明确表示了反对态度，他说："婚姻乃终身大事，儿戏不得，耶律喜隐何许人？劣迹斑斑，国人无不知晓，奈何皇帝以吾儿填那虎狼之口？"

作为当事人的二姐更是气愤难平，她的火气有一半是对准皇帝，有一半是对准皇后萧燕燕的。"为何偏要我嫁那混世魔王？三妹也帮着皇帝说项，你究竟是何居心？"

萧燕燕见一家人越闹越凶，唯恐闹出了格难以收拾，为了贯彻皇帝的旨意，也为了萧氏家族的长远利益，她只好摆出了皇后的尊严，厉声对家人说道："此乃诏旨，如此吵闹，欲抗旨不遵不成！"

父亲及二姐诸人见皇后动怒，只有闭口不言。萧燕燕又耐心开导了一番，无奈是隔靴搔痒，怎么也无法说得家人心悦诚服地接受这桩婚事。

可是，萧思温一家闹归闹，吵归吵，最终还是君命难违，仍不得不按景宗的旨意去办，萧氏家族上下照例又是一番忙碌送萧燕燕的二姐出嫁。

在景宗钦定的这桩婚事中，受害最深的是被皇帝、皇后指定做耶律喜隐王妃的二姐。自从三妹燕燕入宫后，她想到了自己也将嫁为人妻，这似乎不是太遥远的事情，她虽然没有奢望能有燕燕那样的大富大贵，但还是用少女的天真烂漫憧憬着她的如意郎君和幸福美满生活的前景。万万没有想到皇帝的一道诏旨，无情地粉碎了她的所有美好憧憬。

当府中上下为她出嫁而忙得热火朝天之时，她却躲在闺房中不吃不喝，终日啼哭不止，以泪洗面，后来则横下一条心，要以一死抗争到底。二小姐的举动吓坏了父亲萧思温，女儿若真有三长两短，给萧氏一族平添了许多痛苦和烦恼自不必说，误了皇帝钦定的婚礼，皇帝怪罪下来向他萧氏要人，他即使是皇帝的宠臣，也是有口难辩，吃罪不起的。于是，萧思温随即让家中婢女等昼夜轮番看护，以防发生意外。

就这样，宰相萧思温家的二小姐由皇帝的一道诏旨，变成了宋王妃。与当年萧燕燕入宫一样，这也是一桩表现了彻头彻尾的政治行为的婚姻。耐人寻味的是萧燕燕起初也是被强制接受这种婚姻的受害者，如今，她又协同皇帝把这种婚姻强加在她亲姐姐的头上。

应当说宋王妃与耶律喜隐婚后初期的生活是比较平静的，首先是宋王妃明白了再抗争也无济于事，无法改变命运对她做出的安排，开始逐渐适应了王府中的生活，耶律喜隐在大赦后似乎也规矩了许多，皇族、后族中很多人说他是浪子回头。婚后二年，他们有了一个男孩，取名耶律留礼寿。

但是，这个婚姻对宋王妃的伤害太重太深，使她对皇帝、皇后怀有刻骨铭心的仇恨。特别是对皇后萧燕燕，虽然由于制度和礼节上的关系不得不来往，但宋王妃在心里从来没有原谅过萧燕燕。

宋王耶律喜隐毕竟劣迹斑斑，禀性难移。在他身上经常表现出轻浮、狂躁的纨绔公子哥儿习气。周围的人对他稍有好感便忘乎所以，得意扬扬，目空一切。有一次，景宗召他入宫，他却故意迁延，违诏后至，实属目无朝廷纲纪，胆大包天。景宗了解实情后，怒不可遏，当堂对他施以鞭刑。耶律喜隐自认为贵为诸王，却在众目睽睽的朝堂之上被打得皮开肉绽，是丢尽了面子，实在咽不下这口气。于是，他又故伎重演，暗中网罗旧日爪牙，图谋不轨。然而，此时形势已绝不同于景宗即位初期，少数人想兴风作浪很难形成气候，其阴谋很快败露，耶律喜隐被剥夺官爵，贬窜边地服役。不久景宗又把他召回，严加管束，以观后效。

乾亨二年（980）五月，耶律喜隐又一次策划谋反朝廷，同样也是在酝酿的阶段，阴谋便败露了。至此，景宗对他完全失去了希望，认为对付他最可靠的办法就是让他永远住在牢狱中。景宗专门下诏在祖州城中禁营造了土牢，置耶律喜隐于其中，令其不见天日，以示永不赦免之意。

乾亨三年（981）五月，景宗和萧燕燕去庆州（今内蒙古赤峰巴林右旗境）避暑。在上京城爆发了由宋朝投降士卒组成的汉军发动的哗变，他们想冲进祖州，砸开土牢，劫持耶律喜隐为天子。由于祖州城墙坚固未能攻克，便劫持了耶律喜隐的 10 多岁的儿子耶律留礼寿，立为皇帝。哗变汉军的人数较少，很快就被平定了，耶律留礼寿也被上京留守耶律除室抓住杀死。

耶律喜隐成为哗变汉军的旗帜，从反面给景宗和萧燕燕敲了警钟，耶律喜隐即使被囚禁在狱中，对朝廷来说也是难以消除的隐患。次年七月，由萧燕燕代景宗下诏，赐死耶律喜隐。

耶律喜隐多次谋反朝廷和长期被囚禁，对于宋王妃渐已习惯的生活自然是一大冲击。耶律喜隐是咎由自取，宋王妃无意为他辩解，而自己的处境却与此不无关系，这些又都是当年皇帝、皇后的钦定婚姻造成的。特别是上京汉军哗变中，她唯一的儿子先是被叛军劫持，接着又被官军抓住杀死，厄运总是如此垂青于无辜，使宋王妃彻底失去了生活下去的信心和勇气，对皇帝、皇后的仇恨也上升到无以复加的地步，她要以极端的手段进行报复。

在契丹族的许多节令中，都有皇族耶律氏、后族萧氏彼此做东、互邀宴饮的习俗，皇帝、皇后也经常行幸蕃汉臣僚、诸王、驸马都尉各家饮酒聚会。宋王妃是想借邀皇后萧燕燕到宋王府吃酒的机会，用鸩毒把皇后毒死。

鸩毒，据传说是用鸩的羽毛泡制的毒酒。鸩，雄性称运日，雌性称阴谐，其羽毛毒性极强，用它泡酒，饮之无药可解，必死无疑。

宋王妃为实施报复计划，配制鸩酒，暗中派人去各地搜寻鸩鸟。然而，这个本该属于绝密的计划却被王府中一个对宋王妃怀有怨恨的婢妾发现了，婢妾立即向皇后报告了此事。

皇后萧燕燕闻报深为震惊。萧燕燕十分同情宋王妃的目前处境，而且自认为对宋王妃的不幸负有不可推卸的责任，虽然在嘴上不便表白，在内心深处却满怀着对宋王妃的愧疚之情。作为补偿，萧燕燕有意尽最大可能照顾好宋王妃，给她的后半生以幸福和快乐。而如今，宋王妃既然已有此心，也很难回心转意。

萧燕燕难以接受昔日的亲姐妹变成不共戴天的仇敌的严酷现实，她辗转反侧，寝食难安，陷入深深的苦恼之中。而眼前的现实又迫使萧燕燕在亲情与皇家最高利益之间做出抉择。

萧燕燕入宫以来，经历了契丹统治集团上层政治斗争的锻炼和考验，使她在政治上逐渐成熟起来。特别是在你死我活的斗争中，萧燕燕已经把自己的命运同皇帝的命运、同整个朝廷的命运紧紧地联系在一起，把朝廷的安危兴衰和自己的荣辱存亡紧紧地联系在一起。而在皇帝沉疴连年，不能理政的特殊形势下，萧燕燕倍觉肩负责任的重大。在这里，萧燕燕把自己与宋王妃间的恩怨不只看作姐妹之间的恩怨，谁敢于威胁皇后的地位，就是对皇帝地位的威胁，就是对整个朝廷的威胁，必须以铁的手腕坚决给以回击。这就是萧燕燕在对处理与宋王妃关系问题上反复思索后得出的结论，毫不犹豫地牺牲亲情，保全和捍卫朝廷的最高利益，也成了萧燕燕后来处理此类问题的基本准则。

萧燕燕决定结束宋王妃的生命。

在皇宫的后庭，萧燕燕下令御厨摆下丰盛酒宴。宋王妃应邀而至，一进后庭，宋王妃便觉出异常，以往皇后宴请诸王妃、公主和蕃汉臣僚命妇①，一定要华灯齐燃，演奏音乐，表演歌舞，而且宾客满座，十分热闹。今日偌大后庭则冷冷清清，非但看不到往日常见的女宾们，就是连宫女杂役等人也一个不见，只有皇后萧燕燕一人端坐在上首。

宋王妃要对皇后行君臣叩拜大礼，萧燕燕急忙离座上前扶起宋王妃，说："今日只有你我姐妹二人，请二姐来吃杯水酒，那一套礼节就免了吧，快请坐！"

"臣妾谢座。"

————————————

① 命妇：古时有封号的妇女。

等宋王妃坐定，萧燕燕直截了当点破话题："二姐差人搜寻鸩鸟的事我已知道了。朝廷王法，二姐已是知晓，无须多言。你我姐妹恩恩怨怨就此了结，今日请二姐来，即是为二姐送行，妹妹为社稷之计，不得已而为之！请二姐开怀畅饮！"

宋王妃并没有因皇后揭露她的企图和决定置她于死地而恐惧，反而表现得很平静，她明白此地此时说什么也是毫无意义，只是面对着萧燕燕说："你我姐妹落得如此结局，难道是上天的安排吗？既然如此，何须多言？臣妾遵命就是。"说罢，提起装着毒酒的陶瓶，斟满酒杯，一饮而尽。

宋王妃就这样去了。萧燕燕望着宋王妃因精神抑郁而过早花白了的头发和在鸩毒作用下面部的痛苦表情，心中不禁感慨万分，二姐本来应该享受更加美好的生活，而如今却由于自己的关系，成了宫廷斗争的牺牲品。然而萧燕燕作为契丹贵族最高政治利益的代表者，她只能把这种情感深深地压在心底，又向谁去述说呢？

萧燕燕的大姐萧胡辇，是三姐妹中出阁最早的，辽穆宗在位时就已嫁给太平王耶律罨撒葛为王妃。

耶律罨撒葛，辽太宗耶律德光次子，辽穆宗耶律璟的同母兄弟。穆宗在即位的初期，尚能勤于朝政，他以与耶律罨撒葛为骨肉兄弟的关系，对他寄予厚望，委之以心腹之任，让他参与朝廷机要。可是，未过多久，穆宗对他的这位弟弟的所作所为却大失所望。他混迹于一班贵族勋戚子弟之中，架鹰走马，不务正业。终于发展至参与谋反活动，干出令亲者痛、仇者快的事情。

应历三年（953）十月，夷离毕院在审理以耶律洪古的儿子耶律宛为首的小集团策划谋反朝廷的案件中，发现耶律罨撒葛和他的部下也参与其中。穆宗尽管因同胞兄弟谋反要推翻他而感到恼怒，在结案处理时还是顾念手足之情，网开一面，没有深究他的犯罪活动，只将其属下官员治罪了事。

可是，耶律罨撒葛并没有就此接受教训，洗心革面，停止犯罪，收敛其政治野心，反而变本加厉，犯罪活动愈益升级，从参与谋反的一般成员发展为策划政变阴谋篡夺皇位的第一号人物。

应历十八年（968），耶律罨撒葛在暗中策划要自立称帝，他勾结司天官魏璘为他占卜选择吉日举行登基大典，不料事情很快败露。穆宗见他屡有过失不思悔改，对他失去信心，要杀了他，可是实在悖于亲情，就下令把他流放到辽朝西北边境的畜牧地，为朝廷放马戍边。

耶律罨撒葛在流放地听到了景宗即位的消息，他自以为皇权落于东丹王耶律倍一系，况且自己的头上又戴着谋逆篡位的帽子，新皇帝即使颁布赦免令，也绝不会赦免到他的头上，为消除后祸很可能还会加重对他的处罚，直至处死。所以，耶律罨撒葛又从流放地逃向更加偏远的沙陀居住的沙漠地带。

出乎意料的是景宗和萧燕燕在安抚耶律氏诸王的同时，对那些负罪在身，被下狱囚禁和流放的皇族成员采取了宽大政策，量减其罪，借以缓和矛盾，尽可能地缩小政治对立面。

景宗派人进入沙陀居住区，找到了耶律罨撒葛，宣诏赦免其全部罪行，又在后来的大封皇族中封他为齐王。此后，耶律罨撒葛慑于新皇帝的威严，确有收敛，不再敢发难。但是，仅过了三年多，在保宁四年（972）闰二月，耶律罨撒葛便得病不治一命呜呼。景宗感念穆宗曾收养过自己，有父子之谊，所以追册耶律罨撒葛为皇太叔，赐谥号钦靖。

齐王妃萧胡辇对丈夫耶律罨撒葛屡次谋反的内情并不知晓，但是耶律罨撒葛的所作所为必然殃及她的家庭生活。从耶律罨撒葛第一次被朝廷拘禁勘问起，萧胡辇就总有一种大祸即将临头的不祥感觉，总是在提心吊胆中打发时光，使他们的家庭生活陷入极不稳定的状态。特别是耶律罨撒葛被流放养马的那一段日子，萧胡辇面对孤灯，空守闺房，苦挨着一个又一个寂寞而漫长的白昼和夜晚。好在萧燕燕和二姐时常至王府探望，一住数日，三姐妹出则并辔而行，入则共帐而眠，或驰马逐兔，或弈棋品茗，她们又似乎回到了无拘无束、充满天真和稚趣的少女时代，这些都给了孤独中的萧胡辇以极大的快乐和安慰。

景宗即位以后，借助贵妃萧燕燕之力，耶律罨撒葛得到皇恩赦免，他们夫妇也得以团圆，耶律罨撒葛也因新皇帝登基后大势所趋的政治气候，很少过问政事，闭门不出，老老实实地在家当起了他的藩王。萧胡辇从此过上了她出嫁为王妃以来少有的安宁、静谧的生活，并陶醉在幸福和快乐之中。

可是，天有不测风云，人有旦夕祸福，齐王妃的幸福生活毕竟是太短暂了些，只有二三年的时间。耶律罨撒葛的去世，又把萧胡辇彻底抛向孤独和寂寞。

萧胡辇自幼性格倔强，争强好胜，不甘为人下，其秉性做派似乎非一般女孩所有，又惯能舞枪弄棒，攀高涉险，从无畏惧之色，其马上骑射功夫也不在寻常男孩之下。

齐王死后，萧胡辇寡居上京城中十几年，枯燥单调的生活已使她实在难以忍耐，多次入宫向三妹，此时在朝廷中主政的皇太后萧燕燕提出请求能够委派她一份差事。

皇太后萧燕燕也很同情和理解齐王妃此时的心情，却难以满足她的请求。

契丹人虽然不像汉人那样有那么严格的男女之防，但堂堂王妃却要学着蕃汉臣僚的样子接受正式任命去负责一项具体的政务，这在朝廷的制度中是不能允许的，也不会被朝野所接受。于是，萧燕燕便以本朝尚无此先例婉辞拒绝了齐王妃的请求。

齐王妃听皇太后如此说法，满脸不快地问道："皇太后以贱妾陈请为僭越本朝规制，而皇太后在先皇帝景宗时即临朝主政，如今又以母后之尊摄政，前后已有 20 余年。皇太后与贱妾同为女流，如此不平，如何能使人信服！"

齐王妃的一番话，竟然使一向能言善辩的皇太后无言以对，看来也只好满足她的请求，平息她的愤懑之气了。

当时，在辽朝的西北边境上，有一支势力逐渐强大的部族阻卜，在辽太祖、太宗时的对外征服战争中，阻卜本来已经向辽朝臣服，其酋长接受契丹皇帝册封的官爵名号，定期向辽朝进贡战马、牛羊和各种畜产品。如今，阻卜自恃兵强马壮，叛服不定，时常在草原秋高马肥之际，袭扰辽朝设在西北的军事据点和群牧马场。景宗以来，朝廷为防范和打击阻卜的袭扰，几乎每年都要派大军进入西北。终因兵力有限，阻卜的袭扰又多是以小股、分散的方式进行的，倏忽难测，劳师靡饷，不得要领。

正如皇太后与蕃汉诸臣议定，为了彻底解决阻卜袭扰的问题，要派一支精干的兵马长期屯戍西北，威慑阻卜，并已决定由著名将领萧挞览为这支军队的统帅。现在，齐王妃既然屡次请求授予她差事，索性就让她担任统帅，改任萧挞览为督军事，兼任阻卜部详稳，即主持阻卜部族事务的行政长官。

齐王妃萧胡辇接受使命，与萧挞览同领辽太宗耶律德光的宫帐永兴宫所属军队和北方少数民族乌古部提供的部族军队共计 3 万余人来到西北草原腹地的驴驹儿河（今蒙古国克鲁伦河）畔屯驻。

萧胡辇与萧挞览在驴驹儿河两岸修筑城堡，布列寨栅，以压倒性优势的军事存在遏制了阻卜的袭扰，对于阻卜部族中敢于起兵叛乱者坚决打击，毫不手软。阻卜部首领阿鲁敦，叛而复降，反复无常，被萧胡辇一举擒获，押送上京。同时采纳了一个当时因犯罪被流放西北的大臣耶律昭的建议，减少以往对阻卜统治政策中的歧视和压迫的色彩，避免因统治政策的失误造成矛盾的激化，采取措施赈穷薄赋，帮助那里的阻卜部众发展畜牧业和农业生产。

萧胡辇和萧挞览不负皇太后萧燕燕之厚望，在西北经营数年之后，不仅大大改善了朝廷与阻卜的关系，使之再次向朝廷臣服，而且草原上诸业兴旺，辽朝每年又可以从阻卜的进贡中得到实惠。更重要的是辽朝的边境安宁，不再有西北之忧，也无须劳大军征伐。皇太后对萧胡辇、萧挞览优言褒奖，给予丰厚赏赐。

至此，在皇太后与齐王妃之间还是同胞骨肉的亲姐妹之情，虽然两人相距遥远，不能见面，但她们通过不断来往的信使互致问候，使她们都可以感受到彼此所给予的家人的温暖。

后来发生的一件事，使同胞姐妹变成了水火不能相容的仇敌。

到如今，齐王妃萧胡辇虽然已寡居20多年，但她毕竟还是不到40岁的女人，还有着这个年龄女人所特有的丰富的感情世界和生活追求。西北前线的戎马倥偬和繁忙的政务，可以使她全身心投入，暂时抛却七情六欲，但在她形单影只地独居大帐之中时，她总是浮想联翩，经常回忆起齐王耶律罨撒葛与她厮守在一起的美好而短暂的时光。她知道她所需要的不仅是为朝廷效力，也需要属于她自己的家庭生活。

有一年的秋天，萧胡辇来到驴驹儿河下游的一个马场巡视那里的马匹放养情况，在那里遇到一个叫挞览阿钵的当地养马奴隶，此人生得魁伟剽悍，虎背熊腰，而且又有一手让人看了叫绝的套马、驯马技艺。一根套马索被他抢得如同长了眼睛，萧胡辇说要套哪一匹马，如同信手拈来，屡套屡中。无论多么狂跳嘶叫的烈马，只要骑在他的胯下，转眼之间就会变得温顺驯服。挞览阿钵虽然贱为奴隶，地位十分低下，身上穿着用兽皮连缀而成的衣服，却丝毫不见怯懦猥琐之态，反而让人感受到一股难以掩饰的阳刚之气。

萧胡辇对挞览阿钵一见钟情，魂牵梦绕难以忘怀，遂不顾朝廷法纪和礼制，私自把挞览阿钵带回大帐充当陪侍。

萧胡辇与挞览阿钵的事不久以后就有人报告了朝廷，皇太后萧燕燕不禁为之震怒，认为她的姐姐不惜王妃之身与一蕃奴厮混一处，实在有悖礼制，不仅有损于皇族后族两家尊严，也使她这位皇太后跟着丢尽了脸面。于是，萧燕燕给萧胡辇写了亲笔信，指责她为了一己之私欲而置廉耻不顾的行为，迫令她立即把养马奴挞览阿钵逐回马场，如果有意再嫁，可在朝臣或皇族中物色新的郎君，萧燕燕在信中表示，为了姐姐的后半生，她一定会全力以赴玉成其事。

萧燕燕还指令萧挞览把挞览阿钵拘禁起来，对他施以沙囊拷打的酷刑。挞览阿钵的奴隶地位使他自己对此事没有丝毫发言权，完全处在任人支配的地位，可怜他是在代萧胡辇受刑。

此时的萧胡辇对挞览阿钵已经是难舍难分，她不顾皇太后的严厉指责，冒着挞览阿钵随时可能被杀头的危险，初衷不改，正式向皇太后提出纳挞览阿钵为夫的要求，而且宣言皇太后如不允准，她将以死明志。

萧燕燕了解姐姐的性格，她说到做到绝不含糊，与其把彼此间的关系越搞越僵，事情越弄越大，莫如做个顺水人情，遂了姐姐的心愿。萧燕燕出于无奈，为了保全皇族后族的面子，下令解除挞览阿钵的奴隶身份，上升为良人，允许他们结成夫妇，但永远不许返回都城。

萧胡辇纳夫的事情，使萧胡辇、萧燕燕双方都伤透了心，积怨不断加深。萧胡辇自以为重兵在握，并未把萧燕燕放在眼里，渐生割据之心，她在暗中与远在阻卜西北的骨历札国信使往来，想与之结成同盟，联手对抗朝廷，取皇太后而代之。

萧燕燕察觉了姐姐的割据企图，就下令剥夺了她对军队的指挥权，由萧挞览将她强制迁往南京居住，实际是被软禁了起来，后来又被迁往怀州（今内蒙古赤峰巴林左旗境）囚禁。

萧燕燕的晚年，在她准备还政于圣宗皇帝之际，如何处置萧胡辇，成了她颇为伤神的心事。如果萧胡辇能死在萧燕燕之前，则一切都不成问题，如果萧燕燕死在萧胡辇之前，皇太后对身后事则不无牵挂，她断定自己的儿子无论如何不是萧胡辇的对手，自己百年之后，萧胡辇一定会卷土重来，兴风作浪，搅得天下不得安宁，必须有个万全之策才行。

最保险的办法就是让萧胡辇死在自己之前，这个念头在脑际一闪，连萧燕燕自己也不由得被震惊了。她想到凭借手中所掌握的生杀予夺大权，让姐姐死于非命，这似乎太绝情了，连自己的心里也难以承受。

在萧燕燕的暮年岁月里，她对自己一生中诛罚征讨的许多大事都已经淡漠了，唯独对儿时的许多琐事仍保持着鲜明的印象。在为处置姐姐而左右为难之际，她总是想起她们围绕父母膝下一家人尽享天伦之乐的美好时光，回想起第一次学骑马，是姐姐把自己扶上马鞍；在夏季生机勃勃的草原上，三姐妹如同三只色彩鲜艳的蝴蝶在绿茵百花中嬉戏玩耍，是姐姐把一朵朵小花插在自己的头发上；是姐姐教会了自己做投壶游戏，并为自己赢得胜利而拍手叫好……年迈的萧燕燕每当想起这些，总是要被这融融的亲情所陶醉，情不自禁地唏嘘一番。

可是，作为辽朝最高统治者的萧燕燕，她比任何人都清楚，回忆往事已经于事无补，她必须面对铁一般的现实，正面回答需要由她作出回答的问题。萧燕燕权衡再三，最终还是作出了她所不愿作出的决定：在她还政皇帝之前除掉萧胡辇。这是她在为自己百年之后皇帝顺利执政消除隐患和挑战所能做的一部分，为了实现这个目的，这也是她唯一能够选择的决定。

当皇太后萧燕燕打发去怀州的密使携带鸩酒上路后，她来到佛堂，跪在佛祖释迦牟尼的像前，双手合十，在心里默默祷告，像是对佛祖表白心迹，又像对姐姐倾诉："姐姐莫怨妹妹心狠，为了祖宗基业，为了江山社稷，我只能这么办了！妹妹在此为姐姐送行了，愿姐姐之灵魂早日进入天堂。"

怀州囚所毡帐中的萧胡辇，望着皇太后派来的使者在自己面前斟满的酒杯，未及使者说话，她就完全明白了，她被囚禁以来所预料的一天终于来到了，她知道妹妹不会放过自己，此时的抗争和申辩已经无法改变自己的命运。

萧胡辇的表情十分平静，她向使者请求沐浴更衣，使者满足了萧胡辇就死前的最后请求。当使者再次来到毡帐时，萧胡辇已经自缢气绝身亡。

第四章

保燕蓟皇后出奇谋
退宋军高粱河大战

一、援北汉辽宋初交锋

北汉是五代的第四代政权，是后汉在被郭威建立的后周取代之际，由后汉高祖刘知远的弟弟北京（今山西太原）留守、河东（今山西太原）节度使刘崇建立起来的，他以后汉王朝的继承者自居，仍以汉为其国号，史称北汉。北汉是五代时十国中唯一在北方建立的政权。

河东地区以其独特的拥有山河之险的地理条件，自唐朝中期以来就是滋生和豢养割据势力的地盘，各路军阀曾在这里多次厮杀和争夺。唐朝末年，沙陀酋长李克用和李存勖父子，也是以河东为根据地，自擅财赋，扩大武装力量，势力迅速发展，形成了当时屈指可数的割据势力之一，与以河南汴州（今河南开封）为中心的朱全忠、以凤翔（今属陕西）为中心的李茂贞鼎足而立，并且积极参与中原逐鹿，割据的地盘不断扩大，由河东而河北，由河北而河南，终于灭亡后梁，五代的历史翻开了新的一页，开始了后唐的统治时期。

后唐明宗李嗣的女婿石敬瑭，以皇帝对他的特殊信任，受命兼任河东节度使、太原尹和北京留守三个重要职务，镇守被沙陀贵族视为"根本"的龙兴之地。然而，石敬瑭完全辜负了皇帝对他的信任和重用，在明宗李嗣去世后皇室政变迭起，后唐天下岌岌可危的形势下不思报国，置皇帝的知遇之恩于不顾，反而心怀异志，利用河东地区的军力和财富，经营自固，伺机篡夺后唐天下。

石敬瑭以防御契丹加强边备为借口，上书后唐末帝请求向河东增兵运粮，使他控制了朝廷禁军和财赋的绝大部分。他又自感力量不足，派出信使勾结契丹，引狼入室，以称臣、纳贡、割地，继之又尊称契丹皇帝耶律德光为"父皇帝"的代价，换取契丹的支持。契丹大军直指都城洛阳（今属河南），灭亡后唐，把石敬瑭扶上皇帝宝座，开始了五代后晋的统治时期。

从此以后，石敬瑭不仅以"儿皇帝"被载入史册，世人所云无耻莫此为甚，而且也埋下了中原各政权与辽朝争夺燕云地区而连年攻战不休的祸根。

然而，石敬瑭的"儿皇帝"仅当了 7 年就死了，由他的侄儿石重贵即帝位，这是个无德无才又极其昏庸无能的浪荡子，他在向辽朝皇帝报告石敬瑭死讯的书信中自称孙而不称臣，与契丹主子反目成仇，辽太宗耶律德光再次亲率大军南进中原。

在后晋小朝廷内外交困、矛盾重重之际，文武重臣中想效法石敬瑭，暗中伺机发难夺取最高统治权者大有人在，其中之一便是刘知远。

刘知远以在战阵之中对石敬瑭有过救命之恩，颇为石敬瑭所亲信，是石敬瑭在太原策划取代后唐的核心人物和得力干将，后晋建立后，遂执掌朝廷禁军指挥权。后因与石敬瑭议事不合，遂被疏远、排斥出朝，受命担任北京留守、河东节度使。刘知远却因祸得福，在这里敛财扩军，笼络官民，终于成为独霸一方，不理朝命，就连石敬瑭对他也无可奈何的藩镇势力。

当辽太宗耶律德光指挥大军南下时，刘知远拒不理会石重贵出师抵御契丹军队的诏命，按兵不动，固守本境。又当耶律德光慑于汉地军民的抗辽斗争而仓促北撤时，刘知远不失时机地在太原称帝，轻而易举地南下攻占洛阳和汴梁，巧得渔翁之利，迅速控制了中原局势。

刘知远当了皇帝，因为他深知河东地区对于中原政权所具有的举足轻重的影响，所以他竭力防止外姓人染指河东。于是，刘知远任命他的弟弟刘崇接替了他自己曾经担任过的北京留守、河东节度使等职务，替他镇守这个使他发迹起家的大后方。同时也对其他藩镇起着牵制作用，一旦天下有变，能够随时入援辅弼京师。

刘崇果然没有辜负乃兄的良苦用心。刘知远称帝仅一年就死了，18岁的刘承祐即位，而刘崇与朝中重臣枢密使郭威素来不协，自此全不理会朝廷政令，我行我素，放手征敛赋税，置河东百姓于死地而不顾，招纳亡命，缮完甲兵，为自固之计，步石敬瑭、刘知远等人的后尘，成为盘踞一方的割据势力。

当郭威称帝建立后周的消息传来，刘崇也随即在太原即帝位，扬言要杀向汴梁，报仇复国，并且自我标榜为汉室的继承者，所以仍以"汉"为国号。

此时，北汉小朝廷所控制范围已并非唐朝的河东全道，仅领有12州之地，且多土地瘠薄、人口稀少的贫下州县，又失去中原的支持和依托，要维持北汉朝廷，养活人数众多的皇室、军队和官僚谈何容易！

刘崇为与后周对抗，也走上了勾结辽朝的老路，他派出使臣向辽世宗耶律阮称侄乞援。此后，直至北汉灭亡，北汉就成为辽朝骚扰和劫掠中原的最得力的合作者。

从辽朝方面说，自从石敬瑭割地称臣以后，辽朝皇帝以主子的姿态坐享后晋的进贡和奉献，并与后晋保持了长达10年的宗主国关系。在由辽太宗耶律德光在撤军途中突然死亡而引发的内部争夺皇权的斗争中，辽朝虽然仍然占有燕云之地，但是已经不能像从前那样控制中原政权了，遂恢复了对中原的掳掠政策。

因此，北汉在此时乞援，正中辽朝统治者之下怀，在其对中原的进攻中，正需要北汉的策应和协助。出于这种需要，辽朝对于北汉几乎做到了有求必应，千方百计地保护它，支持它多次进犯后周、北宋的州县。当北汉受到外来威胁时，辽朝也绝不袖手旁观，倾全力救援。

北宋建立后，实行了"先南后北"的统一策略，对辽朝采取防御策略，把军事力量的重点放在南方各政权的统一上。北汉政权虽小，但有辽朝的庇护，宋朝太祖赵匡胤君臣对此有清醒的认识，有意识地把北汉放在统一计划的最后，以其存在作为宋朝与辽朝、党项政权缓冲的中间地带。同时也不放过对北汉进攻的有利时机。

宋开宝元年，即辽应历十八年（968），时值辽穆宗统治的末年，北宋在这一年灭亡了后蜀，又恰值北汉皇帝刘承钧去世，小朝廷的皇室内部为争夺皇位变乱迭生。宋太祖赵匡胤见有机可乘，亲率大军直抵太原城下，把太原城团团包围。北汉军队据坚城顽强抵抗，宋太祖下令决汾水灌城，两军相持数十天。因暑雨连绵，宋军中疾疫流行，减员甚多，将士疲惫，另一重要原因是辽朝应北汉之请，分兵两路，一路驰援太原，一路深入宋境，迫使北宋解太原之围撤军。

辽景宗即位后，仍然继承了其先辈既定的支持和保护北汉的政策，一年因北汉粮食短缺，辽朝一次就无偿援助粮食20万斛[1]、战马若干匹。北汉对辽朝的进贡和奉献也越发殷勤，问候辽朝起居的使臣每月一至上京。

但是，在新的条件下，辽景宗、萧皇后的对外政策也作出了相应的调整。这主要是由于辽景宗即位伊始，要维护统治秩序，巩固自己的地位。另外，辽太宗和世宗都死于进攻中原的行军途中，并由此引发了辽朝政局的动荡，辽景宗对此颇有顾忌，不得不采取比较谨慎的态度。所有这些都需要与北宋维持比

---

[1] 斛，古代容量单位，南宋以前 10 斗为 1 斛。

较稳定的和平关系，所以在保宁六年（974）三月，皇后萧燕燕下令涿州（今河北涿州）刺史耶律昌术以个人名义致书北宋知雄州孙全兴，首先就两方议和之事发出信号，北宋皇帝赵匡胤正全力统一南方，一向视辽朝为后顾之忧，闻讯喜不自胜，亦下令孙全兴回信与辽朝修好。自此，宋辽双方交好往来不断。

出于同一目的，辽景宗和萧皇后还曾多次告诫北汉皇帝不要像从前那样毫无节制地袭扰北宋的边境。

北宋一方面与辽朝保持通好关系，另一方面仍没有忘记消灭北汉。宋开宝九年，即辽保宁八年（976），宋朝基本完成了对南方的统一战争，宋太祖再一次挥师北上，打算一举而灭北汉。宋朝大军五路并进，在党进等著名将领的指挥下，夺关斩将，又一次兵临太原城下，北汉小朝廷危在旦夕。又是由于萧燕燕派南府宰相耶律沙和冀王耶律敌烈统大军增援，迫使北宋军队又一次无功而返。

以上事实说明，尽管辽朝出于暂时需要而愿意与北宋维持睦邻关系，但在北汉的问题上却不肯让步。

二、下太原宋官军东进

北汉接连受到北宋的攻击，惊恐之余还是打定主意抱定辽朝这棵大树，希望能在辽朝的庇护下逃脱覆灭的命运。于是，北汉皇帝刘继元下令敛财于国内，派使臣奉献于辽朝，又把自己的儿子作为人质送于上京。

辽朝为缓解北汉的窘迫地位，萧燕燕在乾亨元年（979）的年初派挞马官长寿出使宋朝[①]，为北汉说情。当长寿问道："皇帝陛下何以对太原弹丸之地接连用兵？"宋太宗赵光义毫不客气地回答说："河东本后汉余孽[②]，与我大宋为敌，实属大逆不道，如北朝按兵不动[③]，仍可和好如故；否则，只有在战场上一决雌雄！"表明了北宋不惜以牺牲与辽朝的睦邻关系而灭亡北汉的坚定态度。

就在这次宋太宗与辽朝使臣谈话后不久，宋太宗御驾亲征北汉。北宋方面对这次军事行动做了精心准备和部署，先是派遣官员到河北各州县向前线督运大批粮秣器械，准备持久作战。任命潘美为北路都招讨制置使，为前线总指挥，统崔彦进、李汉琼、曹翰、米信诸将率军由四面进逼太原城下。与以往进攻北汉在军事部署上不同的是，此次吸取了因辽军增援而被迫撤军的教训，派大将郭进为太原石岭关都部署，率部阻击从南京方面来援的辽朝军队。

与此同时，辽朝救援北汉的军队也已经部署完毕，萧燕燕任命耶律沙为都统，即前军统帅，耶律敌烈为监军，从南京西进驰援太原，并且下令耶律斜轸率所部协同作战。

由于北宋军队先于辽朝军队行动，抢占了有利地形，以逸待劳，使辽朝在这场战争的帷幕还没有完全拉开时就已经处在十分不利的地位。当辽军大将耶律沙率先头部队昼夜兼程前进至白马岭（今山西盂县境）时，北宋大将郭进指挥的打援部队已经先期到达，阻涧为险，严阵以待。白马岭是河东北部通向太原的交通咽喉，这里多山多涧，地势十分复杂，利于步兵作战，而一向以机动作战见长的辽朝骑兵却遇到了麻烦，使其驰骋冲突的优势受到极大遏制。

---

① 挞马：辽朝皇帝的扈从官。

② 河东：指北汉。

③ 北朝：指辽朝。

耶律沙曾经多次率军进入中原作战，具有丰富的经验，他深知目前自己的劣势所在，一是长途奔袭，人疲马乏，而对面的宋军则是以逸待劳，早有准备；二是战场的地势条件，已经把骑兵快速机动的优势化为乌有，战斗力将要大打折扣。在这种不利的情况下，贸然对宋军攻击，绝无取胜的把握。

然而，耶律沙所顾忌的不利因素，并没有在辽军前线指挥机关中取得共识，耶律沙和一部分将领主张隔涧与宋军列阵对峙，坚守待机，并催促后军迅速靠拢，以形成对宋军在军事力量上的战场优势，另寻破敌良策。

而手握监军大权的冀王耶律敌烈和奉皇帝、皇后之命监督耶律斜轸所部的枢密副使耶律抹只好大喜功，置明显的劣势于不顾，认为依靠辽军特有的坚忍顽强的作风和大战前的新锐之气，一战而败宋军是不成问题的，所以极力主张即刻发动进攻，打宋军一个措手不及。

监军虽然不是前线军中最高的指挥官，却可以秉承皇帝、皇后的旨意，对前军统帅及独当一面的诸将行使监督大权，他们可以参与作战方针策略的制定，甚至可以强迫军中将领按照自己的意愿行事。担任监军职务的人多为皇帝近臣，他们在皇帝面前为谁美言几句，或说谁几句坏话，往往会给一个人带来升迁的机会或降职免官的厄运。因此，前线将领们多视监军的话为金科玉律，明知不对也要违心地服从他们的决定，很少有人冒着自毁前程的危险去得罪这些人。

这次辽朝救援北汉军事行动的失败，就是在这样的背景下发生的。耶律沙无法说服耶律敌烈和耶律抹只二人改变决定，只好令尚未得到休整的部下跨越深涧主动对宋军发起进攻。

正当辽军骑兵先锋在沟壑间蹒跚前进，且只有半数越过山涧时，宋军伏兵乘机而起，向辽军展开猛烈的冲击。辽军猝然受到进攻，无法列阵抵抗，又在山涧之中，首尾不能相顾，将士纷纷夺路逃生，有的因自相践踏而毙命，有的在逃跑时慌不择路，滚下山崖摔死。已经过涧的辽军，则被宋军包围，除被杀死杀伤者外，大部分束手就擒，成了宋军的俘虏。就连耶律敌烈和他的儿子耶律蛙哥，耶律沙的儿子耶律德里，部将耶律都敏、耶律唐筈等人都在这一仗中阵亡。

在这危急时刻，耶律斜轸率后军赶到，他指挥强弩手万箭齐发，压制住宋军的攻势，才避免了辽军的大溃败，耶律沙、耶律抹只率领残兵败将侥幸撤出战斗，保全了性命。

北宋军队在白马岭成功阻截了辽朝对北汉的增援，而且辽军在遭受重创之余，很难在短时间里组织起新的攻势，这为宋军集中优势兵力灭亡北汉提供了有利的条件。

四月间，宋太宗亲驾至太原城下督战。由于宋军以绝对优势对付眼前的这座孤城，又有皇帝亲临前线，所以士气高昂，斗志极盛。北汉皇帝虽已成瓮中之鳖，仍然负隅顽抗，寄希望于辽朝军队卷土重来，拒绝了文武臣僚放弃抵抗开门迎降的建议。

在太原城下，宋太宗为减少无谓的伤亡，没有实行强攻硬打的战术，而是沿太原城的外围修筑连城，绕城一周，割断城内外的一切联系，作长困久围之计，又沿连城构筑地下洞屋，既是屯兵掩蔽的所在，又是攻城接敌的前沿阵地；为对付太原的坚固城防，宋太宗再次下令修筑长堤，引汾水灌城。

宋军在对太原城实施包围的同时，还辅之以攻心战术，进一步瓦解守城北汉军队的斗志。当刘继元得知耶律沙指挥的辽军被宋军击溃于白马岭之后，又派出使臣赴辽朝乞援，被宋将郭进的部下擒获，押至城下斩首示众，城上将士见了无不为之夺气，知道辽军的增援已经彻底无望。

宋太宗还经常借巡视诸营的机会，全身披挂来往于前线，给围城军队将士极大鼓舞。皇帝伞盖所到之处，将士纷纷摩拳擦掌，跃跃欲试，勇气倍增。

宋太宗有数百由他自己亲自训练教阅的侍卫军，个个身怀绝技，武功不凡，堪称宋朝禁军中坚之中坚。最令人叫绝的功夫是舞剑、抛剑，所以又称他们为剑士。他们能把剑抛向天空十数尺，同时做跳跃、转身、腾空等各种动作，在剑落下时挺身接住。如果是数百名剑士列队表演，只见剑影闪烁，喊声震天，其场面气势，足使观者为之胆寒。

有一年，宋太宗在都城皇宫中接见和宴请辽朝使臣时，曾作为助兴节目之一，特意令剑士进行抛剑表演，数百剑士袒露着上身，手执寒光闪闪的利剑，发一声呐喊冲上便殿，同进同退，跳掷承接，出神入化，曲尽其妙。这名为助兴，其中也包含着几分炫耀的抛剑表演，还真使不知底细的辽朝使臣胆怯了几分，以致不敢抬头正视表演。

在这里每当宋太宗巡营之际，必定以剑士的列队表演开道。剑士们拿出看家的本事，各显其能。这对于本已是惊弓之鸟的北汉将士产生了巨大的心理威慑，斗志扫地无余，北汉的官员、将领、士卒中不断有人缒城而出，向宋军投降。甚至守城的北汉军队最高指挥官、马步军都指挥使郭万超也出降了宋军。

五月四日，太原城东南角夹城因被河水连日浸泡，开始坍塌。五月五日，宋太宗亲自来到城南督战攻城。六日晨，刘继元势穷难支，派遣客省使向宋太宗上表纳款，并自率文武群臣着素服纱帽开门迎降。

至此，在辽朝卵翼保护下的北汉傀儡在立国 29 年后灭亡，所属 12 州 41

县 35220 户、军队 3000 人归宋朝所有。宋朝完成了对中原的统一，结束了唐朝末年以来的割据纷争局面，而在北方、西北和西南地区仍分别被辽朝、党项羌和大理所控制。此后，北宋对外军事斗争的重点是辽朝和党项羌。

三、夺燕蓟激战南京城

五代末年以来的统一战争，从后周世宗柴荣的南伐南唐、北征燕云开始，直至北宋消灭十国中最难对付的北汉，宋太宗赵光义为自己的显赫武功而沾沾自喜。宋军攻占太原，恰逢端午佳节，宋太宗在城中连日置酒高会，大宴随驾亲征的文武臣僚和作战有功将士，亲自撰写《平晋诗》，与诸臣僚唱吟志贺。宋太宗又下令把自己在太原城下的行宫改建为平晋寺，亲自撰写了《平晋记》，叙述平定北汉战争的经过，宣扬大宋朝的国威军威，刻石立于寺中。

本来，宋太宗此行的目的是单一而明确的，那就是灭亡北汉。北宋建立后三度兴师进入河东攻打北汉，终于如愿以偿，宋太宗为自己能够完成太祖未竟之统一事业而欢欣鼓舞，决定乘胜东进，从辽朝手中夺回燕蓟地区①。

当宋太宗把自己的这个决定公之于随驾的文臣武将时，却出乎意料地遭到了多数人的反对。他们的主要理由有二：一是此次灭亡北汉的战争自年初以来，至今已经近四个月了，仅仅围攻太原城的战斗就持续了一个多月，将士曝露野外，疲惫已极，还未得到很好的休整和补充，作战实力大大削弱。二是十几万军队长时间大规模的军事行动，已经使粮秣、马匹、军械等战勤物资的筹

---

① 燕：今北京。蓟：今天津蓟州区，泛指辽朝占领下的南京及周围地区。

措、运输和供应越来越困难。北宋建国以来旷日持久的统一战争，加之五代时期一直处于十分凋敝的社会生产尚未得到完全恢复，而且当时的河北、河东诸州县又连年发生自然灾害，已经让老百姓不堪重负。新近收复的原北汉统治地区土瘠民穷，出产不多，一时难以筹措到足以供给需求的粮饷。

实际上，对皇帝直接东进燕蓟的决定持反对意见的人，还有一条很重要的理由，只是在当时谁也没有说出来。按以往的惯例，每逢打了胜仗，总是要对有功将士颁发赏赐，以作为激励士气的手段。而这次对北汉的战争，是北宋初年以来所进行的统一战争中最艰苦、付出代价最大的一仗，又是皇帝御驾亲临前线。所以侥幸活下来的文臣武将们在享受到胜利喜悦的同时，盼望的是加官晋爵、封妻荫子，一般士卒也希望皇帝多给些赏赐，能早日返回家乡，与亲人团聚，共享天伦之乐。

但是，皇帝对诸臣僚将士所关注的却只字不提，引起众人的疑虑和不满，这对于宋军将士在后来的作战中未能保持高昂的斗志不能说没有关系。而且就是在接下来的东进途中，即有扈从皇帝的六军将士不听节制，未按命令进至指定的位置，引起太宗盛怒，要对这些人以军法处置。

与大多数人不愿东进而又不敢说明真实理由相反，当时只有一个人站出来积极支持皇帝的决定，这就是随驾的行营马步军都指挥使崔翰。

崔翰面奏太宗说："灭亡北汉与收复燕蓟当毕其功于一役，当乘者势也，不可失者时也，此事不容再举！我有恢复太原的余威，取燕蓟易如反掌！"

宋太宗见有人附和自己的决定，便毅然下令让枢密使曹彬点集兵马，挥师东进，直奔辽朝的南京而来。

辽朝的景宗皇帝和皇后萧燕燕在接到耶律沙所部在白马岭被宋军打败的消

息后，又重新从沿长城一线的屯戍大军中调集了一支更为精悍的军队，仍由耶律沙统领，再一次西进驰援太原。北汉皇帝刘继元在此后不长时间里就力屈投降，使萧燕燕很意外。在刘继元开门迎降之际，驸马都尉卢俊乘机逃了出来，取道代州（今山西代县）至南京，向辽朝报告了太原已经被宋军攻陷的消息。所以，辽朝马上停止了对北汉的增援，但是已经集结起来的军队仍然滞留在南京地区。

北宋军队在灭亡北汉后，由皇帝亲自指挥东进南京，更是为萧燕燕所始料未及。

北宋军队很快推进至南京道境内，南京道诸州县的军政长官多数是由汉族官员担任的，他们见中原皇帝亲率大军到来，多开门迎降，少数契丹将士也迫于形势，自知不敌，投降了宋军。所以，宋军在未遇激烈抵抗的情况下便很快推进至南京城下，只是在途经涿州（今河北涿州）时，遭到了辽朝北院大王耶律奚底、统军使萧讨古、乙室王撒合等人指挥的军队的阻止，但由于双方力量对比悬殊，辽军一触即溃，被宋军生擒 500 余众。宋军乘势完成了对南京的包围。

宋太宗把行营的指挥机构设在南京城南的宝光寺，亲临城下指挥围城作战。命令定国军节度使宋渥攻击城南，彰信军节度使刘遇攻击城东，定武军节度使孟玄喆攻击城西，河阳军节度使崔彦进攻击城北。宋军把南京城围了个水泄不通，大战有一触即发之势。

南京城被宋军包围的消息很快被飞骑使者送到了辽朝皇帝的夏捺钵所在地庆州（今内蒙古赤峰巴林右旗境），此时，辽景宗和萧燕燕正在这里避暑纳凉，架鹰围猎。萧燕燕阅过边报，见军情紧急，便匆匆偕皇帝赶回上京，召集蕃汉诸臣僚商讨破敌对策。

北汉不复存在，辽朝与宋朝间的关系在一夜之间骤变。参加讨论的人无不为辽宋间关系发展的前途表示担忧，北汉曾经在辽朝处理与宋朝的关系上占据主动的有利地位发挥过重要的作用，而在今后辽朝就必须从正面回答和解决与宋朝直接冲突所带来的各种问题。

目前摆在辽景宗、萧燕燕面前最迫切的问题是在没有北汉策应的条件下，能否像过去那样继续控制南京乃至整个南京地区。讨论中一部分臣僚认为，作为燕云之地一部分的南京地区自五代后晋初年划入辽朝版图以后，虽然在与中原的军事对峙中发挥了桥头堡和前哨据点的作用，南京地区也以其丰饶的物产成为辽朝财赋收入的主要来源，可是，终究由于南京距离辽朝的政治中心上京太远，每每有孤立无援、鞭长莫及之叹，尤其遇有重大的军事行动，辽军主力总是要经过昼夜兼程的长途奔袭，才能到达预定作战位置，往往未待投入战斗，军中锐气已经折失过半，而且极易受各种复杂条件的影响，贻误战机，难以保证适时投入作战，完成预定的任务。

还有一点是萧燕燕不愿看到却又经常发生的情形，这就是包括南京地区在内的整个燕云地区虽然归属辽朝多年，但这里的汉族百姓和一部分军队将领、地方行政长官中的汉官仍心系中原，当年后周世宗柴荣统军北上和这一次宋朝军队从太原东进燕蓟，为数众多的汉族军政官员不战而降即是证明。特别是这里的汉族老百姓，他们把宋军当成挽救他们的救星，宋军所至，不仅有丁壮为他们充当向导，百姓们自愿献出酒肉犒劳慰问，更有甚者，在有的地方还发生了小股武装的汉族百姓有组织地夺取辽军、官府的马匹送给宋军的事情。

萧燕燕对于南京地区汉族官员、百姓的这种两面行为十分头痛，却又束手无策，没有办法。由于南京地区和契丹内地在社会发展水平上的巨大差异，辽朝对于南京地区的治理又离不开这些汉官，所以，在中原军队撤退后，他们仍旧是辽朝的官员。

正是由于以上的原因，辽朝的君臣有人开始怀疑他们对南京地区的实际统治能力就是很自然的事情了。

因此，在讨论中围绕固守还是放弃燕蓟地区形成了两种意见。

一部分臣僚认为宋朝大军压境，来者不善，只有主动放弃燕山以南的土地，收缩防御，才能确保内地安全无虞。与宋朝的军事对峙应由南京以南改为沿燕山、长城一线，在战略要地松亭口（今河北迁西喜峰口）、虎北口（今北京密云古北口）等关隘屯戍重兵，伺机重新夺回南京及其周围州县。

实际上辽朝内部放弃燕蓟的意见并不是新近才产生的，在当年后周世宗柴荣北伐燕云时已经初露端倪，只不过因为后周撤军，南京转危为安、外来威胁解除，无人再提而已。辽穆宗对于南京被围所表现出的轻描淡写态度，可以说是这种心态的反映。

另外一部分人则坚持继续固守燕蓟，他们援引历史，从占有燕云地区几十年以来，这一地区对契丹内地关系、对与中原的对峙中所起的重大作用来看，无论如何是不能放弃的。退一步讲，即使不向南拓展疆土，要稳固地控制长城以北的契丹内地，也不能没有南京地区的支持。

在这一部分人的意见中，还带有坚守祖宗开创之基业的感情色彩，认为丢掉南京地区，将来无颜面对列祖列宗。但是，他们又拿不出更好的退敌之策，以缓解南京目前所处的危机。

满朝蕃汉诸臣经过长时间的争论，也没有就此问题达成共识，大家只好请皇帝拿主意。近年来，景宗的身体健康状况更是每况愈下，朝廷中的事基本不大过问，全权交给皇后萧燕燕处理。今日因事情重大，景宗作为一国之主理当主持朝会，所以，他还是带病支撑着与皇后并坐，悉心听着大臣的讨论。不过，近年米皇后萧燕燕由协助皇帝理政而成为朝政大权的实际决策者，皇帝反倒成了一尊偶像，这在辽朝的朝野似乎已经并不是秘密的事情，就连宋朝人也略有所知。

眼见讨论将近两个时辰，景宗早已面露倦容，好在他听着诸大臣的发言，知道该是由皇帝发话拿主意的时候了，他似乎很习惯地把目光转向皇后萧燕燕。这个意思很明显，就是请皇后代他定夺。

自从萧燕燕实行"蕃汉诸臣集众共议"之制以来，每当共议之际，她总是耐心听取每一位大臣的建议，从不以言语不当归罪于臣下，遇有不明白的问题，也能放下架子，虚心请教，直至明白为止。所以，在共议中，蕃汉诸臣都敢于讲话，畅所欲言，为皇后出谋划策。

萧燕燕刚才一边听着大臣的讨论，一边在心中酝酿着在目前形势下既能保住燕蓟地区，又可以退敌解南京之围的方略。

萧燕燕首先肯定了坚守燕蓟的意见，表明了她对诸大臣各种意见的态度和立场。

她说："我们契丹人起自塞北荒漠，向来以剽悍坚忍、长于骑射而著称于世，这里有取之不尽的名马，有可以任骏马奔驰的辽阔草原。然而，我们要是满足于塞北一隅那就大错特错了，契丹人同汉人同根同系，都是炎黄的子孙，我们要有混一天下的雄心壮志。而燕蓟之地土肥水美，物产丰饶，自我太宗先皇帝以来，朝廷府库仰仗甚多，又是与南朝对峙之前沿和捍卫我内地之屏藩。

一旦弃之，不惟数十年经营成果付诸东流，岂不可惜！再者也是示弱于南朝，不免遭人取笑，我等也愧对长眠地下的列祖列宗！"

萧燕燕的一番话实际上反映了自耶律阿保机以来契丹贵族不甘居漠北朔野，在政治上锐意进取、开拓疆土的精神，这也是大契丹国建立以来的既定方针。

萧燕燕的话直截了当，态度明确，对于持坚守燕蓟意见的蕃汉诸臣无疑是很大的鼓舞，就连在座的皇帝也不禁为之点头赞许，面有喜色。转而他又对皇后发话问道："皇后所言不无道理，而眼下燃眉之急是谋划退敌之策，以解南京之围，不知皇后有何妙计？"

其实，这时的萧燕燕已经全局在握，成竹在胸，只见她娓娓道来："陛下，妾以为退敌的前提在于固守南京，只有守住南京，方可激励我将士斗志，又能吸引南朝军队之注意力于南京城下，给我大军以调动接敌之时机。从目前情况来看，南朝军队无论在兵力数量还是士气方面都有明显的优势，前不久灭亡刘汉的军威尚在[1]，于南京城外又连创我军。然而骄兵必败，哀兵多胜，古今概莫能外，况且南朝军队长驱直入，难以持久作战，只要我们因时因地制宜，用兵得法，退南京之敌必能成功！"

紧接着，萧燕燕发号施令，点将派兵。首先派出一名使臣，带着她的亲笔信星夜赶往南京，优言宣慰守城将士，命令南京留守韩德让以下官员、将士拼死抵抗，固守待援，并转告他们，朝廷大军不日即可到达南京城外。

当时，辽朝在南京地区驻扎的军队中，除了原准备救援北汉的耶律沙所部外，还有两支兵马，一是耶律斜轸所率领的军队，驻得胜口（今北京昌平境），

————————————
① 刘汉：指北汉。

曾与宋军交战，后退至清沙河以北；一是耶律学古指挥的军队，一直驻扎在南京城以北，在南京至松亭关之间起策应作用。现在形势下耶律学古所部正好可以派上用场，而且只有这部分辽军离南京最近。萧燕燕传令耶律学古就近驰援南京，如有可能，突入城中，与韩德让等共同肩负守城重任。

萧燕燕又从辽朝军队中最精锐的部分，即属于皇族耶律氏的迭剌部五院军中选拔精壮士卒 5000 人，组成援救南京的远征军，这些士卒人人善战，个个骁勇，无不以一当十，每个人都配备有上好的战马 3 匹。所以，这支军队不仅素质好，特别能打硬仗，而且机动性强，具有远距离快速奔袭作战的能力。

当萧燕燕正在为由谁来指挥这支军队而踌躇不定时，从武臣班中站出一员战将，看年龄虽已逾六旬，却身材魁伟，威风凛凛，且出言掷地有声，宛若洪钟一般。他面对皇帝、皇后跪拜在地，朗声道："末将不才，愿领军前往杀退宋兵！"

此人就是辽朝赫赫有名、善于出奇制胜敢打硬仗的大将耶律休哥。

萧燕燕见是耶律休哥主动请缨，正与自己所思不谋而合，心中十分欣喜。让耶律休哥去完成这个任务，她一百个放心。

毕竟这一仗不同寻常，关系重大，萧燕燕还是郑重地叮嘱一番："老将军久历战阵，韬略超人，我与皇帝本无所担忧，然战场之上，消息变化，倏忽不测，还望慎之又慎，南面军事仰仗老将军便宜处置，我与皇帝在此静候佳音了！"

耶律休哥拱手答道："陛下、皇后不必过虑，末将明白！"然后领令而去。

此时，宋朝军队陆续到达南京城外，在准备攻城的最初几天里，对城中以虚声恫吓为主。白天派出小股骑兵轮番沿城外狂奔呐喊，用弓箭把写有虚假信息和招抚军民投降的传单射入城中。到了夜晚则在城外燃起无数火堆，火光闪烁中只听见战马嘶鸣，人声鼎沸，使守城辽军将士难测虚实，不知底细，而且不得休息，总是处在惊恐不安的情绪之中。

城中的最高长官、南京留守韩德让和知三司事刘弘更是如同热锅上的蚂蚁，坐卧不宁，又无法得知宋军何时攻城，便不分昼夜守在城上，督促将士加强戒备，不敢稍有疏忽。

南京城被围后，与城外已经隔绝多日，宋军的攻心战术开始发挥作用，城中流言四起，人心浮动，市民中游手好闲的生事之徒乘势造谣、传谣，唯恐天下不乱，借机滋事扰乱军心民心。

城中平民百姓倒还显得相对平静，只是富商巨贾和官宦人家，特别是那些平日里神气十足的契丹贵族之家，好像旦夕之间灾难就要临头一样，惶惶不可终日，唯恐城破之日遭到破家杀身之祸。在当时的作战中，军队统帅作为鼓舞士气的手段，在攻占对方城市后，放纵部下抢掠，繁华的都市每易手一次都几乎变成一座废墟，并不是什么奇怪的事情。

正在此万分紧张的当口，又有一起突发事件，使南京城中军民的恐慌情绪达到了无以复加的程度。在城东南隅指挥守城的铁林都都指挥使李札卢存利用在城上当值的机会①，领着他的部下，打开城门向宋军投降。万幸的是城中守军发现及时，随即关起城门，才没有造成宋军乘虚而入的可怕结果。城外宋军又借李札卢存出降一事大造舆论，更加剧了守城将士的恐惧感，城中局势更加动荡。

在增援南京的诸路辽军中，最先接近南京城的是耶律学古指挥的几千兵马。此时，南京城外的主要交通要道和易于展开攻城作战的地段都已经被宋军

---

① 铁林都：军队名称；都，为编制单位。都指挥使：军职之一。

控制，在这些地方不要说入城，就是想靠近城墙也是非常困难的。而且耶律学古很清楚，以自己的区区兵力是绝对不能首先主动进攻宋军的，那样做无疑是以卵击石，自取灭亡。

经过反复侦察，最后终于找到了甚为荒僻，宋军又疏于防备的地段，耶律学古率领部下在这里昼伏夜出，从城墙下突击挖开了一条可以通向城内的地道，耶律学古的数千将士大部分由地道进入城中。

耶律学古的到来，给本来已经处在极度绝望中的韩德让及其他官员、守城将士带来了再生的希望，军心民心逐渐趋于平稳。

当宋军发现了辽军经地道进入城内后，便加快实施攻城的步骤，在一个伸手不见五指的漆黑夜晚发动了试探性的攻城作战。耶律学古及时发现并击退了宋军的进攻。这虽然不是一次正式的攻城作战，规模也很有限，但是，对于此前一直处在惊慌失措中的守城辽军来说，不啻获得一次重大的胜利。

韩德让和耶律学古二人因无法确切了解朝廷派出的救援大军何时到达，他们将要面临的是反击攻城宋军的艰苦战斗，这场战斗究竟能打到什么时候，谁也无法预测。他们丝毫不敢有所松懈，部署将士日夜赶工，修缮守城器械，加固楼橹工事。韩德让和耶律学古二人也轮番在城墙上巡视，严密防守。

宋军在第一次试探性进攻被打败后，马上转入正式的大规模攻城作战，而且作战时间也由夜间变为白天。有时攻城的兵力集中在一个方向，有时则同时从四个方向发起进攻，意在调动守城辽军，使之摸不清底细，难于应付。

宋军的攻城作战已经持续了10多天，投入的兵力也一天比一天多。宋太宗为鼓舞士气，也经常全身披挂，亲冒矢石，到前沿催督攻城作战。无论是攻城的宋军，还是守城的辽军，打得都很英勇顽强，作战场面也极其精彩，同样双方在攻守中也都付出了沉重的代价。

说到宋辽两军围绕南京城的争夺，不能不回顾这座北方古城的历史。南京城在划入辽朝以前，历代都是中原王朝防御长城以北各游牧民族南进侵扰的军事重镇，是屯兵积粮、经营边防的战略要地。特别是隋朝重新实现南北统一后，改称涿郡，隋炀帝三征高句丽（今朝鲜半岛）时，曾经把全国的军队都集中在这里，作为向高句丽发兵的前沿基地。由于涿郡的特殊战略地位，城池迭经扩展、修筑，规模不断扩大，人口与年俱增，隋炀帝又把运河通到了这里，涿郡逐渐成为北方政治、军事、经济的中心。

唐朝以后，改称幽州。为经营边防，唐朝在沿边设置节度使统军守边，范阳节度使的治所就在幽州，节度使是蕃将安禄山。于是幽州就成了他拥兵割据、谋反朝廷的老巢，对唐朝历史曾经产生过重要影响的"安史之乱"就是在此准备和发动的。从此以后，唐朝便失去了对幽州的实际统治权，拥兵自重的节度使在这里父死子继，世代经营，使之成为对抗朝廷、盘踞地方的天下第一雄镇。为了争夺对幽州的统治权，朝廷与藩镇、藩镇与藩镇在这里展开过无数次火并与厮杀。与此同时，幽州城又经历代割据者之手日益坚固、雄壮，易守难攻，堪称固若金汤。

守城的辽军正是凭借着如此坚固的城防才一次又一次打退了宋军的进攻，面对如潮水般涌向城墙的宋军，除了依凭高墙深壕拼死抵抗之外，似乎已别无选择，只要城池不丢，就能够保全性命。因此，比较之下，守城的辽军将士表现得更英勇悲壮。

而在攻城的宋军一方的情形则大不一样，当攻城作战一而再，再而三不能奏效时，要让将士如同在作战之初那样保持高昂的斗志和士气是很困难的，面对坚城，无尺寸进展的宋军中斗志涣散的消极情绪在不断滋长蔓延。

正当宋军的攻城作战激烈进行之际，发生了一个对南京攻城作战结局产生重要影响的事件。

在南京城外东南方驻扎着宋军的一支预备队，统帅是桂州观察使曹翰、洮州观察使米信二位将军。有一天，他们的部下在营区挖土时挖出了一只螃蟹，士卒们觉得在旱地中能挖到螃蟹是一件十分稀罕的事，于是就把螃蟹献给了曹、米二位将军。

因连日来的战事很少有进展，曹翰正终日愁眉深锁，苦思冥想地琢磨战局，他看着士卒送来的螃蟹，又听说是在挖土时所得，颇有不解又若有所思地对身边的副将说："螃蟹本水中之物，须臾离水而不得活，此蟹却蛰居土中，居非其所，岂不大谬哉！"

众人在帐中围着螃蟹在纷纷议论着，米信忽然击掌说道："有了，本军有一押粮官，惯于解字之形、义，推论时事，据说十事能中八九，何不寻他来此解说一番！"

曹翰本来对螃蟹一事只是随口说说而已，并没有把它当成大事认真对待，听米信如此一说，也兴致顿增，随声附和道："既然有人能解得此谜，快快请来！"

米信差人把押粮官请至中军大帐，有人将螃蟹的来龙去脉对他复述一遍。押粮官听罢，只见他略作沉思，脸上初现疑惑之态，继而陡作惊恐之色，并连连摇手推辞道："在下愚陋之至，解不透此字，列位将军见笑了。"说完转身就要离开大帐。

押粮官的神情变化早已被众人看在眼里，而他又百般推辞，众人认为其中必有奥妙，更刺激了他们想要知道究竟的欲望，众人便拉住押粮官，哪肯放他走脱。

押粮官见状，便"扑通"一声跪倒在地，边给众人叩头作揖，边苦苦哀求道："此事关系重大，此字解不得，下官家中上有 80 岁老母，下有妻儿一大家人，求列位将军发发慈悲，放下官一条生路！"曹翰见押粮官如此情急，似乎确有难言之隐，便好言宽慰他一番，又对他说："既是解字，如实讲来不妨，本将保你无事。"

押粮官听曹翰这样一说便放下心来，对众人说："于旱地中得螃蟹并不足怪，可虑者有二，螃蟹为多足之物，其中所寓之义莫不是契丹援兵将至！此其一。其二，'蟹'字，从解声，有解除之意，莫不是我等解南京之围班师回朝为期不远了！"

押粮官一番话说得众人瞠目结舌，连曹翰也吓得变了脸色，因他已经有言在先，不好对押粮官发作，便以严厉的口气对帐内诸将说："此人适才所言纯属无稽之谈，不足为训，朝廷军机非此辈所宜言，螃蟹之事就此了结，若有泄露，一律以军法从事，本将概不宽贷！"

万幸的是，此事在当时还没有被宋太宗察觉，押粮官保住了性命，曹翰、米信也得以免受连累。

可是，"螃蟹"事件最终还是被传了出去，而被添油加醋演绎得面目全非，完全迎合了厌战将士的心理，在宋军中传播既快且广，对将士斗志之消极影响可想而知。

转眼间，宋军围攻南京城的战役已经持续了半月有余，虽然用尽各种手段，昼夜猛扑，无奈辽军反击之势仍未见半分减弱。这不禁使宋太宗大为恼火，接连下令撤换了几员指挥不力的将官，又多次亲临前线为攻城作战擂鼓助威。然而，这些都未使战局发生有利于宋朝的变化。

南京城久攻不下，迫使宋太宗冷静考虑灭亡北汉后为什么有那么多人反对东进燕蓟，事已至此，又不得不根据目前战局的新态势重新调整策略。

最重要的是宋太宗对于自己眼下所处被动地位的认识还是清醒的，一是大军远征，深入辽境作战，无法就地筹措粮草等物资，兵员补充也很困难，大后方的运输供应也因路途遥远，民力难支，而且极可能遭到辽军途中袭击；二是契丹皇帝不会对南京城弃之不顾，如此胶着于城下，攻不能克，撤退又恐城中辽军追击，如遇辽朝主力军加入作战，则会使宋军陷于非常危险的境地。

宋太宗权衡再三，最后还是颁布了班师回朝的命令。

四、援南京鏖战高梁河

当南京城下宋辽大军激烈交战之际，辽朝大将耶律休哥统率五院军已经来到了南京道境内。由于景宗皇帝和皇后给了他便宜处置一切的权力，所以，耶律休哥实际就成了此次救援南京军事行动的最高指挥官。

耶律休哥一是传令各地各部军队向南京靠拢，协同作战，二是根据此役不在于消灭宋军，主要任务在于解救南京的作战目的，亲率五院军绕开宋军控制的南京外围地区向南运动，控制高梁河（今北京东南），以突然出现在宋军侧背后的态势，迫使宋军尽快主动解除对南京城的围攻，并撤回宋朝境内。

高梁河流经南京城东南，是桑乾河（今河北）的最大支流，也是宋军后撤的必经之路。耶律休哥命令耶律沙率所部先期就近奔赴高粱河。

宋太宗已经下令停止攻城作战，围城军队正待集结之际，忽然接快马探卒报告，说有辽军一部万余人正沿高粱河运动，统帅是耶律沙，其作战意图尚不得而知。

对于耶律沙，宋太宗和宋军的边将并不陌生，他作为辽朝在南京地区的主要军事指挥官，与宋军多次打过交道，是辽军中的著名将领之一。耶律沙在此时出现在高粱河，引起了宋太宗的怀疑，以其区区万余人兵力，绝不可能为增援南京而来。但是，无论如何，要安全撤退，就必须扫清障碍，把耶律沙指挥的这支辽军打跑或消灭，才可保万无一失。

宋太宗对此采取了十分谨慎的部署，亲自调遣预备队和围城军队中战斗力较强的部分组成先头部队，在兵力对比上占绝对优势，并由自己亲自指挥。又下令其他围城军队陆续撤出跟进，特别要严密监视辽军动向，提防遭受追袭。

耶律沙率辽军沿高粱河由东南而西北，宋太宗指挥宋军沿高粱河由西北而东南，两军相遇于河畔。宋太宗依仗人多势众，未待排列战阵，令旗一挥，直奔辽军掩杀过去。耶律沙也指挥部下奋起迎敌。只见河畔上旌旗飞扬，尘埃蔽日，战鼓声、马嘶声、双方将士的呐喊声、器械的格击声，此起彼伏，震耳欲聋，辽宋大军你来我往杀作一团。

战斗从午时开始，打了近两个时辰，至日昃时分，宋军的战场优势逐渐显露出来。辽军将士力屈，被宋军分割包围，唯有招架而已，陆续有退出战斗夺路逃命者。

宋太宗见时机已到，又将令旗一挥，对辽军发动了最后的总攻击，宋军本已斩获不少，至此，将士们顿时斗志倍增，个个向前，人人争先，更加骁勇无比，如同饿虎扑食杀向辽军。

这时的辽军已经没有力量抵挡如此凌厉的攻势，好像溃堤的洪水一般，一发不可收拾，纷纷掉头逃生，被尾追而至的宋军杀死杀伤无数，还有一些辽军士卒在逃跑中慌不择路，顺河畔地势逃入河中，被河水卷走溺死，做了鱼鳖之食。

这场遭遇战以宋军大获全胜而告结束，辽军只有主帅耶律沙率少数亲随得以逃脱。宋太宗遂下令后军随之跟进。

但是，宋太宗和他的将士们还没来得及充分享受胜利给他们带来的喜悦，风云莫测的战场形势又给他们带来了灭顶之灾。

当宋辽大军鏖战高梁河畔时，耶律休哥正在率辽军主力向高梁河疾驰，薄暮时分的高梁河畔已是烟消云散，一片大战后的狼藉景象。宋军有的在埋锅造饭，有的在构筑寨栅，准备在此过夜。按宋太宗的部署，将在这里稍作休整，然后结队南撤。

耶律休哥为了虚张声势，迷惑宋军，下令一部士卒把路边丛生的灌木砍下扎成扫帚状，拖在马鞍后，然后扬鞭策马，来往奔驰，拖起满天的尘埃。又下令全军将士，每人手持两支火炬，故意把各队间的行军距离拉得很远，使宋军无法确切了解辽军究竟来了多少兵马。

待宋太宗在仓促中下令诸将列阵迎敌，宋军营中士卒寻找将领，将领号令部伍，旗帜纷杂，号角齐鸣之际，辽军已经分作左右两翼抵近宋营。

耶律休哥自领左翼率先接敌，冲入宋军阵中，把尚未完全成列的宋军冲作几段。宋军将士本来经过大半日激战，体力消耗极大，再无勇气可鼓，又遭受如此突如其来的打击，虽然仍能进行有组织的抵抗，也只是勉强招架而已。而辽军则是在战前更换了坐骑，将士又是千里奔袭首次接敌，斗志极其旺盛，南京城中的守军也分出兵力，由耶律学古指挥出城参加作战。

所以，辽军以充沛的体力和高昂的斗志压倒了宋军，他们在宋军阵中往来驰骋，横冲直撞，如入无人之境。辽军骑兵所到之处，马蹄翻飞，刀光闪闪，杀得宋军人仰马翻，哀号之声，到处可闻。

一个回合下来，宋军阵上已是七零八落，死伤累累。宋太宗下令诸将集结余众，清点人马，结果是三分兵力已折去了一分，侥幸活下来的人庆幸自己大难不死，同时又暗自祈祷辽军不会再发动第二次进攻。

然而，事实与宋军将士的愿望恰恰相反，首战告捷的耶律休哥决定不给宋军以喘息的机会，要在第一回合重创的基础上给宋军以更加致命的打击。

于是，耶律休哥在令麾下骑兵再次更换坐骑后，一声令下，又以更加凌厉的攻势杀向宋军。如果说宋军在第一回合中尚能组织起来招架辽军进攻的话，眼下的宋军将士则还未从刚才遭受打击的惊悸中稳定下来，面对辽军的新攻势，成了地地道道的惊弓之鸟，将领的号令不再发挥作用，士卒一哄而散夺路逃生，就连宋太宗的侍卫军也置皇帝的安全于不顾各自奔命，最终留在皇帝身边的人所余无几。

耶律休哥在第二次对宋军的攻击中，终于发现了宋太宗所在的中军大帐的位置，他便指挥数十骑兵包抄上去，要活捉宋朝的皇帝，创造辽宋战争史上的最大奇迹。

留在宋太宗身边的侍卫军将士也不是等闲之辈，个个武功超群，有万夫不当之勇，在危难之际，他们使出浑身解数，左挡右杀，抵住辽兵的进攻，在辽军的包围中冲开一条血路，护卫着皇帝逃了出来。尽管宋太宗的屁股上被辽军射中了两箭，终究还是保住了性命，朝着正南方向落荒而逃。

已时至深夜，宋太宗在逃跑路上又与卫士失散，他举目四望，黑夜茫茫，不辨东西，原野上到处可见逃生的宋军将士，有骑马骑驴的，有徒步奔跑的，还有驱车疾进的，无不争先恐后，真可以说得上匆匆如漏网之鱼，累累若丧家之犬。

宋太宗随着人流快马加鞭，疾驰而去。不料祸不单行，当他一人一马即将到达涿州时，一个马失前蹄，把他从马背上掀落在地，幸好宋太宗也是行伍出身，惯于骑马，才不至于摔得很重。宋太宗从地上爬起来要重新把坐骑拉起来时，这匹一路上未曾停歇、已经精疲力竭的御马却无论如何也站不起来了。

宋太宗无计可施，只好放弃骑马逃命的念头，又为防止意外，把自己乔装改扮一番，他自己很清楚，在眼下的这种乱纷纷的环境下，隐瞒住自己的皇帝身份，或许能给他少惹些麻烦，更安全一些。

好在众人都在自顾自赶路，谁也不曾想到当今皇帝在与他们同风雨共患难，还是一个坐着毛驴车的士卒看他这么大年纪了还要徒步奔波，十分怜悯他，便在车上给他挤了一席之地，才使宋太宗免受脚力之苦。这就是很多野史杂书上渲染的宋太宗兵败高梁河，至涿州窃乘驴车逃命的故事。

宋太宗坐着毛驴车，夹杂在溃退的残兵败将中又是一路南奔，直至进入宋朝境内，来到河北西路的保州（今河北保定）的金台驿，才与随驾中的部分官员会齐，宋太宗在这里恢复了皇帝的真实身份，又下令殿前都虞候崔翰带着自己的手诏去抚定还在溃逃中的将士①，重整旗鼓，列队返回都城开封，总算保全了面子。

——————————————

① 殿前都虞候：皇帝侍卫军将领。

耶律休哥指挥辽军乘胜追击至涿州，缴获了大批战利品，宋军逃跑遗弃的兵仗器械、辎重给养多得如同山丘一般高，还有许多宋朝文武官员的符印、令旗，甚至随宋太宗在军中的从人宫嫔及服御诸物、金银宝货全部落入辽军之手。

辽军将领中有人曾经提议乘胜进入宋境，扩大战果，但耶律休哥在作战中三处负伤，不能骑马，只好坐在马车上随军跟进指挥作战，他对诸将说："穷寇勿追也！皇帝陛下与皇后只令我等救援南京，如今南京之围已解，宋军又大败而去，就此班师可矣！"如果耶律休哥没有负伤，宋太宗此行的结局可能会更惨。

宋辽高梁河大战过后的许多天，辽朝上京皇城宣政大殿内外旌旗招展，军乐阵阵，这里正在举行辽朝仪礼中例行的每次大战胜利后的献俘仪式。

景宗皇帝和皇后萧燕燕坐在坐西朝东的御座之上，仪仗诸物陈设如仪，侍卫军及文武蕃汉诸臣僚按部就班分列于丹陛之下。被俘的宋军官兵身着素服，又缚以白练，前置露布①，由礼官引导，先至太庙、太社，把战争得胜之事告慰祖宗、土地，然后返回御座之前，俘虏跪地叩拜，以示伏罪。仪式结束，百官舞蹈，山呼万岁，向皇帝皇后志贺。

对于这些战争中得到的俘虏，或者编入宫帐，成为供皇帝、皇后役使的奴隶，或者赏赐给皇族诸王、后族、公主及大臣之家，进入头下军州②，为他们的主人从事手工业生产和商业贸易活动。

献俘仪式后，朝廷对年初以来从增援北汉开始的一系列军事活动进行总结，对参战官员将领论功行赏，按过降罚。

---

① 露布：原指未加封的文书，后多作为捷报、檄文等，悬于漆杆之上。

② 头下军州：契丹贵族的私人领地，安置战俘或掠夺的汉人、渤海人，从事生产，按其规模，有州、军、县、城、堡之分。

萧燕燕展开翰林学士为她起草的诏书，朗声读道："年初以来，南朝侵凌，先灭刘汉，再围南京。我大辽将士万众一心，捐躯报国，共赴驱敌之疆场，各显英雄之气概。战绩辉煌，为祖宗以来所仅见。

"惕隐耶律休哥，忠君体国，受命于危难之际，洞察秋毫，成功于南京之下，冲锋陷阵，身先士卒，劳绩卓著，堪称第一，着即擢升为北院大王。

"权知南京留守韩德让、权南京马步军都指挥使耶律学古、知三司事刘弘虽身陷孤危之地，处变不惊，捍卫城池，安抚民心，其志可嘉，功不可没，各赐官户五十。

"南府宰相耶律沙、枢密副使耶律抹只，白马岭一役，号令不行，懵懂浪战，为敌所乘，损兵折将，本当重责，然念汝等于高梁河之战中面对强敌，临危不惧，多有斩获，特释其罪。冀王耶律敌烈麾下，不听节制，率先逃遁，致使主帅殒命，不论官兵杀无赦，都监以下诸官责以杖刑。原北院大王耶律奚底遇敌而先退，有辱国威军威，以剑背击之。耶律撒合虽亦退却避敌，然部伍不乱，整师而还，特诏宥之。"

随后，在宣政殿上排开宴席，由皇后萧燕燕亲自把盏，款待作战有功的官员和将领，君臣尽欢而散。

五、狼烟起辽军屡侵宋

在皇后萧燕燕的亲自策划之下，辽朝保住了包括南京在内的燕蓟之地，高梁河大战的硝烟虽然已经消散，却以此为开端，把辽宋关系推向了一个新的历史时期。

萧燕燕在有蕃汉诸臣僚参加的关于对宋朝策略的讨论中这样说道："南朝既然如此不讲睦邻，败坏盟好，我等只有奉陪到底了！"

宋太宗在灭亡北汉之后对燕蓟地区的进攻，打破了此前在辽宋之间出于各自的政治需要而采取的彼此慎守疆界，不主动挑起事端的边境政策所形成的安宁局面。尤其应当指出的是，宋太宗此举刺激了契丹统治者在对外政策中扩张、掠夺的一面。因为景宗即位至今已10年有余，在皇后萧燕燕的苦心经营之下，辽朝统治集团内部比较统一，矛盾大大缓和，统治秩序也很稳定，使辽朝统治集团有力量对付来自各个方面的挑战。同时，也推动了辽朝社会的迅速发展，辽朝综合国力大大充实和提高，已绝非"睡王"辽穆宗统治时所能比拟。

正是因为有了这些优越的条件，萧燕燕通过"共议"讨论，决定对宋太宗进攻燕蓟的行动实施报复。自此直至景宗皇帝去世，辽朝军队频繁深入宋朝境内，大肆抢掠人口财富，而且一改从前在边境上抢、烧、杀等小打小闹的方式，入侵军队的规模日益扩大，进入宋境的距离不断延长，宋朝边境州县告急的警报如同雪片般送入宋朝皇宫之内。

高梁河大战结束后的一个月，辽朝在边境上主动挑起了新的军事冲突。萧燕燕任命燕王、南京留守韩匡嗣为都统，南府宰相耶律沙为监军，指挥耶律休哥、耶律斜轸、耶律抹只等各部兵马由南京出发进攻宋朝，下令大同军节度使耶律善补率部在西线为策应之师。

宋太宗从兵败高梁河以后，一直深居简出，在宫中将息养伤，很少与别人谈及收复燕云失地的话题，而是着意加强边防，沿雄州（今河北雄县）、保州

（今河北保定）、定州（今河北定州）、真定（今河北正定）一线屯戍重兵，委派得力将帅措置守边，防范辽军的入侵，刘廷翰、李汉琼驻真定，崔彦进驻雄州，崔翰驻定州。

以上部署刚刚完成，便传来辽军南侵的消息，宋太宗令刘廷翰统军北上御敌，宋辽大军在保州满城（今属河北）南北列阵对峙。

在这次军事行动中暴露了宋朝军事制度中的严重弊端。原来，在宋朝开国以后，宋太祖吸取唐末五代藩镇拥兵自重的教训，为削弱诸将兵权，在他们统军出战之时，要向他们颁发本次作战的阵图，从制度上说，军队统帅必须按阵图排阵作战，否则即是违诏。刘廷翰领兵北上，也同样从皇帝那里接受了一张阵图。

刘廷翰在满城前线按阵图列阵的结果令人吃惊不小，8 个方阵排出来，各阵相距百余步，彼此不能呼应。这完全是皇帝在不了解战场环境、地形及敌我力量对比情况下闭门造车的结果。

宋军列阵完毕，即有人来报，辽军骑兵先锋将至阵前，后军 5 万余众也将随后到达，从兵力对比上看，入侵辽军已经占了优势，而宋军阵形破绽如此之大，无疑自陷绝境，将士无不相顾失色，作战尚未开始，已自折损了斗志。

崔彦进急忙拜见主帅刘廷翰说："我等奉皇帝陛下之命率军措置边防，在于御敌确保国家北面无忧尔，今我寡敌众，且又如此布阵，犹沙砾散置于盘，我之劣势显见矣！若被敌军所乘，损兵折将，你我都无法向皇帝陛下交代。乞请将军趁敌军未至，及早调整阵容，集中有限兵力于掌握之中，灵活运用之，虽不敢奢望全胜，亦不至大败。如此虽违背皇帝旨意却不致损兵折将，岂不强于有辱皇朝国威吗？"

刘廷翰也在为按阵图列阵不能抵抗辽军进攻而心存忧虑，崔彦进的话很有道理，也是他的心里话。可是，他作为受命独当一面的军事负责人仍在为擅改阵图可能被追究违诏责任左右为难。

这时，随军的镇州监军李继隆站出来对刘廷翰诸人说："兵法贵在权变，以阵图束缚诸将手脚，亦非圣上本意，疆场之事岂能以预料为定！为打败辽军，肃清边防，还望诸位将军根据实际情况列阵迎敌。违背诏旨的罪名，由在下一人承担就是了！"

刘廷翰见监军如此说法，心中总算一块石头落了地，心里想万一这一仗的结局是打败了，有监军在皇帝面前斡旋，自己的责任就要小多了。于是，他摆动令旗，赶在辽军到来之前，把原来的 8 个阵形变为前后相接的 2 个阵形。至此，将士们才安定下来，摩拳擦掌，准备迎敌。

然而，刘廷翰作为主帅仍感责任重大。在长期的行伍生涯中他养成了集思广益、善于听取属下意见的特点，每逢大战，他总是未雨绸缪，把与作战相关的各种问题想得周到一些，这也是他一介武夫粗中有细的长处。这一次也是如此，大战在即，他召集诸将会商破敌良策。

崔彦进说："我军虽先敌而成阵，但敌众我寡，未可忽视，若与之对阵硬拼，胜负实难逆料。依末将愚见，不如对其施以诈降之计，既可避其兵锋，又可诱其深入，我军设伏以击之，破之必矣！"

刘廷翰不无疑虑地说："此计虽好，但此番辽军入侵，各部将领多为我等的老对手，能征惯战自不必说，而且娴于韬略，其中尤以耶律休哥最为老成持重，诈降恐难奏效。"

李汉琼接过话题说："辽军深入，无法就地筹措粮草，我边地又实行坚壁清野，劫掠亦无着落，此当为辽军一大难题，以粮草为诱饵行诈降之计，或许可行。"

崔彦进又针对刘廷翰的疑虑说："适才将军所虑极是，可设法避开耶律休哥，派人携带粮草专致此番辽军主帅韩匡嗣乞降，一定会大功告成。"

刘廷翰见诸将再也提不出别的计谋，当下做出决断说："姑且依计而行，即便不能成功，也可权作缓兵之计。"随即下令李汉琼打点粮食、草料各50车，派遣一员小将为乞降使者径赴辽军大营而去。

韩匡嗣统领大军来到满城以北，扎营已毕，正召集诸将议事，中军大帐外忽报有宋军使者求见，韩匡嗣传令请入帐中，见礼，分宾主坐定。

使者对韩匡嗣说："我家将军一向仰慕大帅威名，只恨无缘相见耳。此番朝廷发兵3000人抵御大军，无异于以卵击石。我家将军毅然投奔大帅，追随鞍前马后，乞请大帅收留，特差下官转达此意，又献上粮草100车，也请大帅笑纳。"

韩匡嗣本不以指挥作战见长，对宋军乞降信以为真，又见有粮草送来，心中更是为之一喜，马上就开始与使者商谈受降日期、地点及诸般事宜。

耶律休哥听说有宋军乞降之事，匆忙找到韩匡嗣，竭力反对受降，他说："宋军有备而来，列阵严整而士气高涨，未经交手即来乞降，其中必藏诡诈，恐为疑兵之计！万望元帅谨防，不可轻信，牢记行前皇帝、皇后嘱托，我全军当严阵以待，不可稍有疏忽。"

韩匡嗣则不以为然："不久前的高梁河大战，足以使宋军为之夺气，此番本帅统雄兵5万，长驱直入，怎不教汝等胆寒？故来乞降，应在情理之中。果如将军所料为宋军诈降，我有两倍于敌的兵力，还怕他不成？"

耶律休哥见韩匡嗣固执己见，不为所动，只好策马返回本部，严令部下将士保持高度警觉，提防宋军的突然袭击。

宋军主帅刘廷翰一面继续派人暗中来往于宋营与辽营之间，与韩匡嗣交涉受降之事，一面加紧部署，策划偷袭辽军大营。刘廷翰自率主力列阵于徐河，令崔彦进乘夜色掩护，率所部秘密出黑卢堤之北，沿长城口绕至辽军侧背后，断其归路，李汉琼和崔翰各率一部为左右两翼，以收左右夹攻之效。

连日来，韩匡嗣正在为进入宋朝境内以来就兵不血刃收降了数万宋军，又得了许多粮草而沾沾自喜，只等受降事成，派遣飞骑向皇帝皇后报捷了。他被即将到来的胜利所陶醉，不免疏于备战，各部将士的斗志也多有松懈。

宋军恰好在此时部署已毕，不失时机地向辽军发动了突然袭击，攻势十分凌厉，真可称得上迅雷不及掩耳。韩匡嗣仓促应战，急令诸将组织抵抗，但为时已晚，宋军分作几路，冲入辽军大营，打了韩匡嗣个措手不及，各部将领已经不能号令所部，组织起有效的抵抗，宋军所至如入无人之境，杀死杀伤辽军官兵无数，辽军将士在突如其来的打击面前，只有抱头鼠窜自相践踏而已。

韩匡嗣、耶律沙等人在无法继续号令诸部指挥作战的情况下，只好率领少数人且战且退，在宋军的重重包围中杀开一条血路，向着北方突围逃生。途中又被预先设伏的崔彦进指挥的宋军打了伏击，丢盔弃甲的狼狈相自不待说，甚至连中军大帐传宣军令的旗鼓也不知丢到何处去了。宋军一路紧追不舍，直至与辽朝交界的遂城（今河北）才鸣金收兵。

这一仗以宋军大获全胜而告结束，斩首一万余级，缴获战马千余匹，兵仗、器械、粮草多得无法统计。辽军中只有耶律休哥一部因未敢懈怠，在受到袭击的情况下仍然部伍严整，全师退回辽朝境内。

满城之战未曾接敌就大败而归，在辽朝上下引起极大震动，皇帝皇后也被激怒了。韩匡嗣被一纸诏令召回上京，在朝会之上，景宗一改多年来不大亲自处理朝政的做法，亲自发问了解满城之败的来龙去脉，并当着满朝蕃汉群臣的面宣布了韩匡嗣的五条罪状："一是拒绝众人谋议，孤军深入宋境，陷入重围；二是令不行，禁不止，治军无方，部伍不整；三是遭宋军袭击时率先弃军逃命，致使全军溃散；四是敌情不明，未能识破宋军诈降计谋，以致守备松懈，被宋军所乘；五是丢弃旗鼓，有辱君命，有损国威军威。"

景宗斥责韩匡嗣的声音越来越高，最后竟怒气难按，下令交夷离毕院勘问斩首，以儆效尤。

萧燕燕对韩匡嗣无勇寡谋，指挥不力，如此轻松就让宋朝捡了个大便宜也十分的愤慨，正在琢磨如何处置他，不料皇帝真的动了气，而且下令杀死韩匡嗣，这使萧燕燕非常吃惊。韩匡嗣打了败仗，作为前线主帅应该承担主要责任，但还不至于达到以死抵罪的程度。然而，在大庭广众之下，她还不能改变皇帝的决定，遂对侍卫官下令道："陛下有令，速将韩匡嗣拿下监押。"

散朝回到后庭，萧燕燕为韩匡嗣百般说项，又调动了后族及蕃汉诸大臣轮番为韩匡嗣求情，才免他不死，改为打板子惩罚一顿，又降低其封爵了事。

满城之战的失败，使景宗和萧燕燕冷静地分析辽宋边界的新形势。打败仗的原因，固然与韩匡嗣短于用兵、轻信乞降有直接的关系，但也说明高粱河大战后宋朝在经常发生冲突的东段沿边界增强了防御力量，这对于辽朝的入侵来说提出了新的问题，仅在沿边地区骚扰抄掠，既在军事上占不到很大便宜，在经济上也捞不到太大实惠，而一旦纵兵深入，又有陷入宋军重围的顾虑和粮饷转输供给的困难。

于是，萧燕燕决定将入侵宋朝的路线避开南京以南这一双方都十分敏感的地区，而转向西南，即宋朝的代北（今山西北部）地区。

乾亨二年（980）三月，萧燕燕从上京、南京的军队中各抽调一部分，合二为一组成一支号称10万的远征军，任命耶律斜轸和耶律沙为正副元帅，直奔代北咽喉要镇雁门关（今山西代县境）而来。

然而，萧燕燕想从西线突破宋朝军事防御的意图又被粉碎了，耶律斜轸在这里碰到了威震边地的名将杨业，即"杨无敌"。

杨业，原名杨重贵，太原人，出身当地富豪之家，父亲杨信，后汉时官至麟州刺史。杨业生活在兵戈纷攘的时代，他追随崇尚武功的潮流，自幼对刀枪棍棒有着特殊的喜好，练得诸般武艺无所不通，马上骑射的功夫更是出众，每逢随众进山狩猎，所获猎物总是要比别人多出许多。

18岁那年，杨重贵加入后汉军队，实现了他少年时确立的从军立功的理想，他曾扬言："好男儿志在四方，当以驰骋沙场为最快事，能为国效命，马革裹尸，亦不为憾！"他还有追求功名的远大抱负，从不为自己获得的些许成功而陶醉，曾经豪迈地对同伴说："大丈夫志向远大，大将军何足为也！"

杨重贵初在后汉皇室刘崇帐下听命，以作战勇敢而闻名三军，又因他善于指挥，所向克捷，战功卓著，所以被冠以"杨无敌"之美誉，名震边关，并由保卫指挥使擢升至建雄军节度使，后汉皇帝赐他姓名刘继业。

宋太宗非常欣赏刘继业的军事指挥才能，御驾亲征北汉时，曾经出重金悬赏，欲将他罗致帐下以为己用。太原被攻占之时，刘继业仍率部据垒苦战，宋太宗通过已经投降的北汉皇帝刘继元向刘继业下达了停止抵抗的命令。

刘继业入见宋太宗，只说了一句话："败军之将，听凭处治！"不再发一言，表现出忠于北汉的凛然大义。宋太宗见了，果然英雄气概不同凡响，心中大喜，亲自为他松绑，当即任命他为右领军卫大将军，复姓杨，单名业。从此杨业成为宋朝的一员著名将领。

宋太宗因杨业长期在边塞任职，对当地情况十分熟悉，正是为朝廷把守边关的难得将才，又任命他为代州（今山西代县）刺史兼三交兵马都部署，即代北地区最高军政长官，宋太宗对杨业的信任和重用可见一斑。

杨业同样也没有辜负皇帝的期望，他以出色的政绩来回报皇帝的恩典和宠遇，使代北地区成为宋辽边界中防御最巩固的一段。当时的代北因自然条件恶劣，土瘠民穷，军中给养供给十分困乏，而杨业却不事奢华，与将士同甘共苦，深得所部将士的衷心推戴和尊敬。当地气候寒冷，入秋以后，将士多以毡罽为衣以抵御风寒，而杨业只穿棉夹衣在帐中处理军政事务，连火盆也没有，在一旁跟随侍从的小吏被冻僵跌倒了，而杨业却仍在照常办公。杨业俭约自律，以身作则，治军有方，待将士如同兄弟亲子，所以，他的部下素以守纪律能吃苦、作战不怕死而受到当地民众的赞誉，在当时宋朝的诸军将领中，杨业也是出类拔萃、绝无仅有的。

当耶律斜轸统领 10 万大军逼近雁门关时，杨业召集诸将讨论破敌方略。杨业对诸将说："雁门关为代北第一雄关，是捍卫整个河东地区安全的天然屏障，我全军将士必须勠力同心，众志成城，不让辽军跨过雁门一步！据报辽军有 10 万之众，敌我军力相差悬殊，只能智斗，不宜硬拼！"

当时，杨业之子杨延朗也在诸将座中，他自少年起随父亲出入军中，经历大小许多次战役，他的韬略武功颇似乃父，是杨业守边最得力的助手。他站起来附和杨业的话说道："父帅所言极是，耶律斜轸来势汹汹，志在必得，雁门关前必有一番激烈厮杀。辽军兵力又数倍于我，以其兵多势众，不免产生小觑之心，正可为我所用。依末将之见，可乘辽军乍到立足未稳，我分兵一部出关绕至辽军背后，与关南主力南北夹击，夜袭辽军大营，虽不致全歼辽军，但足能使其溃散，作战实力大大减弱，不敢贸然犯我雁门，边关则能确保无虞。"

诸将多以为此计可行，杨业当即决断依计部署夜袭辽营之事。杨业精选3000名骁勇善战的骑兵，组成出关作战部队，杨业和儿子杨延朗、杨延玉各统领1000人加入作战。

杨业亲自率领这支骑兵在极其秘密的情况下，从雁门关以西的西径关潜出长城口，在崇山峻岭的掩护下挺进至雁门关以北隐蔽待进。

在一个事先约好的时刻，雁关内外的宋军同时突然出击，向驻扎在关前的辽军大营发动猛攻。杨业与杨延朗、杨延玉按照分工各率千人直扑各自目标。辽营中顿时杀声震天，火光四起。

耶律斜轸和他的部将们一直把注意力放在眼前的雁门关上，又自恃兵力众多，没把守关的万余宋军放在眼里，扎营后疏于斥候，防御不严。他们完全没有料到会从背后杀出这么多宋军，如同从天而降一般。辽军的将士们尚在睡梦之中，被打了个猝不及防，很难组织起有效的抵抗，纷纷逃窜奔命。

宋军袭营的本意在于虚张声势，使辽军自相惊扰，乱中取胜。所以，死在宋军刀下的辽军并不是很多，倒是辽军在逃跑中互相践踏，死伤极多。

辽军大将驸马萧咄李自以为骁勇无敌，挺枪来寻宋将厮杀，正遇杨业策马赶到，二人杀作一团，你来我往，未过几个回合，只见杨业银枪一挑，正中萧咄李门面，萧咄李落马毙命。辽军马步军都指挥使李重海也在与杨延朗的交战中被挑下马来，束手就擒。

杨业指挥骑兵乘胜追杀数十里，辽军一路溃败而去，沿途遗弃马匹、器械、辎重无数。

雁门关一战，宋军大获全胜。自此以后，杨业的知名度越发提高，代北地区对面的辽朝军队慑于"杨无敌"的威名，一见到杨业所部军队的旗帜，都会主动避让，不敢与之接战，更不敢贸然入侵杨业管辖的防区。

满城之战和雁门关之战先后失利，迫使辽景宗和皇后萧燕燕为改变对宋战争的被动局面而亲自挂帅出征，莅临前线，指挥作战。

同年十月，辽朝都城上京已是叶落草枯万物萧瑟，虽然已经过了草原上秋高马肥的黄金季节，却仍不失一年中战马最为健壮的时候，因此，辽朝对中原的入侵，也同许多其他北方民族一样，多选择在秋冬之际。

辽朝军队的大规模出征，特别是在皇帝御驾亲征时，在出师、临敌、班师的各个阶段，都有一套必须履行的仪式。

祭祀太庙。当皇帝决定亲征后，由朝廷主持祭祀的机构选定吉日良辰，由皇帝、皇后率领蕃汉文武诸臣祭祀太庙，即把出征打仗的事告诉列祖列宗，祈求他们在地下保佑出师大捷，马到成功。同时还要祭祀道路之神和军中之神，祈求出征路上诸事顺利。

杀青牛、白马祭祀天地。青牛、白马是源自契丹氏族社会阶段的一个传说，在北方草原的远古时代，有一位神人骑着一匹白马浮土河（今内蒙古赤峰西拉木伦河）而东漂游，有一位天女驾青牛车从平地松林泛潢河（今内蒙古赤峰老哈河）而下，神人和天女在两河交汇处的木叶山相遇，结为夫妇，他们共生了8个儿子，各有其居住的分地和势力范围。虽然这是无法得到证实的传说，但为人们提供了后来的契丹八部是由8个父系氏族部落繁衍形成的线索，而且八部之间互有兄弟血缘关系。从契丹建国前起，历代酋长对这个传说深信不疑，从耶律阿保机时起就在木叶山建有始祖庙，庙里供奉所谓"神人"，即奇首可汗，"天女"，即可敦，还有他们8个儿子的画像。后来的辽朝皇帝每逢出征或春秋二季的祭祀，一定要杀青牛、白马，祭告于始祖庙，以示不忘祖宗。

祭旗鼓。旗鼓，即帅旗和征鼓，是军中行军作战用于发号施令的器具，又是一方军队统帅最高权力的象征。在辽朝的军队中，把旗鼓看得相当重要，旗鼓所至，犹如皇帝驾临，代表朝廷的尊严和军队的威武。因此，在辽朝稍具规模的军事活动中，在出征前都要祭旗鼓，行军中主帅必须与之须臾不离，丢了旗鼓，则要受到严厉的惩罚，满城之战中，韩匡嗣即是因为在战败逃命时遗弃旗鼓，构成了景宗要将其杀头的五条罪责之一。

点将校。祭旗鼓之后，按惯例是由皇帝任命各路各部军的统帅，如今这项仪式照例是由皇后萧燕燕代景宗主持的。一般是由皇族耶律氏、后族萧氏、朝廷大臣或久经沙场有军事经验的外姓将领分别担任行营兵马都统、副都统及监军诸职务。随皇帝亲征的军队中有如下划分：护驾军，随皇帝行军，是行营诸军的中坚和核心，一般情况下军额定为1万人；先锋军，即行营中的先头部队，军额定为3万人；远探栏子军，由行营诸军中以百分之一比例选调机智勇敢的士卒组成，行军中执行侦察、搜索、巡逻诸任务，随时向行营兵马都统报告敌情。

阅兵式。辽朝军队兵种单一，即清一色的骑兵，此时，骑兵列队挥舞着诸般兵器，呼喊着口号，以疾风般的速度从皇帝、皇后面前驰过，以显示军威，鼓舞士气。

在大军出发前夕，还要进行两项仪式。

祓祭。宰杀一公一母两只麃进行祭祀[①]，这是一种表达诅咒敌人，祛除行军作战中的邪恶气氛，祈求出征马到成功的祭祀活动。

射鬼箭。从牢狱中提出一名等待执行死刑的死囚，绑在立于出征队伍之前的木桩上，下令众将士乱箭齐发，囚犯身上顿时矢集如猬而即刻毙命。这是一种表现将士武勇，决心消灭敌人，预祝大军凯旋的仪式，就其中表达良好愿望这一点来说，与祓祭是一致的。

辽景宗和萧燕燕统率大军经南京作短暂停留后便一路南下，耶律休哥指挥先头部队以极快的速度推进至宋朝境内，包围了宋朝的边防重镇瓦桥关（今河北雄县）。

辽朝军队由皇帝、皇后率领将要南侵的谍报在此时已经送达宋朝朝廷，宋太宗遂紧急从莱州（今属山东）、沂州（今山东临沂）、亳州（今安徽亳州）、济州（今山东巨野）、单州（今山东单县）各地调遣军队充实雄州、镇州、定州一线的防御力量，并征发民夫，修桥筑路，运送粮草器械。当辽军包围瓦桥关的消息传来，宋太宗下令亲征，取道大名（今属河北），北上指挥抗御辽军的侵入。

宋军瓦桥关守将张师自以为高粱河大战以来，宋军接连获胜，所以并没有把眼前的辽军放在眼里，他曾参加过满城之战，想如法炮制，料定辽军也会卷旗溃退。

在辽军刚刚到达瓦桥关扎营的当天夜里，张师就派出小股骑兵，在夜色掩护下开门出城偷袭辽营。他完全没有估计到耶律休哥是何等机智，对他这一手早有防范。张师袭营未成，反被辽军突吕不部节度使萧干和四捷军详稳耶律痕

---

① 麃：即大鹿。

德打了埋伏，出城的将士只有半数得以活着逃回城中。

数日后，张师收到了皇帝御驾北上的消息，他急欲摆脱辽军对瓦桥关的包围，便以倾城兵力开关迎战辽军，企图冲出重围。

辽军有皇帝皇后临阵督战，皇后萧燕燕亲自擂鼓助威，全军上下斗志倍增，更加勇猛果敢，瓦桥关前只见旌旗漫卷，尘埃冲天，征鼓声一阵紧似一阵，宋辽大军将对将、兵对兵杀作一团。战斗约进行了一个时辰，张师已经是心虚力怯不能支持，耶律休哥亲率几员大将把他围在中间，轮番与之拼杀。可怜张师一员猛将，虽殊死搏斗却难以脱身，终于在精疲力竭之时被耶律休哥一刀剁下马来，又被一拥而上的骑兵铁蹄交加踏成肉泥。

宋军将士见主帅被杀，战斗意志顿时瓦解，无心恋战，放弃抵抗，争先恐后退入孤城固守，再不敢出关迎战。瓦桥关在张师阵亡的次日即被辽军攻占。

北上增援瓦桥关的宋军因受到辽军的分隔阻击，无法与关内守军会合，瓦桥关陷落后，停止北进，沿南易水南岸列阵，企图以水为险，阻止辽军继续南下。

尽管辽军已经占领了瓦桥关，而宋军面南易水为阵，仍不失为抗击辽军南进的上上之策，此时的南易水虽然不是汛期，但依旧河宽水深，流量很大，可以大大限制辽军骑兵速度快、冲击力强的优势，而宋军则可以逸待劳，掌握反击辽朝骑兵的主动权。遗憾的是，宋军并没有把握住这些有利的条件。

辽景宗和萧燕燕在瓦桥关大赏将士，激励他们再接再厉，渡过南易水，继续南进，以发泄因满城、雁门两次失败而积郁在心中的愤懑之气。主将耶律休哥换上皇后萧燕燕赐给他的白色御马和黑色盔甲，亲率先锋部队强渡南易水，登岸攻击宋军阵地。出乎意料的是宋军的防御竟如此不堪一击，在辽军的第一次冲击下就一触即溃，全线瓦解。

耶律休哥率军乘破竹之势，尾随一路溃败的宋军，追杀至莫州（今河北任丘）才鸣金停止追击，沿途百余里，宋军将士的尸体，挣扎号哭的伤兵，遗弃的旗帜、器械、辎重诸物随处可见。

在雄州的辽景宗和萧燕燕在接到耶律休哥进占莫州捷报的同时，行营中远探栏子马报告说宋军大将崔彦进指挥诸路宋军星夜北上，已经抵近莫州城下，宋朝皇帝也统领精锐之师快要到达河北重镇大名。萧燕燕下令各部军队齐聚莫州，接受耶律休哥指挥。辽宋双方数十万大军在莫州城下紧张对峙，一场激战一触即发。

因崔彦进所部尚有数路兵马延误行期，未能按时到达，所以，对峙数日间，并没有发生大的战事。此时，辽军已经深入宋朝境内数百里之遥，萧燕燕顾虑怕重蹈前车之辙，或陷于宋军重围，或被宋军拖住不得脱身，日久生变，不利于己。在耶律休哥攻占莫州后，萧燕燕即告诫他谨守城池，勿轻出战。至此，萧燕燕见此次伐宋已是大获成功，便果断下诏，令诸路大军停止南进，班师回朝。

在皇后萧燕燕的主持下，在雄州城郊举行班师仪式，将在宋朝境内掠获的牡马、牡牛宰杀[①]，祭祀天地，告以战胜敌军班师回朝事。又押来抓获的宋军间谍、俘虏等"射鬼箭"，以示大功告成之意。

与此同时，宋太宗已行至大名，在行营中先是接到前线失利的消息，雄州、莫州皆已沦于辽朝之手，又接探报称辽朝皇帝和皇后已颁诏退师，各路辽军已陆续撤回辽朝境内。

---

① 牡马、牡牛：即母马、母牛。

　　随驾行营的臣僚们认为辽军既已撤出，皇帝的亲征亦随之失去必要。而宋太宗始终对收复燕云失地耿耿在心，不能忘怀。特别是高梁河大战的惨败和至今屁股上仍在隐隐作痛的箭伤，更让他恼怒不已。因此，虽然辽军退去，北部边防的危急状态解除了，仍未使宋太宗得到宽慰。于是，宋太宗在行营御前朝会上重提北伐契丹收复燕云失地的话题，在臣僚中引起极大震动，他们纷纷面奏皇帝，请求返驾回銮。其中，翰林学士李昉的上奏颇有代表性。李昉说：

　　　　北虏微妖，自古为寇，乘秋犯塞，往往有之……陛下栉风沐雨，冲冒严凝，亲御戎衣，以攘民患。蠢兹丑类，畏威而逃，因而剪之，易于拉朽。况幽、蓟之壤，久陷匪人，慕化之心，倒垂期切，今若拥百万横行之众，吊一方候后之民，合势而攻，指期可定。其如大兵所聚，转输是资，况河朔之区，连岁飞较，近经践踏，尤极萧然，虽偶荐于丰穰，恐不堪其调发，属兹寒冽，益复疲劳。况今虏寇宵奔，边陲宁肃，若亲巡塞下，震耀戎容，固足惧彼残妖，亦恐劳于大举。伏望申戒羽卫，旋师京都，善养骁雄，精加训练，严敕边郡，广积军储，讲习武经，缮修攻具，俟府藏之充溢，洎闾里之富完，期岁之间，用师未晚。

　　李昉的话中，如果排除他对宋太宗的阿谀吹捧的溢美浮华之辞，通篇讲的都是宋朝要收复燕云失地的不利条件。溢美之词是虚的，而宋朝的不利条件却是实实在在的。李昉在提醒宋太宗，宋朝开国以来至此几乎没有中止过的统一战争，特别是对北汉的战争和经营北部边防，耗费巨大，使本来就不十分充裕的国力民力更加疲敝，不堪重负。说得直接一些，就是在目前形势下，宋朝还不具备从辽朝手中收复燕云失地的实力。

宋太宗无奈，只好接受众臣劝谏，下诏班师回銮。宋太宗在大名行营中与臣僚赋诗唱和，抒发此番北上御辽和无功而还的抑郁心情。诗云："銮舆临紫塞，朔野冻云飞。"又云："一箭未施兵马退，六军空恨阵云高。"

可是，宋太宗并没有就此放弃收复燕云的打算，而是在积极经营边防的同时，抓紧准备对辽朝的大规模战争，为了从侧翼牵制辽朝使其不能集中力量对付宋朝，宋太宗派遣使节至渤海，下令渤海王出兵与宋朝配合作战。在给渤海王的诏书中这样写道：

> 渤海本为中原藩邦，近年来亦被契丹所制。你等迫于契丹之兵势，委曲求全，小心事之，而契丹百般诛求，贪得无厌。你等虽有报怨之心，而无反抗之力。为今之计，所宜行者，当调集倾国之军力，助本朝进讨契丹，待功成之后，当行封赏。幽蓟之地复归本朝，沙漠之外悉赐予渤海。①

然而，渤海国早在辽太祖耶律阿保机在位时就已经被契丹灭亡了，所以，宋太宗所下诏书的结果，也只能如泥牛入海杳无回音。

宋太宗还曾经派使臣去高丽，劝说高丽王出兵配合进攻辽朝，高丽王虽然在辽宋战争中倾向于宋朝，而且已经宣布与辽朝绝交，但最终还是慑于辽朝的势力，拒绝了宋朝的要求。

---

① 沙漠之外：指长城以北辽朝统治地区。

宋太宗无奈，只好采取了巩固边防伺机进攻的策略。宋太宗把著名大将曹翰调往雄州，来主持宋辽边界上这一最重要地段的防御。曹翰到任以后，修缮加固了雄、霸（今河北霸州市）诸州，平戎、破虏、乾宁诸军的城池和分布于边境线上大大小小的寨栅，大大增强了边境第一线上大小军事据点抵御辽军进攻的能力。曹翰还征发民夫引来滹沱河水开凿了莫州至雄州的运河，既方便了战时物资运输，减轻了民众负担，又大大密切了内地与边境的联系。

宋朝在霸州沿边境一线还开挖了工程浩大的地下工事。这些地下工事结构十分复杂精巧，幽深曲折，有藏兵存粮的地下厅堂，有用于作战的掩体，有用于防范敌人破坏确保安全的翻眼、闸门，还有与地面水井、寨栅相连的设施等。

曹翰为及时了解和传递敌情，在千余里的边境线上广设烽燧。动辄狼烟并起，警报飞传，使入边骚扰的辽军不知虚实，恐怕遭受宋军伏击，不敢贸然越过边界，进入宋境。腹地太远，因此在很长一段时间，宋辽东段边界保持了十分难得的安宁。

在瓦桥关之战以后的几年时间里，辽朝仍然把袭扰宋朝边境及其纵深地区，大肆劫掠人口、牲畜及其他财富作为基本政策，这些袭扰和劫掠虽然并不是每一次都能够获得让萧燕燕满意的结果，但辽朝的基本政策并未发生变化，辽朝骑兵依旧如同潮水般前赴后继涌向宋朝的境土。辽景宗和皇后萧燕燕曾经几次莅临南京，亲自策划和指挥对宋朝的入侵。辽朝军队有时孤军深入，有时数路并举，使数千里边境线上干戈纷攘，社会生活动荡不宁。

辽景宗和萧燕燕指挥的对宋朝的战争，不仅给宋朝的统治集团提出了难以解决的棘手难题，给中原老百姓加重了兵役、赋役负担，给他们的生命财产带来威胁，同时也给契丹及北方各族下层的贫苦民众带来灾难。

然而，萧燕燕的行为代表了契丹统治集团的政治进取精神和追求财富的欲望。更重要的是辽朝的对宋战争是萧燕燕在景宗时期作为事实上的辽朝最高统治者统治生涯的重要组成部分，通过这些有胜有负的战争，使她在政治上日益走向成熟，以此向世人证明，她不仅是辅佐皇帝日理万机、齐家治国的政治家，她还熟谙兵机，以过人的睿智运筹于帷幄之中，决胜于千里之外，表现了她卓越的军事指挥才能。

所有这些，都为萧燕燕后来在长达近 30 年时间里总摄辽朝的军政大权，在思想上奠定了基础。

第五章

遵遗诏皇后摄国政
败曹彬得胜岐沟关

一、赴焦山韩德让助力

乾亨四年（982），这一年对于皇后萧燕燕来说是充满曲折极不顺利的一年。

四月，萧燕燕偕皇帝来到南京，再一次策划和发动对宋朝的入侵。这一次，萧燕燕避开了宋朝边防最巩固的雄州一线，而由长城口（今河北徐水境）进入宋朝境内，企图从保州（今河北保定）打开一条深入宋朝内地的通道。可是，满城仍然是辽军不能逾越的障碍。自从韩匡嗣乾亨元年（979）在这里遭到宋朝伏击之后，满城也成为宋朝在边境纵深地区着力经营的防御据点之一，其城池之坚固，楼橹之完备，并不比雄州逊色，而且屯戍在这里的也是宋朝禁军中的精锐之师，具有很强的战斗力。

辽军一路逶迤南下，耶律善补指挥的先头部队在抵进满城时，被事先有备的宋军打了伏击。本来，宋朝守边诸军的长处在于守城作战，而野外运动或攻坚并不比辽军占优势。问题出在指挥辽军先头部队的将领耶律善补的身上。这位皇族耶律氏的宗亲，性格懦弱，惮于征讨攻战，本不是统兵打仗的材料，正是由于他遇到严重敌情后瞻前顾后，左右犹豫，不能果断处置，贻误军机，既未实施坚决攻击，又不能果断摆脱宋军，致使所部兵马折损大半，连随行军中的奚族酋长、太尉斡里也身中流矢阵亡。如果不是枢密使耶律斜轸率后军及时赶上去救援，这支兵马恐难避免全军覆灭的命运。

萧燕燕在长城口行营中接到前线战败的消息，知宋朝已有戒备，满城一路亦恐不能轻易通过，好在只是前军受了损失，后军尚完整如初，只好下令全军复由长城口退出宋境，返回南京。

同年五月，萧燕燕坐镇南京亲自指挥了对宋朝的三路南侵。东路军2万余众，绕过雄、莫诸州，深入宋朝瀛州（今河北河间境），其企图亦如同对满城的进攻，破坏宋朝在边防上的防御体系，为大规模入侵扫清进军障碍。尽管东路军兵马众多，然而毕竟是孤军深入，所以在高阳关（今河北高阳境）遭受宋军袭击，被斩首2000余级。东路军了无所获，被迫无功而返。

中路军万余众直指雁门关而来。此时，宋朝代北最高军事指挥官是著名将领三交都部署潘美。此役与当年杨业指挥的大破辽军的战斗如出一辙，辽军在雁门关前又遭惨败，交战中被杀死的辽军将士即有3000余人，潘美又乘胜率军进入辽境，摧毁其军事据点36处，掠得人口万余、牛马5万余，大胜而归。

西路军的进攻目标是宋朝的河东路府州（今陕西府谷）。这里的宋军守将是折御卿，折家是西北地区首屈一指的豪强大户，著名的职业军人之家，世代出良将，肩负着为宋朝把守边关的重任，"折家军"也在边关上威名远扬，折御卿的姐姐折赛花就是民间广泛流传的"杨家将"故事中"佘太君"这个人物的原型，当时也是出入战阵的巾帼英杰。辽军远袭而来，在与折家军的作战中自然也未占到便宜，扔下700余尸首狼狈而归。

景宗即位以来，与宋朝交战数十次，他与皇后亲自指挥的也不下10余战，虽然胜负不定，但像在这一年中连连败绩还是第一次。军事上的失利不禁使景宗陷入一筹莫展的极度抑郁之中，更由于接连数月的鞍马劳顿，也使他本来就十分羸弱的身体变得更加弱不禁风。

六月，萧燕燕随同景宗回到上京，因景宗的身体状况时好时坏，不十分稳定，一直在皇宫中调养。当景宗病情稍有好转时，便在病榻上召见与他交往颇多的伶工、医生之辈，终日里和他们在一起切磋医术、欣赏音乐，不得空闲。萧燕燕除了上朝理政，处理军国大事之外，大部分时间也是在后宫陪伴皇帝，精心照顾，希望他早日恢复健康，就连例行的到秋捺钵地猎鹿也没有去。

八月以后，上京暑热全消，气候渐凉，景宗的身体经过精心调养，恢复得相当不错，在风和日丽的辰光中，竟然可以骑马到郊外巡游驰马猎兔了，这使皇后萧燕燕欣喜不已。

根据皇帝久病新愈的实际情况，萧燕燕决定当年的秋冬停止对宋朝的军事行动，在上京皇城中度过这个冬天。

可是，景宗认为自己的身体十几年来一贯如此，不值得大惊小怪，而且他自觉近日来大有恢复，浑身充满了活力。他要趁冬季未到之前去云州（今山西大同）巡游一番，他对萧燕燕说："朕即位以来虽曾游历过南北许多地方，但却不曾去过云州地面，听说那里的山光水色不同于我塞北草原和燕蓟大地，别有一番风情，值此秋高气爽之时，何不去领略一番？何况云州又是我朝西南第一要镇，就此亦可视察政情民情，一举而两得，何乐而不为！"

"妾担心陛下不堪旅途颠簸和风餐露宿之苦，故而欲在都城长住几月，待陛下身体康健之时，再离京巡游不迟。"

无奈，景宗主意已定，皇后萧燕燕只有下令打点远行车马、毡帐之类，准备偕景宗到云州一游。

景宗、萧燕燕离开上京，一路逶迤南行，至燕山又循长城西进，在大同（今属山西）作短暂停留，进入云州地界。一行人走走停停，尽情领略山山水水的诗情画意。深秋的云州，果然不同寻常，崇山峻岭间，姹紫嫣红，五彩缤纷，真是美不胜收，令人陶醉。

然而，上京距离云州毕竟有数千里之遥，对于久病初愈的景宗来说，作如此长距离的旅行，一路上跋山涉水，越岭过涧，毕竟不是一件轻松的事。而且，时值深秋的云州山中早晚已有袭人的寒意。

当景宗在祥古山狩猎时偶感风寒，引起旧病复发，躺倒在毡帐之中。起初，萧燕燕听信了随驾御医的话，只是认为皇帝为风寒所袭，几服药吃下去就会痊愈，就连景宗对自己的这次病倒也并没有放在心上。虽然此时景宗已经不能骑马，但还是乘毡车来到了预先设置好的临时行营所在地焦山。

事情并不像萧燕燕和景宗本人想的那么简单。景宗在头几天里服下御医配制的药，病情非但不见减轻，反而日渐沉重。

皇帝的病情变化引起了萧燕燕的警觉，她昼夜不离皇帝左右，又下令就近召来大同府名医与御医会诊治疗。

景宗吃了重新调制的药，无奈如水泼在石上，病情仍不见丝毫起色。萧燕燕预感不好，忙将御医拉到一旁，低声问道："皇帝病情究竟如何？"

御医似有为难之色，支支吾吾地不肯明说："微臣医术平庸，回天乏力，罪该万死！"

萧燕燕一听，果然不出所料，便打断御医的啰嗦，急切说道："我只要你说皇帝病情究竟如何，但说无妨。"

御医这才打消了顾虑，对皇后萧燕燕说："皇帝陛下脉象沉重，属风寒之气侵入，致病于内，药力已无济于事，禀告皇后早有预备才是。"

听了御医的话，萧燕燕反倒不像想知道皇帝病情究竟那样焦急不安了，而是开始冷静下来，在心中谋划着一旦皇帝驾崩后，采取怎样的措施来控制全国政局。

萧燕燕心里很清楚，皇权的交接本身就是充满危险性的敏感问题，往往可以引发皇室内部的矛盾和冲突，造成统治秩序的混乱和政局的动荡，辽太祖耶律阿保机以来的皇位传承多数都是伴随着动荡和杀戮实现的，昔日骨肉相残的惨景，至今提起来还是令人不寒而栗。而眼下，景宗的病情已经令其没有时间赶回上京了，在远离都城数千里的焦山行营里，孤立无援的萧燕燕更清楚在皇帝驾崩后自己所处的险恶形势。

此时的辽朝，经过景宗、萧燕燕的孜孜治理，与辽穆宗在位时期的情况不能够同日而语，就统治秩序来说已经基本稳定，近十多年来，谋反、叛乱的事件也几乎绝迹。然而，这并不说明对景宗皇帝地位构成威胁的不安定因素已经完全消失了，而是由于形势变化，那些觊觎皇位的野心家被迫有所收敛而已，对于这一点，萧燕燕自参与朝政以来一直保持着清醒的认识，从不敢掉以轻心。

在萧燕燕面临的挑战中，除了在长达半个世纪的耶律倍一系的子孙与其他支系间围绕皇位继承问题而形成的宿怨外，新的矛盾就是自景宗即位以来，皇族耶律氏对萧燕燕以皇后身份逐渐从参与朝政到总掌朝廷军政大权心怀不满，他们把这个萧氏女人染指本应属于皇族耶律氏的最高权力，起初与皇帝并驾齐驱，继而则凌驾于皇帝之上，视为皇族耶律氏的奇耻大辱，不甘心对萧燕燕俯首称臣。

尤其让这些人难以接受的是，景宗即位以来，皇帝和皇后信任和重用汉族官员，而皇后萧燕燕更以汉官韩德让为第一谋臣，让他担任南院枢密使的重要职务，从而使朝廷中的汉官势力大大增强。而且，汉官立朝多主张大规模吸取中原王朝的统治制度和经验，克服已经不适应辽朝社会进步的契丹旧俗旧制，这不可避免地要损害契丹贵族的既得利益。因此，在政治上倾向保守的契丹守旧贵族势力与汉官之间势不两立，并因而激烈地反对萧燕燕。只是由于皇帝将权力拱手交给萧燕燕，在有关社会改革的重大问题上采取了明智的态度，支持萧燕燕和汉官集团，所以，敢于明目张胆地跳出来制造麻烦的人并不是很多，显得势单力薄，在朝廷中形不成气候。值得注意的是，这一势力已经超越了皇族耶律氏中原有的耶律倍一系与其他宗系子孙的政治分野。

近年来，虽然景宗很少过问朝中政事，他的存在仅是一尊政治偶像而已，但对于朝野的反对派势力的震慑作用是不可取代的。如果皇帝不在了，儿子尚且年幼，难以肩负起治理国家的重大责任，萧燕燕虽然有十几年主持朝政的锻炼，具有相当丰富的政治经验和处理军政大事的能力，但在这种非常形势下，要稳定地控制全局，实现皇权的平稳过渡，就显得心有余而力不足了。

萧燕燕鉴于形势之严峻，必须抢在皇帝驾崩之前，把要办的事情办好，为皇位的顺利交接准备必要的条件，让那些觊觎皇权的野心家无机可乘，做到防患于未然。

要做到这一点，萧燕燕感到光凭自己一个人的力量是难以办到的，必须有人来帮助自己出谋划策拿主意。由于云州远离朝廷，在萧燕燕最信任的大臣中，韩德让还在上京留守，耶律斜轸、耶律休哥在南线军中主持军事。在这三位大臣中让谁来更合适呢？萧燕燕经过反复比较，认为在目前形势下加强对宋朝的防御同样不可掉以轻心，要切实预防宋朝乘辽朝政治变故而可能发动的进攻，因此，应该让耶律斜轸和耶律休哥二人坚守岗位。上京虽为朝廷政治中心之所在，但在萧燕燕的心目中，目前的焦山行营的重要性显然在上京之上，如果皇帝在巡幸中患病的消息公开，焦山将立刻成为朝野瞩目的焦点。所以，韩德让留守上京已经不再比让他来焦山有更重要的意义。

于是，萧燕燕采取果断措施，断绝了例行的与上京、南京各地的信使往来，下令行营侍卫军严密戒备，禁止任何人出入，封锁了景宗病重的消息。然后，萧燕燕给韩德让、耶律斜轸分别写了亲笔信，派出秘密信使通报了景宗的病情，要韩德让接信后星夜赶来焦山，要耶律斜轸密切注视宋军动向，随时准备反击宋军的进攻。

焦山行营中，景宗患病不觉已是第七天了，萧燕燕仍对皇帝能起死回生抱着一线希望，企盼着在皇帝身上能有奇迹出现，除了让御医继续诊脉用药，还在行营中临时设置天地社稷诸坛，萧燕燕一日三次亲自焚香祷告，乞求上天降福护佑皇帝能渡过这一关。

然而，景宗的病情却在一步步加重，已经处于半清醒半昏迷的弥留状态。景宗自知将不久于人世，便将皇后及幼子召至病榻旁，嘱托后事，又召翰林学士入帐起草遗诏。

遗诏的主要内容是这样：

> 皇子梁王耶律隆绪，天性庄重，宽容笃孝，聪颖好学，智慧过人，凤若天成，又姿表丰伟，有帝王之度，堪为人主。朕百年之后，可于灵柩前即皇帝位。皇后萧氏天性严毅，智思敏捷，朕即位以来十数载，主持宫闱，佐理朝廷，号令严明，赏罚中度，恩威并加于天下。册立为皇太后，因皇子年幼，可临朝称制，摄军国大政，处分内外之事。北院枢密使耶律斜轸、南院枢密使韩德让兼文武之资，包英

奇之略，忠君辅国，功勋卓著，古之良臣，仅此而已。望尔等精诚协

力，辅弼萧氏、幼君，不负朕之嘱托。此诏。

　　当翰林学士将写好的诏书读给景宗听完时，景宗已是口不能言，但可见他还听清了诏书上所写的内容，只是略略点头，表示同意罢了，还示意在诏书上加盖皇帝玉玺。

　　且说皇后萧燕燕派往上京给韩德让送信的耶律天哥是行营侍卫军中的小校，他怀揣皇后密札，凭着皇帝颁赏的白玉腰牌，沿着官道，每百里换一匹上好坐骑，马不停蹄赶往上京。他按照皇后的嘱咐，在夜静人稀之时进入皇城，径奔韩府门前而来，未及门人通报，便急匆匆排闼而入。

　　韩德让在府中正待上床歇息，忽听前厅门人叫喊："这位将爷有何公干？欲见我家主人，待小人禀告后不迟，如此莽撞闯入是何道理？"

　　说话间，耶律天哥直奔后堂而来，见到韩德让便拱手施礼，匆忙从怀中掏出书信，气喘吁吁地说："韩大人！有皇后密札在此，请过目。"说完便累得说不出一句话，瘫倒在座椅之上。

　　韩德让对来人的举止和言谈颇感诧异，自皇帝、皇后上个月出巡以来，留他居守皇城，主持朝廷政务。尽管如此，在朝廷与皇帝行营之间总有信使往还，所以韩德让能够随时知道皇帝、皇后的行止所在，皇帝、皇后也能够及时掌握朝廷中的情况。而且，这些都是衙门中的公事，信使是不会送到私人宅邸来的。韩德让又见今日送信人的举止口气，绝非一般信使，又听说有皇后密札，忙接过书信，启封在烛下展阅。

　　读完信，韩德让深感事关重大，而且十万火急，他又拉起耶律天哥问了一

些萧燕燕在信中未写明而他又急于知道的情况。耶律天哥简单回答了韩德让的提问，催促道："事不宜迟，十万火急，还请韩大人快快打点上路！"

韩德让此刻心中不比耶律天哥轻松，但他清楚，此事虽然紧急，却不能惊动朝廷，一旦泄露了皇帝在焦山行营病危的消息，后果将不堪设想。

于是，韩德让便避开皇族耶律氏和后族萧氏众人，连夜在自己的挚友亲戚中物色了七八位可以信任的人，加上随从下人共十几个人，乘更深之时悄悄离开皇城，向南疾驰而去。一路之上风餐露宿，跋山涉水，自不必细说。

当韩德让一干人等行色匆匆、风尘仆仆赶到焦山行营时，景宗已经在当日上午寅时晏驾宾天，萧燕燕仍然在封锁着皇帝去世的消息，行营中上下人等仍旧像往常一样各司其职，在忙碌着。

韩德让按照礼节对大行皇帝行过跪拜大礼，然后又对皇后萧燕燕施礼问安。萧燕燕见韩德让如期而至，就像盼到了救星一般，悬在半空中的石头总算一下子落了地。从景宗患病起10天来，萧燕燕提心吊胆，夜不敢寐，形单影只，孤立无援。10天里，萧燕燕守着病入膏肓的皇帝，领着几个年龄还小的孩子，有过恐惧的时刻，却没有人给她壮胆助威；千头万绪，要做的事情很多很多，只能由她亲自去操持，一个人苦苦支撑着局面。

如今，萧燕燕见到了韩德让的面，万般苦楚和委屈就像打翻了五味瓶，一齐涌上心头，不由得放声大哭。

韩德让对萧燕燕此时此刻的心态颇为理解，见萧燕燕如此，只好在一旁肃立静候。待萧燕燕哭过一阵，便上前劝道："大行皇帝刚刚宾天，万事孔棘，诸事还须皇后陛下主持，乞请陛下节哀！"

萧燕燕拿出珍藏在身上的景宗诏书，对韩德让说："大行皇帝有遗诏在此，请卿家过目。"

韩德让双手捧过遗诏通读一过,见诏书中所列诸事均切中要害,连连点头称许,他由衷佩服萧燕燕的过人胆识,有大行皇帝遗诏,萧燕燕就在稳固控制全国局面的前进路上迈出了至关重要的第一步,尽管在她的面前还有许多暗礁和险滩。

萧燕燕又对韩德让说:"大行皇帝撇下哀家寡妇幼儿而去,外有南朝虎视眈眈,内有皇族耶律氏强兵雄藩,让哀家如之奈何?"

"大行皇帝既嘱臣等辅弼陛下、新君,臣等虽赴汤蹈火在所不辞,定当不负使命,陛下何忧之有?"

萧燕燕听韩德让这样一说,对应付眼前的严峻局势更增强了信心和勇气。

她当即决定由韩德让主持行营中的一切事务,统领行营宿卫大权,萧燕燕又给韩德让诸事有先斩后奏的便宜之权,使韩德让成为行营中在新皇帝未正式即位前仅次于萧燕燕的实际权力的掌握者。

韩德让指挥行营中的上下人等在行营大帐中布置了祭奠大行皇帝的灵堂,设置了牌位。因事出仓促,只能因陋就简,仪仗及陈设诸物也只是象征性的,仅备礼仪而已。又由于景宗去世的消息对外界仍然是保密的,所以请和尚、道士做佛事、道场,为大行皇帝祈求冥福的事也只好免了。

当晚,在韩德让的主持下,又在行营中举行了新皇帝即位典礼。这本来在皇帝一生中应该是充满光彩和威严的时刻,要有黄钟大乐,要有气派的仪仗,要有礼官的高声唱喝,然而这一切都由于这种特别的环境和特别的时刻,只能一切从简了。12岁的耶律隆绪在母后萧燕燕的带领下,来到大行皇帝、他的父亲灵柩前行跪拜大礼,由韩德让宣读大行皇帝遗诏,耶律隆绪又转过身来接受参加典礼的蕃汉诸臣的拜贺，山呼万岁，新皇帝的即位仪式就结束了。这位新皇帝就是辽朝历史上的第六代皇帝辽圣宗。

二、萧太后施策求稳定

焦山行营新皇帝即位典礼的结束，标志着耶律隆绪继承帝位是合法的，是合乎皇权继承制度的，也就是说耶律隆绪手中掌握的至高无上的权力是神圣不可侵犯的，谁若敢对此提出挑战，便是忤逆，便是谋叛。耶律隆绪便可以动用权力以正讨逆，从而进一步巩固自己的地位。这也正是萧燕燕在焦山行营中非同寻常的 10 天处心积虑要达到的目的之一。

耶律隆绪继承帝位，又是在他母后的主持下，在辽朝历史上重新恢复了在皇位传承中的嫡长子继承制。辽太祖耶律阿保机时虽然曾经册立嫡长子耶律倍为皇太子，但由于皇族耶律氏内部斗争的影响，不仅耶律倍没当成皇帝，后来除了辽太宗耶律德光屈从母后述律氏的压力而册立其幼弟耶律洪古为皇太弟之外，其他皇帝都没有确立皇位继承人，无疑这也是加剧皇族耶律氏内部矛盾斗争的主要原因。而从耶律隆绪以后，嫡长子继承制得以较好地坚持下去，这对于减少围绕皇位传承问题而引发的政治危机和社会动荡，起了至关重要的作用，这本身也是辽朝社会向封建制迈进的表现之一。

新皇帝虽然已经坐上了龙椅，但要获得巩固的地位，要使凝聚着萧燕燕智慧和心血的大行皇帝遗诏真正在朝廷上下具有权威和尊严，还有许多事情要做，还有很长的路要走。

于是，萧燕燕在韩德让的策划下，从焦山行营，乃至在从焦山返回上京的路途中，以辽圣宗的名义向全国发出了一道又一道诏令。

第一，把大行皇帝遗诏全文颁发各道州县，让全国的官民人等为大行皇帝举哀的同时，也知道新君业已即位，而在朝廷中真正当家掌实权的是新近被尊为皇太后的萧燕燕。

第二，颁布大赦令，对以往羁押、判刑的罪犯，除犯有谋逆、谋反大罪以外的概予赦免，以示宽大为怀，收系民心。

第三，调兵遣将，充实边防，任命北院大王、于越耶律休哥为南面行军都统，全面负责南京方面对宋朝军事，在南京留守、荆王耶律道隐去世后，由耶律休哥兼任南京留守。为加强南京的防御力量，萧燕燕又调她在萧氏一门中的心腹爱将、同政事门下平章事萧道宁率本部兵马进驻南京。为加强西线的防御，派南院大王勃古哲总领山西诸州事，统掌军政诸事。

第四，易置朝廷大臣，萧燕燕根据过去掌握的情况，主要对那些碌碌无为、占据重要职位而又政绩不佳的大臣予以撤换，让他们去担任有职无权的闲散职务。此举本意不在于惩办谁，而在于树立新朝的形象。

第五，对皇族耶律氏诸王恩威并施。诸王手中多有兵权，有的还身居要职，这些人对新皇帝即位伊始的政局是一种不确定因素，其中与皇太后、小皇帝作对的死硬分子人数虽不会很多，但在有人率先发难的条件下，就难以保证他们不随声附和，推波助澜。因此，必须在给予他们高官厚禄的同时，相机剥夺他们对军队的指挥权。

萧燕燕又通过圣宗下诏，在为大行皇帝举哀期间，耶律氏诸王必须各归府第，非有诏命不得随意外出和私人串联往来、宴聚等，敢于违诏者严惩不贷。

当时，已经被赐死的赵王耶律喜隐的王妃，即萧燕燕的二姐及子女尚住在上京城中，赵王妃对萧燕燕素怀敌意，为防止他们乘机挑起事端，煽惑民心，制造麻烦，韩德让也要辽圣宗下令将耶律喜隐家人全数由上京留守司拘入皇城羁押。

而对那些有影响、有号召力的诸王则不惜官爵、财货极力笼络之。如荆王耶律道隐，时任南京留守，因病返回上京，皇太后从焦山返回上京不久，朝政繁剧，她仍拨冗亲临荆王府探视，以示关怀。耶律道隐去世后，皇太后决定皇帝三天不上朝，以示悼念，又由圣宗下诏追封耶律道隐为晋王，派遣使臣带着许多财宝去慰问他的家人。

经过皇太后萧燕燕及韩德让的数月经营，皇太后萧燕燕和小皇帝辽圣宗终于以不容置疑的事实确立了自己的权威，巩固了他们作为最高统治者的地位。其中的一件事颇能说明问题，在修建景宗墓地乾陵时，皇族耶律氏诸王、公主，后族萧氏诸国舅，朝廷中蕃汉诸臣僚及各部族酋长，甚至包括赵王妃在内都出钱助修山陵，这在辽朝历史上还是前所未有的。

统和元年（983）六月，韩德让率文武百官给辽圣宗耶律隆绪上尊号天辅皇帝，辽圣宗率文武百官给皇太后萧燕燕上尊号承天皇太后。当年改元统和，又把国号改为大契丹。

从辽景宗在焦山行营遗诏命萧燕燕为皇太后摄政起，萧燕燕便开始了她实际上作为辽朝最高统治者长达 27 年的摄政生涯，辽朝历史也进入了萧燕燕时代。

辽景宗去世后，皇太后萧燕燕为了辅佐小皇帝辽圣宗，把主要精力放在处理内部事务上，在对宋关系上一反景宗在位时接连兴师南侵的方针，而是采取了十分审慎的防御策略，除在边界上密切注视宋军的动向外，从不主动挑起事端。

在景宗去世的年底，宋朝向辽朝派出了名为议和，实为探听国丧中的辽朝虚实的使臣。当宋朝使臣行至南京，南京留守、荆王耶律道隐未敢依例放行，而是留住使臣，向皇太后萧燕燕奏告请示行止。

景宗在世之时，即使在兵戎相见的情况下，双方信使往还也未曾间断过，这本来是十分正常的事情，但正值辽朝上下为大行皇帝治丧之时，宋朝来使的真实目的不能不使辽朝君臣心存疑惑。因此，萧燕燕召集蕃汉臣僚共议，经过慎重讨论，认为目前不宜与宋朝议和，以免引起涉外麻烦，给宋朝造成可乘之机。于是，萧燕燕复信耶律道隐，以宋朝使臣没有正式国书为由，下诏拒绝其入境。

继耶律道隐之后，耶律休哥以南面行军都统接任南京留守之职。萧燕燕颁诏宣布任命，特地在上京召见耶律休哥，谆谆嘱咐道："大行皇帝尚未安葬，当今皇帝年龄又小，朝中百事待理，边防未靖，据报南朝新近又在边境筑城，有寻衅迹象。老将军身经百战，智略宏远，忠心为国，出于天性，哀家母子倚将军如长城。南京乃本朝立国之命脉，当此多事之秋，凡事还望谨慎，不敢稍有疏忽！南京军政诸事，一委之于将军，哀家复何虑之有？"

老将耶律休哥慨然应道："承蒙皇太后信任，臣敢不从命？虽肝脑涂地亦在所不辞！"

皇太后特命专人随耶律休哥到南京，送来了由她亲笔签发的下车牓①，把耶律休哥就任南京留守的事告谕南京及所属州县，使官民人等知晓，以示对耶律

① 下车牓：下车，指官员到任；牓，布告。

休哥的宠任，在当时的蕃汉诸臣中能有幸享此殊荣者也是绝无仅有的。

耶律休哥到任以后，利用边境上难得的暂时安宁局面，采取得力措施安定社会，发展生产。

首先，耶律休哥实行"均戍兵"，确立军队的"更休法"。主要是改变朝廷在南京地区屯兵过于集中和单纯以侵扰宋境为目的的状况，从平战结合出发合理部署军队的驻防、戍守、训练等，在有条件的地方，组织士兵轮番从事农业生产。这样既可以保证军队的灵活调发，能随时应召参战，保持较强的战斗力，又可以自给部分粮草，减轻朝廷筹措军需的巨大负担。

耶律休哥还厉行一系列劝农措施，一方面减轻农民的赋税、徭役负担，在力所能及的条件下创造农民安心务农的环境。另外一方面，是对军队、契丹官员贵族及平民的狩猎活动作出规定，特别是在农业生产比较发达的地区，对狩猎的季节和范围都有严格的制度限制，不许妨农害农，对违犯者必须裁之以法。

耶律休哥主政南京道至统和十六年（998），在担任这一职务的辽朝封疆大吏中，任期是最长的。而且，由于耶律休哥所实行的一系列有利于社会安定发展的措施，使南京地区呈现了辽朝占领燕云地区以来的第一个发展高峰。对于耶律休哥在总领南京道军政事务期间的卓越政绩，在《辽史》一书中如此评价道：

> 休哥以燕民疲弊，省赋役，恤孤寡，戒戍兵无犯宋境，虽牛马逸于北者悉还之。远近向化，边鄙以安。[1]

---

[1]《辽史》卷83，《耶律休哥传》。

耶律休哥果然没有辜负皇太后萧燕燕对他的厚望，同时也赢得了南京地区各族人民的爱戴和拥护，有"富民大王"之美誉。

三、再出兵曹彬占涿州

而在此时的宋朝内部，在对辽朝关系的问题上，仍然是主张积极用兵进讨，收复燕云失地和主张实行持重谨慎策略，伺机进兵两种意见相持不下。而宋太宗的态度则很明显地倾向于前者，他曾经不止一次向臣僚表示要报高粱河一役之仇，以挽回天颜。

由于宋太宗的这种态度，臣僚中那些惯于察言观色、见风使舵的人，完全投皇帝之所好，接连上奏章请求宋太宗发兵北进，尽早收复燕云失地。其中的代表人物就是贺怀浦、贺令图父子。

贺怀浦，开封陈留（今属河南）人，其父贺景思与宋太祖、太宗的父亲赵贵同在后唐、后晋的军队担任将官之职，由于这个缘故，赵、贺两家有通家之谊，关系十分密切。宋太祖赵匡胤成年后，两家又结秦晋之好，由赵贵做主，为赵匡胤娶贺景思的长女，即贺怀浦的姐姐为妻。然而，贺氏却红颜薄命，在为赵匡胤生下一子二女后，于宋朝建立的前夕因病去世。而赵匡胤在当了皇帝之后顾念旧情，不忘糟糠，特下诏追册贺氏为孝惠皇后。因此，贺氏家族便成为宋朝开国后最早的外戚家族之一。

贺怀浦也如同许多军人世家的后代一样，从青年时起就踏着父辈的足迹，投身行伍，走上了这条在当时的社会中颇为时尚的从军之路。北宋初年，贺怀浦即在北部边防军队中供职，所以对沿边之敌情是比较熟悉的。又由于其有皇家外戚的特殊身份，有可能经常出入宫廷。

宋太宗即位后，对太祖的外家亲戚仍然眷顾如旧，恩宠不减。每当召见贺怀浦、贺令图父子入宫，总是要详细询问边境形势。而贺怀浦、贺令图每次向皇帝报告边境情况时，又总是故意夸大宋朝的优势，而把辽朝说得不堪一击。于是，宋太宗便把贺氏父子视为知己，更加坚定了他北伐燕云收复失地的决心。

在辽圣宗耶律隆绪即位之初，辽朝对宋政策的转变，使贺氏父子认为这是辽军屡次南侵不能得胜之后怯弱的表现，更加起劲地游说宋太宗及早决策北伐。

贺令图在与宋太宗的一次谈话中说："当今契丹皇帝只是个乳臭未干的小孩子，朝廷军政大权统掌于其母后萧燕燕之手，以汉官韩德让为第一宠臣，预谋朝廷机要，皇族耶律氏及后族萧氏无不切齿愤恨！契丹上下离心，矛盾重重，皇帝陛下如在此时乘衅发兵北向，则收复燕云失地如探囊取物耳！机不可失，乞请陛下明察！"可以这样说，宋太宗后来不顾朝中众多文武臣僚的反对，执意作出北伐的决策，与贺氏父子的游说有很密切的关系。

实际上，宋太宗一直没有停止针对辽朝的军事准备，在贺氏父子的鼓励下，进一步加快了准备工作的步骤，而且在许多问题上，宋太宗都事必躬亲，参与其间，如宋朝大军的调动和屯戍的问题，战争中粮草辎重的筹措运输问题，宋太宗都要亲自过问，一一落实。宋太宗还把当时最著名的军队将领曹彬、潘美、杨业、崔彦进等人分别委以方面重任。

雍熙三年，即辽圣宗统和四年（986）三月，宋太宗终于把酝酿已久，又经过精心策划和充分准备的收复燕云失地的计划付诸实施。因为这次战争发生在太宗的雍熙年间，所以历史上称之为"雍熙北伐"。

宋太宗一声令下，宋朝的数十万大军，兵分三路，向宋辽边境进发。东路军以曹彬为幽州道行营前军马步水陆都部署，以崔彦进为副都部署，其下有米信、杜彦圭诸将。东路军兵多将广，抽调禁军中的精锐部队组成，所以战斗力在此次北伐的诸路军队中最强，是宋太宗寄希望北伐成功的主力。中路军以田重进为定州路都部署。西路军以潘美为云、应、朔诸州都部署，以杨业为副都部署。

霎时间，宋辽边境宋朝一方纵深数百里范围之内旌旗招展，军队辎重浩浩荡荡向北挺进，笼罩在大战前的紧张气氛之中。

宋军即将北上的消息，早已被辽朝派出的间谍侦知。耶律休哥见宋军已经出动，随即派出飞骑使者报告朝廷。

正当此时，皇太后萧燕燕正偕小皇帝辽圣宗及皇族、后族及蕃汉诸臣僚在上京城郊的皇家园林中举行一年一度的"淘里化"节。阳春三月，迎来了草原上最美好的季节。和煦的春风和温暖的阳光为广阔无垠的塞北草原拂去单调的枯黄，如茵的草地上，点缀着色彩艳丽叫不出名字的小花。只有到了这个时候，草原上的人们似乎才意识到漫长的冬季已经过去，纷纷走出毡房，充分享受着大自然赐予的盎然春意和勃勃生机。

"淘里化"，翻译成汉语，"化"即"射"，"淘里"即"兔"，就是射兔节，是契丹民间传统的体育活动，在每年农历三月的上巳日举行[①]。这是由契丹射猎

①上巳日：指农历每月上旬的巳日，三月上巳日，一般为三月初三。

生产方式逐渐演变而来的体育竞技活动，体现了崇尚武勇、争强好胜的民族精神，所以深受契丹社会各阶层的喜爱，在北方草原各民族中也拥有十分广泛的群众基础，就连辽朝的皇室、外戚、大小贵族、官僚也不例外。辽朝的统治者为提倡勇武，保持惯于骑射的优秀民族传统，所以把"淘里化"确定为一年一度的岁时节日之一。

"淘里化"竞赛的规则是把用木头雕刻而成的兔子放置在百步以外的一人高的木桩上，参加比赛的射手分作两组，列队纵马疾驰，向木兔放箭射击，以首先射中的一组为胜。作为奖赏，未射中的一组射手须下马，跪倒在地向得胜一组的射手敬酒，得胜组的射手则在马上接过酒盏一饮而尽。

每逢"淘里化"比赛，皇家园林中总是热闹非凡，擅长骑射的各家男男女女都要戎装整齐，全身披挂，在众人面前一试身手。呐喊助威声和叫好喝彩声此起彼伏，得胜者趾高气扬，失败者不免面露羞愧之色。

当比赛进行至高潮之际，忽然见一朝廷信使策马穿过比赛场地，径奔皇太后萧燕燕所在的看台前，翻身落马，向萧燕燕禀道："南京留守耶律休哥有十万火急边报在此！"说完，从怀中掏出耶律休哥的信札交给萧燕燕身边的侍从官。

萧燕燕从侍从官手中接过信札通读一遍，随即面露惊讶之色，挥手示意中止比赛。

好在以往参加"共议"的蕃汉诸臣僚基本随驾参加了"淘里化"节，不须回都城召开"共议"。

在萧燕燕的大帐里，萧燕燕向诸臣僚扼要说明了耶律休哥在边报中所奏宋朝兵分三路向边境运动的简单情况后，说："南朝此番发兵三路攻我，所用兵马之巨，展开战线之长，为本朝以来所始见，确实令人震惊。请众卿家各抒己见，共议退敌之策。"

听了萧燕燕的话，在座的蕃汉诸臣僚七嘴八舌，议论纷纷，诸臣僚的意见大致上可以分为战和守两种意见。由于景宗去世以后采取的谨慎守边的政策，已经有近10年的时间没有和宋朝打过仗了，这对于向来以驰骋疆场为荣耀和通过战争获取经济实惠的契丹军队将领们来说是难以接受的。他们纷纷要求太后决策发兵，与宋军针锋相对，在战场上一较高低，甚至有的人马上站出来请缨，愿充当先锋打头阵。

另外一部分主张对宋军进攻采取守势的臣僚们的意见，没有提出更新的内容，基本上是当年高梁河之战前夕的主张放弃南京，沿燕山、长城一线固守，与宋朝对峙策略的重提。他们认为此番宋军北进是全线进攻，如果朝廷针锋相对，全线反击，在力量对比上看，难以与之匹敌，一旦交战失利，形势之严峻绝非高梁河之战可以同日而语，朝廷丢掉的不仅是南京，十六州之中长城以北的部分也恐怕难以保全。

萧燕燕见有人重弹放弃南京的老调，心中颇为不快，她接过诸臣僚的话题说："此番南朝发兵北上，据其扬言称欲收复十六州之地。依哀家之见，南京所属州县及所谓十六州之地，乃是祖宗时晋朝皇帝进献而来，归我大契丹版图已经有年，与当今南朝无任何干系。南朝皇帝的收复之说实属强词夺理，以此兴无名之师，公然挑衅我朝！捍卫祖先开创基业，乃哀家义不容辞之职责，故放弃南京之说，诸卿家休要再提！但论如何退敌便是！"

韩德让附和着萧燕燕的话题道："此次宋军来犯，虽然是兵分三路，但其重点目标则在于南京无疑。三路兵马中，以东路最为兵多将广，且以当今南朝第一战将曹彬为统帅，故东路为其主力是显而易见的，中、西路军则不过为策应之师耳。有鉴于此，在下以为，我朝亦须针锋相对，集中精锐之师于南京一点，于南朝进犯之中、西路亦须派遣相应兵马与之周旋，不致大失，然全局之重点在于确保南京无虞。"

韩德让的一番话高屋建瓴，是在通过宋军兵力分布、将领配置等表面现象大致了解了宋太宗北伐战略意图的前提下，勾勒出了辽朝军队反击宋军的策略原则，在座的蕃汉臣僚多附和赞成，连萧燕燕也投来赞许的目光。在韩德让主张的基础上进一步议论，明确了反击作战的战略方针，这就是集中优势兵力，确保南京不失，在战场上捕捉战机，击败宋军的进攻。

在"共议"进入尾声时，萧燕燕又从宋朝军队北上作战的不利条件入手进一步对战场形势作了预测和分析，意在鼓舞诸臣僚坚定打败宋军的信心。她说："南朝数十万大军分头并进，气势汹汹，可谓来者不善，善者不来！但其弱点亦是显而易见的，例如南朝全线进攻，东西横亘千余里，其战线如此漫长，必然导致指挥分散，各路兵马在作战中难以保证协调配合之准确周密，暴露出诸多破绽，可为我所用。"

萧燕燕又特别指出："用兵之法，贵在权变，我诸路将帅，临敌之际，当因时因地而制宜，扬己之长，攻敌之短，定能大获全胜！"

接下来，由萧燕燕亲自点将发兵，由南京留守耶律休哥为南京兵马都统，全权指挥前军，抵御曹彬的东路宋军；以耶律斜轸为山西兵马都统，率师抵御潘美、杨业的西路军。同时，下令各属国、各部族的军队即日开赴南京地区，协同朝廷主力军队作战。下令东京（今辽宁辽阳）留守耶律抹只率东京统军司所属兵马星夜驰援南京。为防御宋朝从海上进兵，下令林牙耶律勤德率兵马一部驻扎平州（今河北卢龙）海岸，以确保燕蓟地区侧翼安全。

当这一切部署完毕，萧燕燕偕小皇帝辽圣宗率蕃汉诸臣回到都城上京，举行了例行的皇帝亲征典礼，以青牛白马祭告天地、日神，派使臣祭奠列祖列宗陵墓及木叶山神，宣告出师南伐之事。然后，萧燕燕与辽圣宗驾临南京，坐镇指挥辽宋关系史上这场规模空前的战争。

正如萧燕燕和韩德让等人所分析的那样，宋太宗此次北伐虽然宣言收复十六州之地，但是用兵重点仍放在能够攻占幽州上。宋太宗的这个指导思想，在出兵前夕，东路军统帅曹彬率从行诸将入宫陛辞皇帝时，从太宗郑重叮嘱中可以看得很清楚。

宋太宗对曹彬等人说："你等出雄州北上进逼幽州，当持重缓行，不可冒敌轻进。但为达到迷惑辽军之目的，还须虚张声势，在境内雄、霸诸州间游弋往来，以吸引辽军主力于幽州周围，并迫使其调动雁北等地军队入援幽州，致使其西线防守虚弱，为中、西二路大军收复山后诸州造成可乘之机。故你等在北伐前期重在策应，而不在攻城夺地，切不可过早深入接敌，不可为眼前一城一地之得失所左右而贻误全局。待中、西二路大军进攻得手，我三路雄师会于幽州城下，攻克不难矣！成算在此，还望你等牢牢记取。"

平心而论，宋太宗精心策划的北伐战略预想和进兵部署并不是纸上谈兵，即使是以一个挑剔的谋略家的眼光去看，也很难说其中就一定隐藏着最终导致这场北伐归于惨败的致命缺陷。

然而，当宋太宗把自己的成算交代给他的军队将领时，或许没有想到战场上瞬息之间千变万化的形势将会对将领们贯彻他的成算产生怎样的影响。

北伐出师之初，宋朝诸路大军均能做到如约进兵，而且连连获捷，应该说战场形势对宋朝是有利的。

西路军在潘美、杨业的指挥下北出雁门关，由西径进入辽朝境内，打败辽军一支骑兵的抵抗，直指寰州（今山西代县境）城下。寰州刺史赵彦章是一名汉族官员，所以，并没有劳宋军发动攻城，便主动打开城门迎降，又率领城中士绅民众以牛酒犒军。紧接着，潘美、杨业又乘胜挥师北向，横扫朔州（今山西朔州朔城区）、应州（今山西应县）、云州（今山西大同），除云州之外，朔、应二州亦是兵不血刃，不战而下。因此，西路军虽然没有经过激烈的战斗，却是三路北伐大军中进军速度最快、收复失地最多的一路。

中路军统帅田重进率师由定州（今河北定州）北上，经飞狐口（今河北蔚县境）进入辽朝境内，与奉命在此阻击宋军的辽朝西南招安使、冀州刺史大鹏翼所指挥的一支辽军相遇。

大鹏翼是辽朝的一员著名战将，十分剽悍，骁勇异常，向以作战凶猛而威震辽军上下，就是宋辽边境两边的军民百姓中也无人不知。大鹏翼自恃在兵马数量上超过宋军，又先期占据有利地势，依险结寨，欺宋军客地作战，人地两生，企图就地歼灭这支宋军。

因大鹏翼将寨栅均建于山崖之上，易守难攻，田重进指挥部下将士全力进攻数日，非但未能靠近辽寨，辽军反而以居高临下的优势施放礌石、强弩，使宋军伤亡颇重。

正当田重进一筹莫展之际，当地的一位汉族农民求见，说山涧中有一小径可以抵近辽军寨栅背后，并愿为大军充当向导。于是，田重进派手下一员猛将荆嗣，率领精壮士卒，在这位农民的带领下，攀岩登上山崖，接近辽寨后墙，发起突然袭击，与寨中辽军短兵相接，先后夺取小冶、直谷两座寨栅，致使大鹏翼的防御体系不复完整，也使辽军将士面有惧色，军心动摇。

大鹏翼决定卷土重来，夺回失去的寨栅。此时，田重进又施疑兵之计，下令部将谭延美率部下手持各色旗帜，列队拉开距离，呐喊疾驰于辽军列寨的山前平川之上。大鹏翼登高遥望，只见山下黄尘滚滚，旗帜飞扬，看不见头，望不见尾，误以为是宋朝又派大军前来助战，便无心再战，匆忙下令撤退。谁知一退即不可收拾，全无部伍，竞相奔命。田重进乘势挥师进攻，向溃散的辽军掩杀过去。大鹏翼自知大势已去，正要夺路逃生，却被策马上前的田重进堵个正着。田重进弯弓搭箭，只听"嗖"的一响，大鹏翼应声落马，被一拥而上的宋军士卒生俘而去。

中路军的飞狐口一战，斩杀了辽军数千人，掠获牲畜万余，又乘胜追袭辽军，深入辽境 40 余里。

大鹏翼被宋军活捉的消息传开，在沿边的辽军中产生了巨大的震慑作用，宋军所至，望风瓦解。在不太长的时间里，中路军在未遇到辽军激烈抵抗的条件下，迅速收复了飞狐（今河北涞源）、灵丘（今属山西）、蔚州（今河北蔚县）等许多州县。

至此，宋太宗北伐计划中、西二路军的进军目的已经基本实现，辽朝在西线与宋朝对峙而建立的军事据点已经被宋朝摧毁。

然而，问题却正出在宋太宗倚以为重的主力东路军上。

实际上，自北伐出师以来，曹彬指挥的东路军就没有完全贯彻宋太宗"持重缓行"的命令，在三路北上的大军中，也是东路军最先与辽军接战，并且又以不慢于中、西路军的速度很快向辽朝境内推进。

东路军出雄州进入辽境，进攻的第一个目标是涿州（今河北涿州）。宋军的先头部队在李继隆、薛继昭、米信等人的指挥下，进至固安（今属河北）以南，遭遇数千辽军的阻击，因双方兵力相差悬殊，辽军势弱难支，宋军以破竹之势横扫涿州以南广大地区，驱逐辽军于涿州以北，固安、新城（今河北新城境）、涿州诸城在很短的时间里就被宋军陆续攻占。

涿州、固安、新城一线，既是辽朝南京外围防御体系中的主要支点，又是辽朝与宋朝对峙、对宋朝实施袭扰的战略前沿，称得上军事上的敏感地区。因此，当涿州被宋军攻占后，辽朝方面迅速作出反应，耶律休哥随即调动南京守城军队一部及先期到达南京地区的各部辽军，由北而南推进至涿州一线，防止宋军继续向南京推进，并且以相对集中的兵力把刚刚进入涿州、新城的宋军分割包围，企图一举夺回这些战略要地。宋辽双方的军队在涿州、新城的城下展开了一场包围与反包围的殊死拼杀。

应当承认，宋军在涿州的守城作战打得十分精彩，他们凭借涿州的高墙深垒和辽军囤积的粮草器械，一次又一次打退了辽军的凶猛冲击，使辽军除了在城外留下一批又一批尸体之外，始终未能靠近城墙一步。宋将李继隆面对汹涌而至的辽军，镇定自若，沉着指挥，在战斗最激烈的时刻，他亲冒矢石，身先士卒，登上城楼，来到守城第一线，激励将士英勇杀敌。直至被流矢射中左腿，鲜血浸透了战袍，仍然坚守在指挥岗位上，将士们见状倍受鼓舞，斗志更加旺盛。

在新城指挥守城作战的是米信，米信麾下仅有官兵近千人，而围城的辽军却多达万余众。尽管米信指挥的是禁军中的精锐龙卫官兵，具有以一当十的良好素质，战斗力很强，但终归众寡悬殊，难以抵挡辽军潮水般的冲击。

米信指挥部下坚守新城数日，在给辽军以重创的同时，龙卫官兵亦多数战死。新城危在顷刻，米信无奈，只好弃城突围。在一天的黄昏时刻，米信乘辽军攻城一日后极为疲惫之际，打开城门，挥舞着大刀，拍马率先闯入辽军阵中，左冲右突，趁辽军恐惧犹豫之时，杀开一条血路，率仅余的数百官兵突出重围。

战后，因米信放弃新城被追究责任，以军法论当处以死刑，又以他在作战中英勇果敢，有上乘表现，遂将功抵过，由宋太宗下诏，赦免其死罪，只是降其官阶了事。

当曹彬统领东路军的后军主力到来时，围攻涿州、新城的辽军才解围而去，宋辽大军暂时以涿州为界南北对峙。

宋辽双方在涿州一线的胶着对峙态势，引起了萧燕燕的高度警觉和重视，她与辽圣宗从上京昼夜兼程赶到南京，席不暇暖，又马不停蹄地赶到涿州境内的驼罗口。在此期间，她不断接到前线作战情况的通报，斟酌着战场上发生的每一个新情况。她发现与宋军形成对峙，虽然阻止了宋军的继续北上，但是南京所受到的威胁并没有解除，而且如此长期胶着下去，对辽朝极为不利。一是辽朝军队以机动作战为其长处，而短于相持作战，目前的战法无疑是自缚手脚，以己之短攻敌之长，贻误在运动中打击宋军的有利时机。二是长此以往，难免不出破绽，给宋军造成可乘之隙。

此时，在涿州前线因从辽朝腹心地区增援南京的主力北院、南院和奚部军队尚未到达，所以，从兵力对比上看，宋朝占了优势。对此，辽军前线总指挥耶律休哥忧心忡忡，连连奏告皇太后萧燕燕，请求催促各部辽军加快行军速度，进入指定位置，以增强阻击力量。

萧燕燕将耶律休哥召至驼罗口行营，根据新的战场形势，会商破敌之策。

此时的萧燕燕对宋军的弱点看得更加清楚，对于粉碎宋军的进攻，实现保住南京及其周围州县的既定目标更加胸有成竹。她对耶律休哥说："南朝三路兵马并进，占我城池，掠我人口牲畜，气势颇大，似有敌强我弱之象。其实，战事至此，南朝皇帝已经铸成大错，其一，数路并进，用兵不分先后主次，此乃兵家大忌；其二，随战事进展，南朝诸路间难说不顾此而失彼，形成各自为战局面，露出破绽，为我所用；其三，南军客地作战，难以就地筹措粮草，后方转输又必然因路途遥远难以为继。为今之计，对涿州之南宋军以不作正面阻击为宜，纵其深入，我大辽诸部可轮番出击，对南朝军队不分昼夜袭之扰之。使之疲于应付，待其人疲师老之时，我主力兵马亦会应时赶到，乘势合击，破南军必矣！将军以为此计可行否？"

"太后陛下所言极是，真可谓洞察秋毫，知己知彼，令臣等钦佩之至！"

耶律休哥的回答，并不是对萧燕燕的阿谀吹捧，他由衷佩服这位年轻皇太后把握全局、临敌应变的胆识和气魄。作为前线主帅，耶律休哥对以上萧燕燕所说也不止一次考虑过，只是由于涿州距南京太近，事关重大，唯恐有失，才没有主动提出来。如今，有皇太后的指令，又与自己所思不谋而合，耶律休哥也对夺取此役全胜充满了信心。

却说宋朝方面，当三路大军所向克捷的奏报接踵送达汴梁皇城中宋太宗的案头时，皇帝既为北伐出师伊始就获得这样辉煌的战果感到万分高兴，同时又为曹彬的东路军如此快速突前接敌感到吃惊和忧虑，唯恐东路军的过早深入，会给北伐全局带来不利的影响。

宋太宗急忙派出使者，至曹彬军中制止其继续进军。但为时已晚，当使者追至曹彬军中时，曹彬的东路军主力已经接近涿州。

宋太宗的估计是正确的，正是由于东路军不遵成算，使北伐主力军贸然深入，过早接敌展开，已经使宋太宗三路大军会战幽州城下的谋略难以实现。

辽朝大将耶律休哥秉承皇太后萧燕燕的旨意，放弃正面防御，引诱宋军继续深入。在白天则派出小股精干骑兵突然袭击行进中的宋军，由于辽军骑兵机动灵活，倏然来去，神出鬼没，无影无踪，使宋军难于应付，防不胜防。到夜里又轮番派轻装骑兵虚张声势，袭扰宋军营寨，截杀其掉队的老弱士卒和单独外出行动的人，使宋军中人心浮动，官兵提心吊胆，难得安宁。辽军还在山高林密、荒莽大泽的危险去处设置伏兵，专门打劫运送粮草辎重的宋军官兵。

就这样，曹彬的东路军主力自进入辽境以后，就不断遭到辽军的袭击和骚扰，而且，越是深入，所遭袭击和骚扰越甚。当曹彬率军进入涿州之时，已经变成了一支地地道道的疲劳之师。然而，这仅仅是东路军悲剧命运的序幕而已，更悲惨的遭遇还在前面等候着他们。

四、遭围攻宋军大溃败

先后进入涿州的宋军多达十数万众，只过了 10 天左右的时间，就把原来辽朝蓄积在城中的粮草等物资消耗殆尽。又时值青黄不接的春荒季节，当地的官吏、百姓为躲避战乱，皆已逃遁不知去向。宋军在当地筹集粮草，即使筹到一星半点，对于十数万大军来说，也无异于杯水车薪，无济于事。通向后方的饷道又时常被辽军袭击，五分粮草，能平安运抵涿州者不过一分，其他大部均被辽军截获焚毁。

"兵马未动，粮草先行"，是历代军事家用兵的铁定程序，古来皆然，概不能例外。十数万兵马的军需供给，非同儿戏，一旦涿州城中粮草全尽，全军人无食粮，马无草料，连生命都难以维系，更何谈北伐燕云，收复失地？这道迫在眉睫的难题让曹彬这位戎马半生、身经百战的战将辗转反侧，寝食不安，只一两天的时间，就明显苍老憔悴了许多。

在中军大帐中有诸将及行营诸官员参加的商讨战事的会议已经开了多时，虽然大家都清楚全军所处危险境地，却谁也提不出能使全军脱离险境的万全之策。

曹彬见状，只好站起来打破沉寂，对诸将、诸官员说："为今之计，只有全军返回雄州以就食。强敌在前而退师，此乃兵家大忌，本帅亦属无奈而出此下下之策，各位以为如何，愿听其详。"

曹彬此计一出，满座文武为之哗然。因为这样做，在撤退时一旦被辽军察觉，遭到追袭，其结局将不堪设想，轻者损兵折将，重者全军覆没。许多人站出来反对曹彬把全军将士置于更危险之地的决定。

曹彬知道继续讨论下去，也不会有什么更好的主意，久议不决反而会更加坏事，便果断地说："诸位无须多言，本帅此意既决，甘愿承担一切责任，与诸位毫无干系。"

"明晨寅时起，全军陆续撤离涿州。撤退中一律偃旗息鼓，不许举火，不许喧哗，行进间诸部尽可能缩小距离，以便随时呼应。"

当宋太宗接到曹彬回师雄州就食，补充给养，以期再战的决定时，不禁为之惊讶得倒吸了一口凉气，说道："曹彬呀曹彬！你一生打了那么多仗，难道糊涂了不成！岂有敌军重兵在前，反而回师以就粮之理？"

宋太宗在情急之中，似乎看到东路军在撤退途中遭到辽军袭击，十几万大军如同决堤般的洪水一路溃败的情形。于是，又派出使者星夜赶到曹彬军前，严令制止他退师雄州，要他率军改变行军方向，溯白沟河西进，与田重进的中路军会合，就地休整待命，待潘美、杨业的西路军全部收复山后之地（今山西太行山及河北燕山以北地区）后，再东进合攻幽州。

然而，当使者带着宋太宗的诏令行至雄州时，曹彬已经率军退回雄州，好在撤军是在极其保密的条件下进行的，途中虽然也曾受到辽军的袭击，因辽军兵马很少，未造成重大损失，与全军能平安撤回雄州相比，几乎是微不足道的。

曹彬没有按宋太宗的诏令西进，自是违诏无疑。然而却事出有因，不能完全归罪曹彬，毕竟是皇帝诏令到达之时，撤军已经完成。况且宋太宗也曾任军中将领，对曹彬之所为也可理解。这也是战后没有追究曹彬违诏责任的原因之一。

东路军撤回雄州之时，中、西路军接连攻城得地打胜仗的消息也陆续传来，这在曹彬部下诸将中引起强烈反响，在被扭曲的争强好胜心理作用下，终于把东路军推向无可挽回的深渊。

以崔彦进为首的诸将无不以东路军兵势最盛却在北伐开始以来除了涿州等地得而复失外了无尺寸之功为奇耻大辱，身为朝廷命官，理当为国家效命疆场，建立功勋，不成功，便成仁，纵然战死也是荣耀体面的事。而如今却徒劳往返，上无以报答皇帝陛下厚恩，下无颜面对家乡父老。

崔彦进率领诸将闯入中军大帐，在曹彬面前跪倒一片。崔彦进声泪俱下地说道："朝廷北伐，我等本为主力，兵多将广，军容雄壮，而如今却坐视两路偏师攻城略地，光复失地之功尽入他人之手，我等还有何面目立于世间？乞求元帅统率全军北上再取涿州，直指幽州，驱逐契丹于沙漠之中，以洗却耻辱！"

曹彬以皇帝诏书示意众人道："陛下诏命在此，令我等即日西进，休整待命。诸位如此，岂不是要陷本帅于违诏之地吗？"

崔彦进说："将在外，君命有所不受，只要元帅决心回师涿州，我等定当勠力死战，待大功告成之日，皇帝陛下还能怪罪元帅不成？"

由于诸将情绪十分激昂偏颇，雄州行营上下已经被他们闹得流言纷起，躁动不安，大有曹彬若不答应他们的请求，就将演变成哗变的苗头。

曹彬面对着已经失去控制的诸将们，被迫答应了他们的要求，即刻下令全军就地筹措 20 天粮食，连朝廷也未来得及报告，又踏上回师涿州的艰难征程。

东路宋军二进涿州，正中辽朝皇太后萧燕燕之下怀。此时，辽朝增援南京的诸路大军已经陆续到达，部署就绪，可以说万事俱备，只待宋军来战了。

在宋军行军途中，耶律休哥又故伎重演，以其小股骑兵袭扰宋军，只等宋军在埋锅做饭和设帐扎营时出击，蜻蜓点水，打了就走，待宋军列队整装完毕，辽军已不知去向。夜晚宿营时，呼哨、鼓角之声连绵不绝，宋军将士昼不得食，夜不能眠，难得有片刻安宁。

继续向北行进，对于宋军来说就面临着更大的危险。然而，此时的宋军主帅曹彬好比箭在弦上，不得不发，比起在雄州行营中他决定二进涿州时，越发不能自由其主。

曹彬为了防御辽军的袭扰，确保行军安全，只好下令各部结成方阵而进，在方阵两侧各掘深堑自保，十数万人的队伍，走走停停，犹如半死的蠖虫，行动极其迟缓，晨起行军，至黄昏扎营，行进不过数十里。恰又时值农历四月末五月初，连续数日骄日当空，其酷热程度比盛夏时节差不了多少。宋军自从渡过拒马河进入辽境以来，竟很少碰到河流，即使遇到村落，找到几处井泉，这对于十数万人来说，也略胜于无而已。由于连日无雨，行军所过路旁水塘也几乎近于干涸，走在前面的尚能分一口浑浊的塘水解渴，而后来者只能喝几口用绢帛过滤的泥浆，以勉强维持生命对水的最起码需求。

从雄州至涿州200里左右的路程，宋军用了4天才到达，行程之艰难可想而知。至涿州，宋军将士已经是胖的拖瘦，瘦的拖垮，战斗力被大大削弱。

宋军尽管吃尽千辛万苦重新占领了涿州，但在新的形势下，这对于宋朝的北伐来说，已经失去了任何积极意义，相反，倒是为辽军提供了明确的作战目标。

萧燕燕亲自下令诸路辽军齐集涿州城下，把涿州团团围定，昼夜轮番攻城，志在彻底吃掉城中的十几万宋军。

曹彬指挥众将士顽强守城10余日，尽管有坚城可为依托，将士们打得也很英勇，无奈连续行军作战，疲惫已极，在辽军日甚一日的攻势下越发力不从心，而且所携粮草也所余不多，曹彬又以自己率师孤军深入，朝廷不可能在如此远距离条件下冒险增援涿州，真是置身于内无粮草、外无援兵的绝望之地。摆在宋军面前的唯一生路，只有靠自己的力量杀出重围。

于是，曹彬在一个下着滂沱大雨的漆黑夜晚，趁围城辽军守备懈怠之际，打开城门，率众将士冲破辽军包围，向着正南方向急遁而去。

涿州城中宋军本属囊中之物，耶律休哥岂肯放其轻易逃走？于是，指挥辽军紧追不舍。萧燕燕又把北南二院最精锐的护驾军交给耶律休哥指挥，加入追击宋军的战斗，并交代耶律休哥，务必要追上和消灭宋军，不使其生还。

溃围而出的宋军，尽管后有追兵赶杀，不免行色惶惶，但是尚能成列，仍不失一支可以指挥、有节制的军队。当退至涿州西南 40 里的岐沟关（今河北涿州境）时，眼看将被辽军追上，曹彬只得下令停止逃跑，就地迎战辽军。于是，发生了著名的宋辽岐沟关会战。

因事出仓促，宋军来不及构筑寨栅工事，曹彬也只能用辎车围搭起来，代替中军大帐指挥部下作战。这时的宋军将士哪有心思搏斗杀敌，唯有保命招架而已，而辽军却斗志越发旺盛，攻势越来越猛。

战斗从卯时打到午时[①]，宋军力屈，渐不能支，其指挥系统已经全部被打乱，诸将对部下的号令已经失去效力。曹彬明白大势已去，只带领少数将领和心腹亲兵扔下大部将士，逃离战场。

早已无心恋战的众将士见主帅如此，纷纷退出战斗，竞相逃命，骑兵则策马狂奔，步兵则丢弃兵仗，汇入逃命的人流，只恨爹娘给自己少生了两只脚。真是兵败如山倒，十数万宋军如同溃堤的洪水一泄数十里，完全失去了抵抗能力，而辽军骑兵则好似下山的猛虎扑入羊群，来往冲突，如入无人之境，宋军尸体、伤兵、遗弃的兵器辎重，绵亘数十里，惨不忍睹。岐沟关一战，曹彬的东路军十几万兵马已折去了三分之二。

曹彬逃至易州（今河北易县）境内的沙河之畔，点集兵马，尚有数万之众。曹彬本以为一路疾奔，已甩开追兵，就下令埋锅造饭，稍事休息。正当精疲力竭的宋军将士在河滩上横躺竖卧，想松弛一下筋骨的时候，忽听见一声呼哨长鸣，辽军追兵又杀到了。这些在一路上被辽军追杀，精神紧张到极点，体

---

① 卯时：上午 5 时至 7 时；午时：上午 11 时至下午 1 时。

力疲惫到极点的宋军将士，在求生欲念的驱使下，一骨碌从河滩上爬起来，像一群无头苍蝇，漫无目的四散逃亡，河滩成了辽军骑兵练习马上砍杀功夫的演武场，铁蹄所过，就要留下一片宋军尸体。有半数宋军将士未能逃避追杀，也有相当数量将士慌不择路，跃入沙河中，被河水卷走溺死，成了鱼虾之食。宋军将士的尸体一时间漂满沙河河面，河水都为之不流。只有曹彬等人涉过沙河，得以幸免。

萧燕燕和辽圣宗耶律隆绪也随耶律休哥来到沙河岸边。萧燕燕见宋军已大部被歼，缴获的军械器甲辎重诸物多得如同山丘一样，心中大喜。耶律休哥下令将宋军将士的尸体筑为京观①，借以炫耀辽军的勇武和胜利。

耶律休哥被大败宋军的空前胜利所鼓舞，他进见皇太后萧燕燕说："从前都传说曹彬为南朝第一良将，一战下来，不过如此而已，盛名之下，其实难副，可见南朝之无人矣！何不乘胜南进，略地至黄河为界，臣愿领兵为先锋前往，伏请太后陛下允准。"

萧燕燕没有批准耶律休哥的请求，她说："老将军之志可嘉，扩疆拓土，亦朕之夙愿也！但眼下已近炎暑，非其时也，南朝此番大败而归，违时用兵，正犯此忌，前车之鉴，不可不察。我朝已获大胜，不如暂且班师，待秋高气爽、草壮马肥之时南进再战不迟！"

萧燕燕和辽圣宗在沙河之畔主持了辽军的班师仪式，以青牛白马祭天，以宋军俘虏"射鬼箭"。回到南京，萧燕燕在城中元和殿犒劳和慰问南下作战的辽军将士，并对参战诸将论功行赏，加官晋爵，耶律休哥更受到萧燕燕的格外垂青，被封为宋国王。

---

① 京观：古代战争中，得胜一方用战败一方士卒尸体堆成大堆，称京观。

令萧燕燕高兴的是，当朝廷上下和全军将士在欢庆之时，迎来了她 34 岁诞辰，双喜临门，更让她无比高兴，对将士的赏赐更加丰厚。就连辽军在岐沟关生俘的宋军俘虏也因此沾了光，被纵还南返，回家与亲人团聚。按照辽朝传统的处置俘虏方法，这些人或被杀死，或被带回上京，由皇帝分别赐给皇室、外戚及贵族大臣为奴隶。

以曹彬的东路军几乎全军覆灭为标志，宋太宗策划发动的"雍熙北伐"宣告失败。

边报传入朝廷，宋太宗为折损东路军十几万兵马懊悔不迭。下诏令将曹彬、崔彦进、米信诸将即日羁押入朝，勘问治罪。同时，急令中路军田重进回师定州，西路军潘美、杨业回师代州，并把云、朔、应诸州百姓迁回，安置于河东各地，饬令各地加强戒备，防御辽军乘虚深入。

第六章

守边关威名杨无敌

建祠庙祭祀真英雄

一、寡谋略贺令图中计

萧燕燕虽然没有批准耶律休哥乘胜追击宋军的请求，但并不是说与宋朝的战争已经全部结束了，曹彬的东路军大部分被消灭了，田重进的中路军也以很快的速度撤回宋朝境内，唯有西路军一是因为进入辽境的距离远，二是要按皇帝的命令掩护四州百姓平安内迁，所以行动迟缓，被耶律斜轸拖住难于脱身。

当萧燕燕、耶律休哥指挥辽军在涿州、岐沟关与宋军激战之际，北院枢密使耶律斜轸就受命就任山西兵马都统之职，总领西线与宋军作战之事。但是，耶律斜轸所统领的 10 万辽军并没有全力投入与宋朝中、西路军的作战，在宋军攻占的州县城池中屯驻的辽朝诸军，数量少且战斗力不强，与宋军作战时只是应付招架而已，而耶律斜轸指挥的主力却始终没有露面。

当岐沟关大胜以后，萧燕燕对南京的安全不再有所顾虑，随即下令耶律斜轸在西线出击，作战目标是把入侵的宋军全部消灭或驱逐出境，收复被宋军攻占的州县。这也是萧燕燕过人的用兵策略之所在，她根据涿州一线与宋军作战的发展态势，果断地下令耶律斜轸率部在居庸关（今属北京）集结待命，既可以随时南进增援耶律休哥，又为最后打败中、西路军，收回山后地区被宋军攻占的州县，保留了一支实力很强的生力军。如今，中路军已经撤退回宋朝境内，耶律斜轸将集中力量对付宋朝的西路军。

耶律斜轸率大军从居庸关西进至定安（今河北蔚县境），碰到的第一个对手是潘美的部将、宋军都指挥使贺怀浦。贺怀浦自恃英武过人，率部在定安东北接敌迎战，企图阻止辽军西进。宋辽大军在这里修筑寨栅，列阵对峙。

宋军主将贺怀浦率先出阵，拍马挺枪来战辽军大将瑶升。不料贺怀浦在平时满腹兵机韬略，说起来头头是道、滔滔不绝，到战阵之上要看他的真刀真枪功夫时，却完全成了另一个样子。上阵打了五七个回合便乱了方寸，自知不敌瑶升，拨转马头，拖刀败下阵来。

辽军首战告捷，斗志更盛，耶律斜轸乘胜率军掩杀过去，尾随溃败的宋军，追杀至五台（今河北蔚县境），宋军被斩杀数千，所余无几，连主将贺怀浦也在乱军之中被射下马来，毙命于辽军的铁蹄之下。

次日，辽军进至蔚州（今河北蔚县）城下，守城宋军不敢出战，据城坚守而已。耶律斜轸指挥攻城不下，却在蔚州城外抓获了一名潘美派来的传令使者，带有潘美的亲笔书札，告知城中守军务必坚守，增援大军指日可到，并且命令宋军与援军南北合击辽军。

耶律斜轸见有机可乘，攻取蔚州在此一举，便将计就计，以重金收买了使者，将其纵还，把潘美信札送达城中，又在增援宋军必经之险要关隘设置伏兵。当城中宋军望见宋军旗帜，知是援军到来，便打开城门，向城外辽军发起攻击。不料辽军伏兵突起，打败来援宋军，追杀至飞狐，宋军被全部吃掉。耶律斜轸又指挥辽军一部围住出城的宋军厮杀，乘势夺取了蔚州。

当时在蔚州境内还有一支宋军，主将是贺怀浦的儿子贺令图。贺令图恃勇寡谋，比其父贺怀浦实有过之。当潘美、杨业指挥诸将连续攻占山后诸州时，辽军有一位将领耶律逊宁，为了避免被宋军消灭，对贺令图施用诈降计，派人至贺令图军中谎称："我因打了败仗，不能为皇太后所容，欲投奔南朝，但目前尚不到时机，将随时与贺将军保持联系，择机归顺。"

贺令图邀功心切，便信以为真，瞒过主帅潘美、杨业，经常暗中派人去耶律逊宁营中，彼此间信使不断，又以个人名义赠送耶律逊宁重锦 10 两。

此时，宋朝西路军仍大部活动在山后地区，贺令图虽然知道辽军主力到来，但仍自以为兵强势盛，未把眼前的辽军放在心上。耶律逊宁率部为辽军先锋，决定利用与贺令图已有的关系，消灭这支宋军。

耶律逊宁派人先至贺令图军中，传话说他要与贺将军见面，洽谈有关投降的事宜，可笑的是贺令图仍被蒙在鼓里，对耶律逊宁的投降确信不疑，未采取应有的防范措施。相反，只带了十几名随从亲自到耶律逊宁营中，俨然一副受降将军的派头。

当贺令图来到耶律逊宁帐外，只听见耶律逊宁在帐中喝道："你就是那个自以为善于经营边防、好谈论兵机的贺知州吗？难道不知你的死期就要到了吗？"

待贺令图察觉事机不对，正欲掉转马头逃跑，但为时已晚，被一拥而上的辽军士卒从马上掀下来，与他的随从们一起做了耶律逊宁的刀下之鬼。

贺怀浦、贺令图父子初则极力鼓动皇帝兴师北伐，终则在不长时间里先后被辽军杀死，被宋朝的朝野人士指为贪功生事的人物，后来宋朝反对不顾客观条件而极力主张收复十六州的人，经常引贺氏父子的结局为教训。

二、杨无敌血战陈家谷

随着辽军在山后地区攻势的不断加强，宋军北伐以来攻占的州县相继被辽军收复，宋朝派遣到这里的州县官员和当地的汉族老百姓纷纷闻风弃家逃遁，宋朝在山后的实际控制范围已经越来越小。

当辽军攻占寰州（今山西朔州朔城区）后，西路军元帅潘美仍要派兵至云、朔诸州，与辽军作战，想继续保住这些州县。

副帅杨业对此提出了不同的意见，他对潘美说："眼下辽军士气高昂，且已攻占寰州，你我能完成皇帝陛下交给的保护四州官吏百姓内迁已属不易，确无力量主动出击与辽军厮杀了。依在下之见，宜以避敌之兵锋，保全四州吏民为上。鉴于辽军攻占之寰州，地当四州之南，已断我军归路，须派人秘密通知云州城中吏民先行南撤，同时我军北上以为策应之师。预计我军行至应州，即可与云州南撤人等会师，辽军亦会察觉我军意图，前来阻击，我军可全力掩护云、应二州吏民南撤，再通报朔州城中吏民相机出城，与我大队兵马一路行进。我殿后大军可在天险石碣谷埋伏强弩手 1000 人，截击尾随辽军。如此由北而南逐次后撤，我四州吏民可保万全无虞了！"

应当说杨业的主张是在充分了解敌我的双方情况，经过深思熟虑之后做出的慎重抉择，是既能保证完成掩护四州吏民南撤任务，又不至于使宋军在与强大辽军正面冲突中损兵折将的两全之策。

潘美虽然曾经要派军队正面阻击辽军，但听了杨业的话，认为不无道理，思忖半晌，正待接受，这时从一旁走出了云、应诸州兵马都监，兼任西路军监军王侁，他仍坚持潘美之前议，力主由杨业率军迎战辽军，他针对杨业不无讥讽地说："将军所虑太过矣！岂能长敌之威风，灭己之志气！往昔之日，将军威风八面，如今又统领数万雄兵，却如此怯懦，前怕狼后怕虎，难道就不怕传出去遭世人笑话吗？眼下之辽军气势再盛，毕竟是长途奔袭而来，怎能敌我大宋军威！将军必须出雁门关，取通衢大路径直北上，与契丹明刀明枪地拼杀，方显出将军之英雄本色！"

杨业仍然未肯让步，见王侁如此说法，还是很平静地申明自己的理由："耶律斜轸来势汹汹，我军已是一败再败，兵将之数、士气斗志均不如敌，勉强出战，凶多吉少，倘若再临敌不能取胜，损折兵将不说，四州吏民便内撤无望了，后果将不堪设想，在下亦为军中一方将帅，无法向皇帝陛下交代，还望监军体谅在下的苦衷。"

王侁冷笑着说："将军素以'无敌'闻名军中，又以知晓兵略、敢打硬仗而自命不凡，如今强敌在前，正是我等为朝廷效力之时，将军逗留不进，如此遇寇避战，难道另有他志，想要挟朝廷不成？"

王侁的话，并不仅仅代表他个人对杨业的看法，而是反映了当时宋朝的一批军中将领对杨业的忌妒之心。

论武功韬略和临敌指挥作战，杨业在众将中堪称一流，只是因为他在归宋以前追随北汉刘氏的"历史问题"，使他始终难以得到与他的才干相应的公正待遇。宋太宗虽然对杨业十分欣赏和信任，却让他长期在边关军中任职，官职不能很快擢升，与另外一些将领相比，也失之公平，到头来也不过一带兵将领而已。

尽管如此，由于杨业的才干和威名，仍招致许多人的忌恨，经常有人或捕风捉影，或无中生有，向皇帝打小报告，说杨业的坏话，不择手段地进行诬陷中伤。对此，宋太宗还颇有兼听之明，没有被这些人的谗言所左右，依然对杨业信任不减，而且有时还把一些人的奏章封交杨业手中。

杨业也曾经为自己追随北汉刘氏而暗自追悔莫及，与跟随宋太祖、宋太宗开拓天下的从龙功臣相比，有强烈的自愧不如的自卑感。然而，杨业向来淡泊名利，久而久之，对这种不能与他人平起平坐，不能擢升显官高位的处境也就习以为常了。唯一能使杨业得到欣慰和心理平衡的是他能够被皇帝所信任，他也因此而找到了施展才干的用武之地。所以，杨业把为朝廷把好边关作为他报答皇帝信任和恩宠的唯一志向，今生今世，矢志于此，别无所求。杨业不仅自己这样做，同时也教育子女、家人、部下都这样做。"杨家将"满门英烈的故事，虽属后人演绎而成，但也直接反映了杨业忠于朝廷、忠于皇帝的内心世界。

王侁用心险恶的话，深深刺痛了杨业，他无法再面对诬蔑和中伤而保持沉默，不允许再有人怀疑他对朝廷对皇帝的忠诚，他知道向王侁之辈申辩已无济于事，只有实际行动才能证明自己的清白。于是，杨业愤然而起反驳道："杨业为国守边，大小数百阵，何曾怕过死？临战用兵，贵在权变选择时机，而眼下出兵，徒令将士送死而已，于家于国，于在下于监军，只有害而无益。如今监军指责在下怕死而避敌不战，在下索性就做出个样子给监军看看！"随即调将点兵，准备出关迎敌。

临行之际，杨业估计此行凶多吉少，自是别有一番滋味在心头，他很动感情地对潘美说："在下本刘汉一降将，当时就被杀头亦不为过，承蒙皇帝陛下不弃，又委以边关连帅之任。皇恩浩荡，没齿不忘，即使让在下死上一百次，也不能报答万一。适才确非杨业惧死而拒绝出战，兵法云：兵因敌而制胜，知己知彼，百战不殆。在下何曾不想疆场立功，报效朝廷？皆因出兵非利也。此心大帅可知，天日可鉴！只是此去前途未卜，恐不能再见大帅了。"

潘美是当时与曹彬、杨业等人齐名的优秀将领，具有丰富的战场指挥经验，对于杨业即将领兵出战中的利害，他是非常清楚的。对于战场形势的估计，他与杨业是一致的，按理说，潘美作为西路军的主帅，他应当站在杨业的一边，共同拒绝监军王侁的错误指挥。然而，潘美也同样是对杨业怀有忌妒之心的人之一，在嫉贤妒能心理的作用下，使潘美心中良知与邪恶的天平开始向邪恶一边倾斜，他也站在王侁一边，下令杨业率军出战。

潘美听了杨业的话，假意敷衍道："将军威震边关，契丹闻之胆寒，尚未出师何出此不吉之言？将军只管领兵前去，我等随后跟进接应，愿将军得胜而还！"

杨业见潘美提及接应之事，便说道："在下有一事相求，为预防不测，此去不远有陈家谷，地势极其险要，为方圆数十里以内之南北交通咽喉，烦请大帅分兵一部于谷口设伏，在下出战万一不利必转战至此，伏兵起而抵住辽军，可保万全。否则，我部兵马恐一个也不能生还，望大帅允准。"

潘美只好答应了杨业的要求，在送走杨业后，率军移驻陈家谷。

杨业率军进入朔州，初战果然不利。耶律斜轸令其副帅萧挞览率辽军一部在狼牙村设伏，自领主力南行，迎战杨业。

两军遭遇，将对将，兵对兵，杀作一团，互有杀伤，难分胜负。战不过半个时辰，耶律斜轸佯作不敌，退出厮杀，率领辽军向北而去。杨业乘胜追击一程，颇有斩获，恐遭辽军伏击，下令停止追击，放慢行进速度。

其实，杨业已经来到了萧挞览设伏的狼牙村，当部下向他报告这个村子的村名时，杨业似有某种预感，认为这个村名给人以明显的厌恶感，包含着不吉的征兆。于是，杨业想率军绕过村子继续北行，而有的部将则以敌军在前，绕行恐延误军机，请求全军由村中通过。

杨业正犹豫之时，一声号炮，伏兵四起，切断了杨业兵马的后路，萧挞览的伏兵和耶律斜轸的主力合为一股，把宋军团团围住厮杀。辽军在兵力上已经大大超过宋军，且越战越勇，攻势一浪高过一浪，而杨业的兵马则越打越少。

杨业见再打下去恐招致全军覆灭，只好率军突围。杨业的儿子杨延昭、杨延玉也随杨业参加了这次作战，他们跟着父亲左冲右突拼命搏杀，才杀出一条血路，带领少数将士冲出重围，且战且行，直奔陈家谷而来。

却说潘美、王侁二人如约在陈家谷等待接应杨业，从清晨起，等至巳时将尽①，王侁多次派出斥候兵侦察杨业与辽军作战消息②，始终一无所获。

潘美见杨业出战半日仍无消息，料定十有八九是发生了意外。

王侁却说："杨将军若遇强敌战败，必派飞骑来报，久无消息，恐是打败辽军，乘胜追击去了。大帅何不速速发兵，否则，杀敌立功就没有机会了。"

潘美不信王侁的话，表示杨业无确切消息，不能离开陈家谷，至少还须等一二个时辰，才能决定去留。而王侁为邀功，不顾潘美的反对，擅自离开陈家谷，径奔朔州而去。

为什么潘美身为主将，却未能制止王侁的行为呢？这是由于王侁所任职务是监军。监军的责任是代表皇帝对在外统兵作战的将领行使监督权。有的监军自以为是秉承皇帝旨意而来，便超越权限对军中将领颐指进退，发号施令，更有甚者，不懂装懂，瞎指挥。打了胜仗，他可以把功劳记在自己的名下，打了败仗，他又可以推得一干二净，不负任何责任。监军还有权力向皇帝报告军中情况，既有如实报告者，又有出于个人好恶，说将领的坏话，中伤诬陷者，可

---

① 巳时：上午9时至11时。

② 斥候：古代军中侦察兵。

称得上手眼通天，翻手为云，覆手为雨。有的人本来才干平平，没有什么显赫的功绩，但他们仰监军之鼻息，看监军的眼色行事，极尽巴结奉迎之能事，同样能得到皇帝的恩宠，平步青云，擢升至高官显位。也有的人是为了减少麻烦，不愿开罪监军，不惜放弃大局和原则，去迁就监军，和他们搞好关系，虽然并不指望监军在皇帝面前说好话，但起码不至于说自己的坏话。潘美即属于这种类型的人。

王侁离开陈家谷，也影响了潘美部下军心的稳定，一些将领急于立功，摩拳擦掌，向潘美请战，要求即刻出兵。潘美无奈，只好下令全军撤离陈家谷，尾随王侁行进的方向而去。

当潘美的大队兵马沿交河向西南走了20余里时，路遇王侁神色慌张率军匆匆而至。潘美忙问王侁为何退回。王侁说："据前线逃回士卒说杨业在狼牙村中了辽军伏击，不能脱身，辽军兵势甚盛，锐不可当。大帅万万不可再向前行，还是快快撤退为上！"

就这样，潘美、王侁二人在听说杨业遭遇强敌的消息时，非但没有领兵驰援，反而向着相反的方向逃离了战场。

当杨业率领满身伤痕的部下从狼牙村转战至陈家谷时已是黄昏时分，所余将士也不足千人。杨业急匆匆赶至谷口，举目四望，哪里还见潘美等人的影子，心里不禁凉了半截，当即仰天长叹道："我等命休矣！"

杨业作为多少次出生入死的将领，对生死之事向来看得十分淡漠，因为军人的职业就意味着随时都有可能舍出性命。身处险境的杨业十分镇静，他心中思忖：堂堂大宋边关将官生当为朝廷效命沙场，死亦应轰轰烈烈，他已经暗下决心，就把陈家谷当成自己为国捐躯之地。

杨业把随行的杨延昭、杨延玉兄弟二人召至马前，对他们说："为父这一生戎马倥偬，以忠奉国，以仁待人。归宋以来，本立志为国守边，以期报答皇恩于万一。不料为时所不容，身遭妒忌，难遂平生之志，唯有一死，能表我心，此陈家谷即为父的葬身之地！你兄弟二人自幼出入军阵，随为父征战累年，才足可以当方面之任，为朝廷效力正值大有作为之时也，与父俱死，无益之甚。可就此分手，自寻生路，若能返回朝廷，将此番出关迎敌一节上奏皇帝，使为父所蒙冤情得以昭雪，虽死而无憾！"

杨延昭、杨延玉兄弟不忍离开父亲，自顾逃生，双双跪在杨业马前说："儿等誓与父帅共同战死，不愿逃命苟活！"

杨业远远望见辽军旗帜渐近，便挥舞马鞭，厉声叫道："你二人休要啰嗦，快去！快去！"

杨延昭见状，急忙对父亲和弟弟说："昨日出兵时，潘元帅亲口应允设兵接应，如今未能如约，也许是情况有变所致。我全军身陷九死一生之险境，潘元帅岂能见死不救而袖手旁观？弟弟暂且留此偕父帅指挥全军守住谷口，我去寻着潘元帅，催他发兵来救，倘或不致全军覆没。"

说话间，辽朝骑兵已杀至谷口，箭如飞蝗般射向宋军阵地。杨延昭的手臂被流矢贯穿，鲜血浸透了战袍和盔甲，他来不及包扎伤口，便飞身上马，向杨业喊道："父帅保重！"便向南疾驰而去。

杨业部下将士自狼牙村遇伏受创以来，辗转作战，未得片刻休息，又饥又疲，体力耗尽。而且大部死伤失散，所余仅数百人而已，与辽军不能匹敌，只有边招架边退却，能够应敌拼杀的人越来越少了。杨延玉也因难敌辽军的围攻，连中数十创，流血不止而死。

杨业目睹亲子先于自己而死的惨状，犹如万箭穿心，痛不欲生。他对于潘美发兵救援已经彻底绝望，同时更加坚定了决一死战的信念。

杨业环视仍然追随在身边的将士，对他们说："你等都是上有父母，下有妻子的人，再跟着本帅拼杀下去，只有死路一条，这对于你等来说已无任何好处，还是各自逃命去吧！你等也替我向皇帝报个信，就说杨业为国尽忠了！"

杨业父子在平时治军有方，御下有恩，待将士如同父子兄弟，受到将士的衷心拥戴。众将士听了杨业的话，无不为之感动流涕，谁也不肯离去。当下有副将王贵等人站出来，对杨业说道："大帅为朝廷能置生死于度外，我等亦非贪生怕死之徒。自古有云忠孝不能两全，今日既随大帅到此，则别无选择，愿与大帅同生死，共存亡！"

于是，杨业指挥余部奋起再战，杀向辽军。至此，杨业浑体布满创伤，全身血污，不辨袍甲本色，仍挥舞利刃，斩杀辽军数十人，所余将士在最后的搏斗中全部壮烈战死。副将王贵因负伤坠马被辽军包围，他射出手中的最后一支箭，又手挥弓弩击杀辽军数人后，毙命于辽军刀枪之下。

杨业的坐骑因连中数箭倒地不起，被迫徒步与辽军拼杀，最后退至一片树林中，杨业又凭借草木的掩护与包围上来的辽军周旋着。

这次辽军南进前夕，耶律斜轸特地下令军中，要设法活捉这位令辽军闻之胆寒的无敌杨将军。辽军将领萧挞览、耶律奚底等人率众把杨业隐身的树林严密封锁起来，伺机生擒杨业。

耶律奚底是辽军中最精于挽弓射箭的将领之一，可称百步穿杨，无一虚发。只见他下马潜至距杨业30余步处，拉弓搭箭，瞄准杨业的右臂射去，杨业应声仆倒在地，手中所执佩剑也脱手落地，萧挞览纵马抢到，用长枪逼近杨业。

当辽军士卒把五花大绑的杨业拥到耶律斜轸面前时，耶律斜轸厉声喝道："下面站的就是无敌将军吗？尔与我大契丹角胜 10 余年，今日却成了本帅手下败将，还有何话可说？"

杨业此时抱定必死的信念，他心中思忖：陈家谷全军覆灭，已经给自己的戎马生涯写上了奇耻大辱的一笔，如今又沦为胡虏的阶下囚，还有何脸面活在人世间！于是，杨业在被俘以后不发一言，又拒绝进食，终日闭目静坐。如此过了 3 天，创发而死。

三、赴战死杨业美名传

杨业的被俘和殒命，对宋朝和辽朝两个方面都产生了重大影响，宋朝自从北伐开始以来西路军收复的州县，在很短的时间里就被辽朝全部收回，西路军诸部和宋朝派往这些州县的官吏也纷纷退回雁门关以南。

杨业多年来作为辽朝的强硬对手，辽军将士对他的惧怕、仇恨之情不难想象。如今杨业已死，拔去了眼中钉、肉中刺，辽朝上下自然会把这当成了不起的胜利加以炫耀。萧燕燕下令函杨业首级示众，就是割下杨业的脑袋，涂漆做防腐处理后，装在特制的木匣之中，派特使携带遍示前沿将士，让众将士共同分享胜利的喜悦和荣耀。

然而，萧燕燕作为辽朝的最高统治者更加看重的是杨业忠心为国和坚忍不屈的高风亮节，她认为让辽朝的文武蕃汉诸臣学习这种高风亮节，似乎比打胜仗还要重要，杨业的精神完全可以为我所用。所以，萧燕燕又下令在距杨业被俘的陈家谷千里之外的古北口（今河北密云境）修建了富丽堂皇的杨业祠，塑像供奉，四时八节不断祭祀。

后来，宋朝的刘敞和苏轼出使辽朝，路经古北口，都专程赴杨业祠瞻仰祭拜，并赋诗抒发追念英雄的情怀。

刘敞《杨无敌庙诗》云：

> 西流不返日滔滔，
> 陇上犹歌七尺刀。
> 恸哭应知贾谊意，
> 世人生死两鸿毛。

苏轼《杨无敌庙诗》云：

> 行祠寂寞寄关门，
> 野草犹知避血痕。
> 一败可怜非战罪，
> 大刚嗟独畏人言。
> 驰驱本为中原用，
> 尝享能教异域尊。
> 我欲比君周子隐，
> 诔形聊足慰忠魂。

杨业的死对于宋朝方面来说，朝野无不为失去一代名将而扼腕痛惜。尤其在代北边境地区，将士官民闻讯者无不痛哭流涕。朝廷中不断有人上奏皇帝斥责潘美等人居心忮刻丧师误国的行径，纷纷要求皇帝下令追究陈家谷兵败的责任，惩治潘美诸人，以告慰死难英灵于地下。

宋太宗接到西路军败退和杨业殒命的报告，他为西路军的军事失败所激怒，又为失去杨业而痛惜不已。但是，北伐开始以来的接连失利和杨业之死，都是在朝廷中对恢复燕云失地并没有取得一致认识，在宋太宗的坚持下才决定发动北伐而导致的，在发兵之初，大臣中就颇有微词，现在北伐以失败告终，那些原来就反对北伐的大臣似乎更占了理，对皇帝也不无压力。

宋太宗从更长远的利益着眼，自然不会为了已经死去的人而去得罪活着的人。为了顺应舆论，平息众怒，也不得不做一点表面文章，颁布诏令表彰杨业的功劳和气节，诏书中这样写道：

> 执干戈而卫社稷，闻鼓鼙而思将帅。尽为死敌，立节迈伦，不有追崇，曷彰义烈！故云州观察使杨业诚坚金石，气激风云。挺陇上之雄才，本山西之茂族。自委戎乘，式资战功。方提貔虎之师，以效边陲之用；而群帅败约，援兵不前，独以孤军，陷于沙漠；劲果猋厉，有死不回。求之古人，何以加此！是用特举徽典，以旌遗忠；魂而有灵，知我深意。可赠太尉、大同军节度使。赐其家布帛千匹、粟千石。

对潘美等人的处分也写在同一诏书中：

> 大将军潘美降官三阶，监军王侁开除其官员之名籍，送金州（今
> 陕西安康）地方管制。

杨业及其后人在宋朝时为国守边、抗击契丹入侵的历史事实，被后来的文人演绎成"杨家将"故事，家喻户晓，脍炙人口，广泛流传而经久不衰，表现了人民群众对在中华民族历史上英雄人物的怀念之情以及崇尚正直、鄙视奸佞的良好道德传统。

第七章

屡兴师太后御征鞍
结秦晋澶渊成和议

一、不出兵宋朝重防御

宋朝建立以后，宋太祖、太宗兄弟二人对燕云失地都采取了立志收复的积极态度。宋太祖在位时，在集中军事力量统一江南各割据政权的同时，对辽朝统治下的燕云之地也没有采取弃之不顾的政策，而是派遣得力将帅至北部边防带兵屯戍，虽然迫于形势未主动对辽朝发动攻势，但在防御策略上仍然是积极的。

应当指出的是，宋太祖曾经打算用赎买的方式收回燕云失地。为此，宋太祖特在皇宫内庭讲武殿之后设置封桩库，把朝廷每年的财政支出后的节余部分封存其中。他对臣僚说："待这些钱积累至 500 万缗[①]，朕将遣使至辽朝交涉，赎回燕云失地，若辽朝拒绝，即作为招募和训练军队的经费，积极准备以武力收复燕云失地。"

宋太祖还以他在位时未能灭亡北汉，从辽朝的统治下收复燕云失地为终生憾事。开宝九年（976），众臣僚上表为宋太祖加尊号称"一统太平"，宋太祖拒不接受，他说："燕（指燕云）、晋（指北汉）之地还没有收复，现在怎么就可以称一统太平呢？"

宋太宗即位以后，继承了宋太祖的统一事业，在不长的时间里就灭亡北汉，使中原地区重归一统，这就把收复燕云失地的事提到了日程上来。但是，宋朝的皇帝和文武臣僚，在围绕统一江南以后收复燕云失地的问题上始终存在

---

① 缗：成串的铜钱，古时以 1000 文为一缗。

很大的分歧。在反对出师北伐的大臣中，宰相赵普是一个重要的代表人物。

"雍熙北伐"，是宋太宗与枢密院长官枢密使共同会商决策的，而宰相赵普是在北伐兵马已经出动后得知了皇帝的这一决定，在北伐三路大军接连获胜的形势下，赵普仍然上书皇帝请求班师。

赵普在上书中这样写道：

臣见今春以来，朝廷发兵北伐，将要收复瓦桥关以北失地，而且屡闻捷报，朝野为之欢欣。但是，时日迁延，炎热的暑季即将来临，大军行动，给养辎重，转输日繁，民力不堪重负。战争旷日持久，将士疲惫，耗费国家财富，对朝廷并无益处。

皇帝陛下自从灭亡北汉以后，招抚闽（十国之一，今福建泉州）、浙（十国之一，即吴越，今浙江杭州），混一中原，威名远扬，即位以来十年间，天下遂至安定。处于荒僻边远地方的人不臣服，自古以来的圣明君主都把他们置之度外，不值得为此而忧虑。臣担心一些居心叵测的人，用花言巧语蒙蔽陛下，出动无名之师，孤军深入危险之地。臣翻阅古书，还曾记得前人说过的话，汉武帝时主父偃、徐乐、严安的上书，唐朝名相姚元崇献唐明皇十事，堪称忠言至论，陛下亦可举而行之。请求陛下在百忙之中能找来一读，就知道陛下在错误的道路上走得不远，要悔悟还来得及。

臣忧虑朝廷雄兵一出，将有百万之众不得安宁，而战争使朝廷获得的很少，失去的却要多得多。臣又听古人说"战者危事"，难保其必胜；"兵者凶器"，要时刻警惕它带来的危险。此举事关重大，陛下当熟思之。臣又听说上古的圣人，在考虑问题时并不只认死理，而是善于变通。古书上说"兵久生变"，是令人担忧的，如果犹豫动摇，将会失去自保万全的机会。转眼之间，秋高草壮，北方气候转凉，契丹马壮兵强，而我军则久困于战事，最担心在这个时候，出现指挥错误而损兵折将。

臣蒙陛下信任而留守京师，怎敢在此时反对出兵以动摇军心！由于臣已经年逾古稀，活不了多长时间了。这正是臣报答陛下和朝廷的时候。恳请陛下速发诏令班师，制止前军与契丹的周旋。

臣还有一万全之策，愿意献给陛下，望陛下精心调养，确保圣躬之康健，也使目前还比较贫穷的百姓们逐渐富庶起来。使边境不再有烽火之警，夜不闭户，天下万方归服，蛮荒偏远之地的百姓纷纷来投，契丹岂能例外？而陛下不信此计，听从谗邪小人的蛊惑，说契丹皇帝年少，母后专权，内部矛盾重重，趁机北上进兵，以此投陛下之所好。陛下欣然听纳，求功心切，认为是万全之策，臣则以为不可。

臣请求陛下明察其虚实，追究奸臣误国之罪，停罢北伐燕云的军队。自古迄今，圣贤的君主并非仅产生在多难多灾之时，能接受臣下的劝谏同样也能成为圣贤的君主。上古的时候有臣下以尸谏①，老臣如今尚未死，怎敢当面阿谀陛下以求安身而不尽言呢！

赵普在上书中所说未必全对，但也确实反映了当时宋朝内部一部分官员认为北伐契丹收复燕云失地是操之过急的做法。后来，"雍熙北伐"的结果被赵

---

① 尸谏：臣下以死劝谏国君。

普所言中，宋太宗对此追悔莫及，他曾经在私下对大臣们说："众卿家都可以作证，从此以后朕不会再做这样的事了！"

宋太宗即位以后对辽朝主动发起两次大规模的攻势先后惨遭失败，对他的打击是十分沉重的。从此，宋太宗完全丧失了收复燕云之地的勇气，在对辽政策上由积极进取走向消极防御。

推动宋太宗改变对辽政策，除了上述原因之外，还与宋朝初年赵宋皇室内部的争夺最高统治权的矛盾斗争有密切关系。

这还须从宋太宗即位当皇帝说起，围绕宋太宗继太祖之位有两个流传至今的谜，虽然经历代文人学者猜测探索，仍没有作出令人信服的解释。

其一，是宋太祖弥留之际的"斧声烛影"之谜。说宋太祖在一次宫廷宴会之后，旧病复发，不能处理朝政，军国之事全由晋王赵匡义代理。一日傍晚，天降大雨，宋太祖病情恶化，在宫中侍疾的宋皇后派宦官王继恩召自己的儿子赵德芳入宫，意欲在太祖大行之后继承帝位。但是，王继恩素与晋王赵匡义交往很深，他出宫没有去赵德芳处，而是径直来到晋王府，通报了太祖病重情形，催促赵匡义尽快入宫，伺机夺取帝位。赵匡义因此事关系重大，未敢马上答应，表现出观望犹豫的矛盾心理。

赵匡义对王继恩说："此事尚需与家人商议万全方可决断。"遂入内室许久不再露面。

王继恩恐怕夜长梦多，久而生变，就入内催促道："大王当断不断，帝位恐为他人所有矣！"

于是，赵匡义随同王继恩入宫至宋太祖寝殿。宋皇后见王继恩在前，便问道："德芳也来了吗？"

王继恩回答说："晋王到了。"

宋皇后见跟在王继恩后面的不是自己的儿子德芳，而是晋王赵匡义，不由得愣在那里，半晌说不出话来。宋皇后知道是王继恩在其中做了手脚，至此，事情已经没有可能挽回的余地。她只好对赵匡义施礼，改称官家①，说："哀家母子之命全拜托官家了！"

赵匡义对宋皇后还礼道："与皇后、皇侄共享富贵，不必忧虑！"

赵匡义急忙赶至宋太祖病榻之前，只见太祖呼吸急促，眼睛看着赵匡义却说不出话来。半晌，又将眼光移向殿门，赵匡义不解其意，稍作思忖，便心生一计，以太祖有顾命嘱托为由，挥手示意将在殿内侍疾的宋皇后及内侍、官人等全部赶出寝殿。

内侍、官人等遵命退至殿门之外，有好事者伏在门窗之外窥视殿内动静，似乎听到太祖对赵匡义说些什么，但语音低沉含混，断断续续不辨所以。片刻之后，见殿内烛光摇曳，时明时暗，影影绰绰之中，赵匡义又似乎离开了太祖病榻之前，有移步躲闪之状。既而听见有柱斧触地之声，太祖高声喊道："你好自为之！"

此后，方见赵匡义出现在殿门，传内侍召皇后皇子一应家人入殿。待众人入殿，见太祖已经魂归西天，一命呜呼！

自赵匡义随王继恩进入太祖寝殿屏退内侍官人等，至宋皇后等人进殿这一段时间里，在殿内太祖病榻旁只有赵匡义一人，这中间所发生的事，没有第三个目击者可以证实，而宋太祖又恰恰死于此时。不仅正史中对此没有明确的记录，就是稗官野史对此事的记载也多属猜测，含糊其词。其中，有一种说法，

①官家：唐朝以后对皇帝亦称官家。

是说赵匡义见太祖病势垂危，急不可耐要篡夺皇位，于是挥退众人，以便结果太祖性命，又死无佐证，遂成流传千载的无头官司。

据此，在宋太宗赵匡义继承乃兄皇位伊始，人言籍籍，对他得登大宝之来路不正颇多微词，于是便有了宋太祖、太宗皇位传承中的第二个千古之谜，即"金匮之盟"。

说在宋朝开国的第二年，即建隆二年（961），宋太祖的母亲昭宪杜太后病危之时，召见宋太祖和宰相赵普，以后周亡于世宗柴荣将国事交给不懂事的儿子柴宗训，因此立下遗嘱，命太祖百年之后传位其弟赵匡义，宋太祖当即表示遵命，由赵普起草誓书，藏于金匮之中。

可疑之处在于，直至宋太宗即位后的第六年，即太平兴国六年（981），才有金匮、誓书之说，而在太宗即位时，并未公布誓书内容，史书上并未说明由太宗继承皇位是秉承了记载昭宪杜太后遗嘱的誓书。

因此，人们便很容易把"斧声烛影"和"金匮之盟"两件本来就与宋太宗登上帝位关系十分密切的事联系在一起，而且在两者之间存在着直接的因果关系，即先有了"斧声烛影"之疑，宋太宗为了杜众口之言，欲盖弥彰，才与赵普共同编造了金匮藏誓书的谎言，以此证明他即皇帝位是名正言顺的，是合法的，极力洗刷人们虽然没有明说出来却在事实上已经给他戴上的弑兄篡位的恶名。

宋太宗因此遭到皇室太祖一系子孙的忌恨和朝野人士的猜疑，所蒙受的压力之大是不难想象的。

尽管宋太宗对太祖未亡人宋皇后和皇室诸王极尽优抚，以缓和与他们的矛盾，令宋太宗担心的事还是发生了。

在当年宋太宗御驾亲征灭亡北汉时，宋太祖之子赵德昭也在军中。高梁河之战中，宋军溃败，宋太宗与文武臣僚被冲散，众人以为皇帝必死无疑，便聚议在军中拥立赵德昭为帝。尽管此事因太宗得以生还而未成事实，却有人暗中向太宗报告了此事内幕，使太宗又恨又怕，不免迁怒于赵德昭，对他倍加防范。可是，此事又发生于乱军之中，可谓事出有因，宋太宗又不便发作。

高梁河之战中宋军虽然打了败仗，但在此之前毕竟灭亡了北汉，按惯例应该对参战将士论功行赏。但是，已经班师回朝多日，却不见皇帝在这方面有所表示，将领们议论纷纷，颇为不满。

赵德昭为此事入见太宗奏道："太原之役，将士舍身用命，一举荡平刘汉，功不可没，当量功颁赏。否则，怨望将生，恐不利于社稷，乞请陛下明察！"

赵德昭此举之用心，并不是存心要揭宋太宗高梁河惨败的伤疤，或有什么其他不良企图，而是帮助皇帝化解诸将的怨望之心，一心一意为赵宋家天下着想。然而却由此勾起了宋太宗对诸将谋立赵德昭为帝的无名火。宋太宗未等赵德昭把话说完，便毫不客气地斥责道："大败而归，复有何功可赏？一定要赏，待尔为帝不迟！"

宋太宗此话道出他怀疑赵德昭不甘为臣有僭逆之心的内心世界，事涉君臣名分之大体，敏感且事关重大，无疑是欲置赵德昭于死地。赵德昭回到私邸之中，左思右想，认为是皇帝容不得他，必将有大祸临头，不如趁早自裁，了此性命，遂拔剑自刎而死。

出于同样的原因，宋太祖的另一个儿子赵德芳也在这一年得病暴死，史书中记载宋太宗的幼弟赵廷美与外臣交通，"大逆不道""罪不容诛"，被流放管制，最后忧悸成疾而死，都与此有密切的关系。

对宋太宗个人来说，应付来自皇室内部对他皇帝地位的挑战，比收复燕云失地更加迫切和现实。他曾经对大臣说："国家如果没有来自外部的忧患，内部就一定会出现问题。外忧不过是边境上的军事冲突，是完全可以对付的。但这内部的问题则是十分可怕的。作为君主，对此不能不十分小心谨慎。"这是在宋太宗在位后半期实行的所谓新的统治方针，即"守内虚外"方针形成的社会历史背景。

在"守内虚外"统治方针指导下，宋朝的对辽政策发生了深刻的变化，从军事上的积极进取转变为被动的消极防御。这一转变可以通过宋太宗与臣僚讨论加强边防的策略中看出来。

当时的户部郎中张洎在这次讨论中，曾经给宋太宗上过一道奏疏，这样写道：

> 朝廷只需着意在边境修城浚壕，控扼险要关津，训练士卒，积蓄粮草。契丹入侵，凭坚城以应敌，契丹退去，亦无须出城追击，这是备边之上策。刀枪入库，马放南山，不要再和契丹打仗，只需对契丹优言抚慰，礼节周到一些，选公主下嫁契丹，与其结成亲家之好，每年多送些金银、宝玉、绢帛等，博得契丹皇帝之欢心，这样做好像有损于堂堂大宋天子之威严，但可以化干戈为玉帛，边境永无烽火之忧，岂不更好！这是中策。招募军队，选将练兵，常年征战不息，兵民备受苦难，国家永无宁日，这是下策。

后来的事实证明，宋太宗正是选择了张洎三策中的上策。其中的重要内容之一就是沿边境建立起一条水网防御工事带。

以往宋朝在边境上的防御体系，主要是修筑大小城堡，在其中屯戍重兵，积蓄粮草，由这样一些可以遥相呼应的军事据点构成。而辽朝骑兵的入侵，只要渡过界河拒马河，展现在他们面前的就是坦荡无际的大平原，无遮无拦，最利于骑兵的往来驰骋，辽军在作战中的机动优势更加突出，可以完全不理会守城的宋军，绕过这些军事据点，一昼夜就能深入宋境数百里之远，烧杀一通之后又以极快的速度退出，使以城寨据点为依托的宋军鞭长莫及，无可奈何。

是宋朝的沧州（今河北沧州境）节度使何承矩针对宋军在边境防御作战中的劣势，最先向宋太宗提出在边境上建立水网防御工事的。

何承矩在给宋太宗的上书中这样写道：

> 臣自幼年时起随先父辗转戍守关南（指雄州以南）各地，对沿边地带的关津道路和山川走向都十分熟悉。臣记得兵书上说过，战阵可分为三类：日月风雨，可称为天阵；山丘水泉，可称为地阵；兵车士卒，可称为人阵。
>
> 如今欲阻止契丹入侵，巩固边防，何不尽地阵之利？应充分利用沿边便于凿渠引水的地理条件，布水网以设险。于保州西境顺安军之易水蒲口段开渠，引易水向东至泥姑（今天津市境）入海，长约千里。以此渠为主干，将沿途的大小湖泊、河流串连起来，可以形成南北宽50里至70里的水网地带，又在其间广置堤坝闸门，既能蓄水收农田灌溉之利，又可以在军事上作为阻碍契丹骑兵驰骋冲击的天然屏障。一二年间，关南湖泊可尽数淤塞为沼泽，可召民全部开垦为稻

田，既大幅增加粮食产量，又使契丹骑兵无由得入。

引水干渠临近之城池，由朝廷调兵长期戍守，每逢契丹来侵不须再由内地发兵，免去将士颠簸奔走之苦。沿边守军在春夏时节屯田生产，秋冬之际教阅习武。这样做，不但能够切实减轻河北民众的战争负担，与民休息，而且在对契丹的防御中又可以做到以逸待劳，不出数年，定会收到彼弱我强之效。

宋太宗接受了何承矩的建议，并且马上下令让北部边防将领组织实施，在蜿蜒900余里的人工水渠沿途设置军寨26处[①]、兵铺125处[②]，配置将士3000余人、舰船100艘，供往来巡警之用。

然而从后来辽朝军队频繁从雄州一带入境袭扰宋朝沿边州县的实际情况来看，宋太宗君臣曾经寄予厚望的水网防御工事似乎并没有像何承矩上书中所说的那么有效。而宋朝的消极防御则在客观上鼓励和刺激了辽朝，辽朝的入侵更加频繁和有恃无恐。

二、频兴师辽军过黄河

萧燕燕通过高梁河大战和反击宋朝"雍熙北伐"的胜利，不但使她经受了战争的磨砺，增长了军事才干，更重要的是加深了对她的对手宋朝的认识，她

---

① 军寨：驻军据点。
② 兵铺：前线哨所。

惊奇地发现宋朝并不是想象中的那么坚不可摧，宋朝皇帝也不过如此而已，才能平平，甚至有些软弱可欺。

对宋朝战争接连获得重大胜利，也使萧燕燕重新认识了自己的力量，她发现以往每逢与宋朝相比较时那种自卑感和担心都是多余的。同时，萧燕燕也认识到对宋朝的战争，仅仅满足于对宋朝边境州县的袭扰，掠夺些许人口、牲畜、财富已经远远不够了。契丹贵族开疆拓土、建立广土众民泱泱大国的政治进取热情，受战争胜利的鼓舞，再一次被调动起来。于是，南侵宋朝作为萧燕燕摄政期间一项坚持始终的基本国策，是辽朝军国大事中第一要务，辽朝军队自从打败"雍熙北伐"到"澶渊之盟"订立的近20年时间里，在东起平州，西至雁门的数千里边境线上，如同潮水一般一浪又一浪涌入宋朝境内，把侵宋战争推向新的高潮。

当时，辽朝已经征服了北方的绝大部分部族和政权，但在其一左一右仍有党项和高丽两个政权。萧燕燕为了解除她进攻宋朝的后顾之忧，对党项以厚利而极力笼络引诱之，对高丽则派出军队远征，用武力迫使其臣服。

党项是西北古老少数民族羌族的一支，又称党项羌，唐朝时活动于今宁夏、甘肃、陕西北部等地。唐朝中后期藩镇割据和混战，统治阶级自顾不暇，给党项羌势力的发展提供了条件。唐朝末年，党项羌酋长拓跋思恭曾经率领部众参与镇压黄巢起义，被唐朝皇帝封为定难军节度使（治所夏州）、夏国公，赐姓李氏，拥有夏州（今陕西横山）、银州（今陕西米脂境）、绥州（今陕西绥德境）、宥州（今陕西靖边境）、静州（今宁夏灵武境）五州之地，实际上成了唐朝若干个独霸一方的割据势力之一。

五代时期，尽管中原动荡，王朝迭兴，但是，党项羌的每一任定难军节度使都与历代统治者保持着臣属关系，节度使的继任都必须经过中原政权最高统治者的册封，方视为合法和有效。五代的历朝统治者也都默认党项羌在其势力范围之内拥有的统治权。

宋太宗在灭亡北汉以后，在积极策划收复燕云失地的同时，不能继续容忍党项羌在西北的割据存在。从李继迁成为党项羌酋长时起，率领党项部众走上了武装反抗宋朝统治的道路。

李继迁从维护党项羌贵族的切身利益出发，十分巧妙地利用了宋辽间的矛盾和对立，在两个强大政权之间委曲求全，谋求生存和发展，其表现就是同时对宋辽两个方面称臣，同时接受宋辽两个朝廷的封号、官职和馈赠。但是，从总的情况来看，党项羌与辽朝的关系更密切一些。因此，党项羌便成为北汉被宋朝灭亡后，辽朝袭扰宋朝边境的得力助手，经常此呼彼应，协同行动，使宋朝守边军队顾此失彼，一筹莫展。李继迁也不想把与宋朝的关系完全搞僵，总是在适当的时机，派出使臣到汴梁向宋朝皇帝赔礼认罪，取得谅解，得到茶叶布匹等生活日用品。所以，宋朝与党项羌间的关系总是表现出时而缓和，时而紧张的复杂情况。

在辽朝打败宋朝"雍熙北伐"的年底，党项羌酋长李继迁亲自率领 500 名骑兵来到辽朝边境，派使臣带着丰厚的礼物来到辽都城上京谒见皇太后萧燕燕，转达了李继迁"愿婚大国，永作藩辅"的请求。萧燕燕为了进一步笼络李继迁，答应了他的请婚要求，把皇族成员耶律襄的女儿耶律汀封为义成公主，下嫁李继迁为妻，同时又赠送战马 3000 匹。从此，辽朝和党项羌之间的关系更加密切，在事实上已经结成针对宋朝的军事同盟。

高丽本来是宋朝的邻邦，双方保持着宗主臣属关系，官方的信使往来及民间的经济文化交往十分频繁。契丹在北方的兴起，阻断了宋朝与高丽交往的陆路通道。高丽国王因契丹发兵灭亡渤海国，斥之为无道之甚，断然拒绝与契丹来往，曾经把辽朝先后派往高丽的30多名使臣囚禁起来，流放到某海岛之上。

高丽国王的行为曾经使辽朝统治者大为恼怒，但因其内部纷争不已，南有强敌后周、宋朝，高丽国又负山水之险，辽朝统治者对其也是无可奈何。

辽圣宗即位后，在萧燕燕的极力主张下，曾经先后派出军队，越过鸭绿江讨伐高丽，高丽军民凭险顽强抵抗，直至统和十年（992），萧燕燕派遣东京（今辽宁辽阳）留守萧恒德率大军东征高丽，高丽国王慑于辽朝兵威，遣使奉表乞降，称臣入贡，成为辽朝的附属国。

辽朝对党项羌酋长李继迁笼络政策的成功和对高丽的征服，使辽朝更能够集中力量对付宋朝，其袭扰活动更加有恃无恐。

统和四年（986）十月，皇太后萧燕燕自将侵宋，进至唐兴县（今河北安新境），败宋军于滹沱河。十二月，耶律休哥在望都（今属河北）、莫州等地打败宋军，连拔祁、深诸州，纵兵大掠。

统和五年（987）正月，辽军攻占束城（今河北河间境）、文安（今属河北）等县，屠城，纵兵大掠。

统和六年（988）九月，辽军攻占宋涿州狼山、益津关、满城等地。

统和七年（989）正月，辽军攻占宋易州，迁其民至南京。七月，耶律休哥等于泰州（今河北保定）打败宋军。

统和十三年（995）正月，辽军南侵府州（今陕西府谷）。四月，南侵雄州。

统和十七年（999）九月，萧燕燕、辽圣宗率大军侵宋，进攻遂城、狼山、濠州各地，俘宋军将领康昭裔、宋顺等人。十二月，辽军游骑进至邢、洺（今河北永年境）诸州。次年正月，辽军渡过黄河，纵兵劫掠淄（今山东淄博境）、青（今属山东）各地后班师。

统和十九年（1001）十月，萧燕燕派次子、梁王耶律隆庆统军南侵，败宋军于遂城。十一月，败宋军于威胜军。

统和二十年（1002）三月，萧燕燕派遣萧挞览统军南侵，败宋军于梁门、泰州等地。

统和二十一年（1003）四月，萧挞览率军进攻定州望都（今属河北），俘宋将王继忠。

在以上的这些侵宋战争中，统和四年（986）和十七年（999）两次是由皇太后萧燕燕亲自策划并驾临前线亲自指挥的。

在统和四年（986）取得反击宋朝"雍熙北伐"的胜利之后，萧燕燕和辽圣宗没有返回都城上京，而是盘桓于南京道内，遍游名胜，避暑纳凉，围猎消遣。

九月初九，即重阳节，契丹语"必里迟离"，是契丹民间和皇族的重要节日。这一年的重阳节，萧燕燕是在黑河行宫度过的，辽圣宗率蕃汉群臣和各部贵族举行了例行的射虎比赛，负者要奉献丰盛的重九宴向胜者祝贺。同时，萧燕燕还向蕃汉群臣赏赐菊花酒，君臣共饮，尽欢而散。

重阳节过后，萧燕燕、辽圣宗召集蕃汉诸臣共议决定挥师南进，对宋朝的"雍熙北伐"实施报复。萧燕燕诏谕各部缮修甲兵，预备辎重器械，随时听候征发。任命大将耶律休哥为先锋都统，统率前军作战。

至十一月，辽军在军事上准备就绪，萧燕燕一声令下，耶律休哥率先头部队进入宋朝境内，渡过滹沱河，直指宋朝在北部边防的战略要地河间府（今属河北）。

河间宋军守将兵马都部署刘廷让，是一员足智多谋、能征惯战的将领，他见辽军倾南京城中主力而来，料定南京防御空虚，于是采取针锋相对的策略，趁辽军大部已过滹沱河逼近河间的时机，出其不意袭击南京，出奇兵以制胜，打辽军一个措手不及。刘廷让与部将李敬源率领数万宋军，避开辽军兵锋，向东挺进，打算沿海边北上进入南京地区。

耶律休哥不愧为辽朝的第一良将，老谋深算，在这次侵宋战争刚一开始，他就对宋军的这一手有所防备，大军未过滹沱河，就派出间谍，侦察宋军动向，防止宋军乘虚而入。刘廷让率军刚刚离开河间，就被耶律休哥侦知，及时调遣兵马阻截宋军的北进通路。最后，辽军终于在君子馆（今河北河间境）将刘廷让率领的宋军拖住，破坏了他北上作战的意图。

此时正值腊月，朔风凛冽，滴水成冰，寒冷异常，宋军将士不耐严寒，连弓弩都拉不开，怎能迎敌拼杀？而辽军将士则起自朔漠，素以耐寒、坚韧不怕苦而著称，这样的气候对于他们来说几乎算不上什么。

对于刘廷让来说，更为不利的是在大军离开河间时，曾经分拨精锐一部交沧州兵马都部署李继隆指挥殿后，作为预备队，随时策应。然而，当刘廷让遭遇辽军后，李继隆却擅自退守乐寿（今河北献县）自保，刘廷让面对数倍于己的辽军已成孤立之势。

耶律休哥指挥辽军把刘廷让以下将士重重包围起来，萧燕燕和皇帝辽圣宗也在此时亲临君子馆前线，极大鼓舞了辽军将士的斗志，无不以一当十，越战越勇。

而被包围的宋军中未及接战便已有二成士卒因冻僵仆倒在地，失去了战斗能力，其余的人则完全被辽军的强大气势所震慑，在辽军的凌厉攻势下一触即溃。刘廷让则因援军不至，孤掌难鸣，自料若久留于此，难逃全军覆没的结局，便孤注一掷，指挥余部冒死突围。

君子馆一战，河间宋军全部溃散，宋将李敬源、杨重进以下数万人大部被杀，只有刘廷让等少数将士得以逃脱，幸免一死。

萧燕燕亲自指挥的这次侵宋战争，先后历时四个月，一直持续到第二年的二月，辽军才退出宋境。辽军在宋朝的河北东、西路的北半部横冲直撞，所向披靡，如入无人之境，先后攻占了邢州（今河北邢台）、深州（今河北深州）、德州（今山东德州陵城区）、束城等许多州县。

刘廷让所部数万将士的覆灭，对于此前不久遭受"雍熙北伐"失败重创的宋军来说，无疑是雪上加霜，在宋朝守边军队中从将领到士卒，恐辽的情绪日甚一日，士气萎靡，斗志低下。而且，宋军中因战斗减员和开小差，缺额十分严重，为了补充兵员，朝廷下令在当地农民丁壮中按人口比例征发入伍。这些刚刚跨入军人行列的白丁仓促应召而来，既无作战经验，又根本没有机会接受起码的军事训练，因此，其战斗力十分低下，这也是辽军能够长驱深入，横行无忌，每战必胜，每攻必克的重要原因之一，同时也导致了宋朝对辽朝的防御向着更消极和被动的方向发展。

宋朝至道三年（997）三月，宋太宗满怀没有收复燕云失地的遗憾死去了，他的儿子赵恒，即宋真宗继承了帝位。宋真宗即位后，对辽朝军事斗争的被动局面不仅未有些许改善，反而日益加深加重。究其原因，主要是从宋朝建立以来，统治集团中无所作为不求进取的风气日益相沿成习，宋真宗不能不受到这种风气的影响，加上朝野恐辽情绪的左右，使宋真宗即位伊始就表现出明显的"厌兵"倾向，即不愿任何人在他面前提起与辽朝打仗的事。如果说宋太祖、太宗时还念念不忘燕云失地的话，至宋真宗时，君臣中已经很少有人提及了。

宋真宗即位之时，上距宋朝开国已经40年，当年跟随太祖太宗南征北战打天下、经过实战锻炼有军事经验的军队将领已经大部分谢世，新的刚刚成长起来的一代将领，在辽军的进攻面前，比起他们的父辈更缺少破敌的办法和勇气。

于是，宋朝为进一步贯彻固守防御的政策，真宗曾经专门规定边境一线要做到常年坚壁清野，使入侵辽军不能有所掠获，企图用这样的办法减少或限制辽军向宋朝境内的深入。又下令各部军队只许据城坚守，不得出城迎敌，以防在交战中损兵折将。如果不得已必须出战，只许背城布阵，与辽军对峙，临阵不得恋战拼杀。宋朝的规定，又极大束缚了本来就为数很少的能够胜任指挥对辽防御作战的将领们的手脚，使畏敌避战的守边将领们乐得借此得过且过，终日以闭垒塞门为上计，在城中坐视辽军自由往来。

统和十七年（999）九月，也就是宋真宗即位的第二年，皇太后萧燕燕偕辽圣宗、北院枢密使耶律斜轸诸人来到南京，再一次发动了大规模的入侵宋朝的战争。辽军的前军总指挥是辽圣宗的弟弟、梁王耶律隆庆。

辽军取道长城口进入宋境，进攻的第一个目标是广信军的遂城（今河北徐水境）。遂城虽小，却因地当辽军入侵必经的要冲，是双方军队反复争夺的战略要地，萧燕燕也曾经屡次围攻遂城不能得手而视其为眼中钉，这也是这次萧燕燕决定首战遂城的原因。

遂城不仅以其地位重要而闻名，还由于在抗击辽军围城的作战中，著名将领杨业之子，当时驻节遂城的沿边都巡检使杨延朗（即杨延昭）凭着勇敢和机智，镇定指挥城中军民胜利粉碎了辽军的围攻。

辽军以绝对优势的兵力包围了遂城，萧燕燕和辽圣宗以及刚刚代替死去的耶律斜轸就任北院枢密使的韩德让也都来到遂城，亲自指挥攻城。

遂城虽小，却以城防坚固在边城中首屈一指，杨延朗指挥守军顽强抗击，辽军攻势虽强，数日过后，面对坚城仍然毫无进展。

然而，城中守军和百姓登上城楼，遥见城外辽军构筑的临时寨栅和宿营的星罗棋布的帐幕，望不到边际，每日黎明至黄昏，辽军攻城不止，众人都为守城的成败捏着一把汗，唯恐夜长梦多，遂城难保不被辽军攻破。

杨延朗为增强守城力量，下令召集全城青壮年男子，发给他们武器盔甲，轮番上城协助官军将士参加守城战斗和值夜巡警等。由于杨延朗措置及时得力，城中军民之心始定，同仇敌忾，斗志颇高，人人摩拳擦掌，誓与城池共存亡。

遂城的十月虽然已是初冬气候，但按平常年份尚不至于滴水成冰，正当遂城军民守城战斗进入最困难的时刻，天公亦来助战，连续几天气温骤降，出现了罕见的寒冷天气。

杨延朗借助寒冷遏制辽军的攻势，在天黑以后的守城战斗间隙，他发动全城老少丁壮运水登城，将水沿城墙的外表泼下，且泼且冻，冻后复泼。城中百姓运水泼了一夜，至次日清晨，遂城的城墙完全被坚冰覆盖，变成银白色的冰城。

辽军面对又硬又滑的冰城，根本无从攀登，就连攻城常用的云梯也无法靠近城墙。萧燕燕无计可施，只好下令解遂城之围，继续向南越过镇州（今河北正定）、定州（今河北定州），长驱深入。辽军碰到的下一个对手是宋朝的镇、定、高阳（今河北高阳境）三路行营兵马都部署傅潜。这位身任宋朝边防最高军职的傅潜，本无将略，才能平庸，只是因为与朝中枢密使王显交情甚笃，才谋得这军中独当一面的重要职务。虽然他麾下有步骑雄兵8万之众，却畏首畏尾，怯懦不敢出战。

当辽军南侵消息传来，傅潜的部下将校士卒纷纷修缮铠甲，置备铁樌、铁锤等诸般兵器，准备迎敌，军中斗志本来十分高涨。而傅潜却既不召集诸将共商破敌之策，也不派出斥候侦察辽军动向，只是严令关闭城门，避敌不战。

有将校至中军大帐请缨出战者，傅潜则故示轻松地对他们说："契丹大兵压境，军势甚张，本帅为保万全，以坚守为上。我有高墙深垒，楼橹完备，足使契丹望城兴叹，无可奈何！倘若弃城守而出战，却难料胜负了！"

众将校无法坐视辽军在城外耀武扬威，横行抄掠，复请傅潜下令出城与辽军拼杀，如此一而再，再而三，傅潜更摆出很不耐烦的样子，对众人训斥道："本帅闭门不战，完全是为你们能保住性命！而你们这些愚蠢至极的人却是如此不开窍，完全把本帅的一番美意当成耳旁风！倘若有人再提出城迎敌之事，本帅将军法是从，毫不宽贷！"

众将校无可奈何，只好愤然而出。

由于傅潜的消极不战，在客观上纵容了辽军向宋境纵深的进攻，延误了阻击辽军南进的时机。更为严重的是使宋朝河北东、西路北部边境门户大开，屏障全无，辽军攻城夺地，烧杀抢掠，毫无顾忌。

在辽军攻打宋朝镇、定之间的重要军事据点狼山寨时，萧燕燕亲自临阵督战，擂鼓为辽军将士助威。辽军前军统帅耶律隆庆手下有一员悍将耶律铎轸，率部首先接敌，耶律铎轸又身先士卒，冲锋在前，他在全身铠甲之外罩一大红色的帛披，只见他在宋军阵中往来奔驰，左冲右突，挥舞一杆长枪，锐不可当，宋军望风披靡，掉头鼠窜，逃得慢的则被挑死。他的部下也倍受鼓舞，紧紧追随其后，无不以一当十，英勇异常。

萧燕燕站在高埠上望着身着红色帛披，在宋军阵中如同火球般流动的耶律铎轸赞叹不已。狼山寨攻陷后，萧燕燕特意在行营中召见耶律铎轸，优言褒奖他的英勇果敢，亲自把盏，向他祝贺攻占狼山寨的首功。

萧燕燕欣喜地对辽圣宗、韩德让、耶律隆庆等人说："我朝有如此骁勇良将，区区南朝何足论？岂能与我大军抗衡！"

耶律隆庆指挥辽朝大军自狼山寨向南，在很短时间里就以破竹之势攻占了威虏军、宁边军（今河北蠡县）、祁州（今河北无极）、赵州（今河北赵县），其先锋游骑竟然进至洺州（今河北邯郸永年区境）境内，把宋朝的河北东、西两路腰斩为两截，使宋朝朝廷与北部前线的联系中断长达一个月之久。

由于辽军所至，极尽杀烧抢掠之能事，乡村百姓为躲避战乱，纷纷扶老携幼竞相入城，一时间，河北两路诸州县城中难民如潮。他们抛弃家业，背井离乡，生计无着，好不凄惨！

辽军骑兵如果从洺州继续向南，不用半日即可抵达黄河岸边，这是宋朝建立以来的最为严重的边境危机，朝野为之震惊。

宋真宗多次派遣使者，带着手诏通过河北东路辗转至傅潜处，催促他立即出战，从背后牵制辽军，延缓其南进速度，缓解因辽军接近黄河给朝廷带来的压力。并命令他与诸路宋军协同作战，合击已经入侵宋境纵深的辽军。

与此同时，定州行营都部署范廷召也曾经多次请求傅潜下令所部出动御敌，傅潜依然不为所动，甚至笑着对范廷召说："契丹军势如此强大，将军迫本帅出战，难道存心断送本帅性命不成！"

范廷召气愤已极，拍案而起，怒斥傅潜道："公为朝廷命官，蒙受陛下恩典，肩负御敌重任，却是这般胆小怯懦，连羞于见人的女童也不如！"

傅潜被逼不过，只好拨出骑兵八千、步兵两千，合计一万兵马，交给范廷召，令他领军至高阳关（今河北高阳境）与辽军作战，并与之相约，自己将率主力随即跟进，以为后援。

范廷召见傅潜只拨兵万人，愤然道："契丹兵马有十数万之众，又气势嚣张，大帅只发兵万人，难道是拿着鸡蛋去碰石头，让末将去送死不成？事关朝廷安危大计，还请大帅全力以赴，若一着不慎，铸成大错，悔之晚矣！"

傅潜则反唇相讥道："将军何出此言？孰不见兵书有言：兵在精而不在多，将在谋而不在勇。将军既是请战再三，必有破敌妙计，一万兵马已经是不少了。本帅为将军着想，还是请尽快起程上路，免得贻误战机，皇帝陛下怪罪下来，你我都不能脱离干系。"

抗击辽军作战的大好时机本来早已经被傅潜白白错过，如今他反而来指责别人。范廷召见傅潜说出这种话来，知道再说也是无济于事。而当务之急是赴高阳关迎敌，仅有傅潜给的一万兵马是无论如何也不敢贸然前去的，为了确保此行万无一失，仍须设法集结相当数量的兵马。

范廷召突然想到了高阳关都部署康保裔。康保裔出身军人世家，他的祖父康志忠、父亲康再遇都是五代时期以骁勇善战闻名的将领。康保裔从后周时就追随太祖郭威、世宗柴荣出入军中，屡经战阵，勋劳卓著。宋朝建立以后，他在北部边防中长期担任军职，从一名下级军校逐渐成长为独当一面的大将。他不但有勇有谋，胆略过人，而且为人豪爽，不拘小节，在军中颇为将士所拥戴。

范廷召虽然与康保裔同在边防任同一级别军职，但平素并没有更多更密切的交往，如今已是迫在眉睫，索性贸然修书一封，将傅潜故意刁难，兵力不敷，难以出战应敌一节概述一番，又以辽军深入，国家危难，乞请联手御敌，协同作战之意和盘托出。因为范廷召并无权力指挥康保裔，而且康保裔也没有接到皇帝或傅潜给他下达的配合范廷召作战的命令，范廷召在仓促之中只有对康保裔动之以仁义，晓之以情理。

康保裔果然是豪爽之人，有大丈夫气概。他读过范廷召的乞师信札，被范廷召的忠义之气所感召，随即回信表示只要是为了国家利益，虽肝脑涂地也在所不辞，愿与范将军共同抗御契丹。并在信中约定了日期，两支兵马在瀛州（今河北河间）西南的裴村会师，共同完成预定阻击辽军的作战任务。

范廷召接到康保裔的回信，大喜过望，便点集兵马，即日起程进发高阳关。

然而，范廷召在率军行进中遭遇辽军，发生了冲突，延误了进军日期，未能按约定日期到达裴村。而康保裔又无法及时得知这一突然变故，在预定的作战时间准时向辽军发起攻击，但是至大战骤起之时，康保裔才发现范廷召没有如约加入作战。

此时，康保裔所部将士全面接敌，并且受到数倍于己的辽军的攻击和包围，要脱离战场已经不可能了。

有偏将向康保裔献策道："契丹势盛，范将军不知何故未至，我全军已处九死一生之险地，趁契丹兵马尚未合围，请将军更换衣甲，由末将等护持且战且退，乞师朝廷再战不迟！"

康保裔对自己和部下将士的处境自然十分了解，此时他早已把个人的安危置之度外，他对偏将说："你的好意本将军心领了！但大丈夫顶天立地，一往无前，身临危难之地，岂能希冀委曲以求生，将士们都在舍命杀敌，怎能弃之不顾而兀自逃生？今日裴村便是本将军为朝廷尽忠之地！"说完，康保裔便策马舞枪，杀向辽军。

梁王耶律隆庆见宋军终于出战，而且兵力不多，岂肯轻易放过！便令旗一挥，指挥部下向宋军掩杀过去。

虽然康保裔率领将士奋勇抵挡，无奈兵力不敌，阵脚动摇，被汹涌而上的辽军冲散，彼此不能相应，宋军将士只好各自为战。只见阵地上烟尘蔽日，杀声震天，双方助战的胡角、鼓声一阵紧似一阵，倒下的宋辽将士的尸体和遗弃的兵器甲仗随处可见。

宋辽大军自黎明时分至日昃，激战数十回合，裴村旷野阵地上的宋军人数已经越来越少，将士们弓箭射光了，就挥舞弓弩继续战斗，弓弩打碎了，就徒手与辽兵抱作一团展开肉搏。康保裔见已是此般辰光，范廷召仍未到来，料想途中出了差错，而邻近州县绝无援兵可以赶来救援，今日必死无疑，便唤集将士数十人再次冲向辽军。

康保裔的长枪早已在与辽军搏斗中断作两截，此时他挥舞一柄利刃，在敌群中左右开弓，手刃辽兵数十，无奈已是精疲力竭，不能支持，陷入辽兵重围，被生擒而去，他的部下也大部英勇战死。

直至次日，范廷召才率军到瀛州，此时，裴村阵地早已经烟消云散，康保裔部宋军也已全军覆没。范廷召面临的形势比起昨日康保裔还要糟糕，不仅在兵力上处于劣势，而且辽军又刚打过胜仗，士气高昂，斗志很盛，又经一夜休整，等着宋军送上门来。

范廷召到达裴村，目睹眼前情形，便明白发生了什么事情。事已至此，要撤退也是不可能的，只好下令在州城以西列阵迎敌。

对面辽军阵上，耶律隆庆见乍到之宋军亦不过如此而已，他决心把昨天全歼宋军的好戏重演一番。耶律隆庆环视身边诸将，问道："有谁可为先锋能破此阵？"

从耶律隆庆身后闪出一员大将，上前施礼，高声应道："只要大王赐予好马一匹，末将愿往！"

耶律隆庆一看，是外戚萧氏中人萧柳，此人虽然年纪轻轻，却骁勇善战，英武过人，是一个一听说打仗就按捺不住跃跃欲试，敢打硬仗、险仗，惯于冲锋陷阵的战将。

辽军众将看宋军之阵式，对今日作战已是胜券在握，所以都显得格外轻松，萧柳主动请缨为先锋，一半是欲争今日破敌头功，一半是想趁此机会赚一匹骏马。

耶律隆庆自然清楚萧柳的用心，便以更轻松的口气说："一匹马算什么？只要得胜归来，本王随行良骥任萧将军挑选便是！"随即吩咐从人给萧柳选出一匹枣红马。

萧柳披挂停当，翻身上马，回首对诸将道："只待宋军阵脚松动，请诸君合力急攻，便可大功告成了！"

萧柳说完，策马挺枪，率所部疾驰入阵。

范廷召部宋军连夜奔袭而来，途中又和辽军打了一仗，本想与康保裔会师可壮大气势，不料想竟是如此！将士疲惫已经使战斗力大大削弱，敌我兵马相比又是如此悬殊，包括范廷召在内都不免胆寒，面有惧色，未及接战，在气势上已先败下阵来。

萧柳率精悍骑兵如同狂飙一般横扫宋军阵前，意在扬威恫吓。宋军前沿将士不由得躲闪避敌，阵脚开始动摇。萧柳不失时机纵马插入宋军阵中，猛杀猛砍，恰似虎狼横行于羊群之中。

耶律隆庆挥动令旗，后军将士人人争先，个个向前，发一声呐喊，如同泰山压顶般冲向宋军。

范廷召的区区万余兵马，如何能抵挡得住如此猛烈的攻势？只消一个回合，宋军方阵便已被冲得七零八落，将士们纷纷放弃无望的抵抗，四散奔命，大部被辽军追杀毙命，只有范廷召等少数人得以生还。

辽军在两天时间里，接连两次重创宋军，使南侵以来之气势达到极盛。

也就在这个时候，宋真宗在文武臣僚的请求下，御驾北上抗击辽军，从都城汴梁（今河南开封）出发近一个月，尚在向大名府（今属河北）进发的途中。瀛州康保裔、范廷召先后大败的消息传来，朝野为之震惊。

随真宗北上的行宫诸臣僚纷纷上书，要求惩办畏敌不战，造成河北空前祸患的罪魁傅潜，以正朝廷纲纪，振作军威，驱逐契丹军队出河北。

其中，集贤殿大学士、工部侍郎钱若水在给宋真宗的奏疏中这样写道：

> 傅潜蒙受陛下厚恩，独当方面之任，本当勠力疆场，效命朝廷。然而，傅潜领 8 万雄师，却闭垒不出，坐视契丹横行河北，涂炭生民，劫掠财物。对上辜负陛下信任之恩，对下无言以对河北百姓，挫

我军威，灭我志气，莫此为甚！何以至此，缘由有二，一是傅潜才能平庸，胸无谋略，难膺此任；二是朝廷纲纪不严。臣见军法有云：临阵不用命者斩。

若陛下将傅潜罢黜以示众，优先擢升任用猛将如杨延朗者，宠之以高官厚禄，委之以统兵大权及便宜处置之权，让他们分头把守边境关津要害，谁人再敢畏避不战，不听命令！契丹听说我大宋军中将领都是只知向前杀敌，不知后退求生的人，怎么能不闻风丧胆？震慑之用，临阵足可以退敌也，使其不敢动辄入境骚扰。

宋真宗顺应舆论，当即颁布诏书免去傅潜军中职务，交御史台勘问治罪。只有一天时间，傅潜对自己所犯罪过供认不讳。

百官集议的结果是，傅潜畏敌拥兵不战，为开国以来所仅见，情节恶劣，后果严重，按朝廷法纪当斩首。宋真宗的随行官员中也有多人上书请求杀死傅潜，以申明法度。

真宗顾念傅潜曾追随太祖、太宗鞍前马后，流过血，立过功，所以网开一面，下诏赦他不死，削夺其全部官爵，除籍[①]，连同其家属送至房州（今湖北房县）编管[②]。

此后，由于宋真宗亲临前线，驻跸大名府，重新调整了前线指挥机构，任命葛霸为贝冀高阳关前军行营都部署，调遣诸部宋军阻击入侵的辽军，宋朝的被动局面才有所改观，宋军在追击撤退辽军的作战中，在莫州（今河北任丘）

---

① 除籍：开除官员名籍。

② 编管：将犯罪官员交地方官府管制。

等地消灭了几万辽军，总算挽回了一点面子。

这场长达数月规模空前的侵宋战争，是伴随着骇人听闻的屠杀和浩劫进行的。

辽朝兵制规定，凡皇帝亲征入宋境，各路兵马所遇州县城镇，必须随时攻占。然而，由于宋军的顽强守城防御，辽军并不能完全做到这一点，为了减轻进军的阻力，在攻取宋朝州县的作战中，皇太后萧燕燕曾经下令，凡辽朝大军所至，守城军队不随即出降者，城下之时，守军统帅以下将被全部诛杀，毫不宽贷。对于不坚决执行屠杀命令的辽军将领，萧太后也特别下诏诘责。实际上，辽军的屠杀对象，绝不仅是守城的军中将领和士卒，连城中的官吏士民也不能幸免。

辽朝兵制还规定，皇帝亲征时，辽军所过沿途的民居园圃及桑树、果树等必须全部夷伐焚烧净尽，不允许有丝毫保留。又规定辽军进入宋境后，构筑寨栅工事、修造攻城器械、修桥补路等工程所用木材，只许砍伐农民的桑、柘、梨、栗、枣树等经济林木，撤退时必须全部焚毁。目的在于破坏宋朝百姓赖以糊口养家之生业。

为此，辽朝兵制还规定，每逢大规模入侵宋朝，辽朝都要在其境内征发汉人乡兵1万人随军行动，他们的任务就是专门从事砍伐桑枣林木，修桥补路。

辽军在攻城作战中，还残酷地驱使汉族百姓为其前军盾牌。每当攻城之际，辽军中的打草谷家丁必定驱掠汉族百姓中的老弱妇孺负土运石①，填埋护城壕。攻城开始时，驱赶他们走在辽军之前，城上矢石檑木并下，只伤此老弱妇孺，而可保攻城辽军无事。或者致使守城宋军不忍施放礌石，乘势猛攻得手。

---

① 打草谷家丁：辽军中正军一人配置打草谷家丁一人，专司打掠粮秣事，由契丹族中的奴隶充任。

掠夺人口和财富，是辽军侵宋的重要目的之一，也是辽军中刺激和鼓舞将士勇敢作战的有效手段之一。辽军新下一城，或新至一地，必然纵兵大掠，几乎是辽军进军中的必然程序。这一点，就连辽朝自己的史学家也毫不隐讳地记录在他们的史册之中。

辽军的频繁入侵，给宋朝河北东、西路的沿边及纵深的近 20 个州军造成极为严重的破坏，人畜被劫掠，无辜百姓惨遭屠戮，房屋产业被焚毁。辽军铁蹄所至，市镇化为瓦砾，良田长满荒草，百姓背井转徙他乡，城乡人烟稀少，鸡犬之声不闻，满目荒凉景象！

更严重的是，在辽朝统和十七年（999）的入侵中，辽军骑兵从德州（今山东德州陵城区）、棣州（今山东惠民）渡过黄河，劫掠了淄州（今山东淄博境）、齐州（今山东济南）京东东路等地。辽军的侵扰深入到黄河以南，这在从前是未曾发生过的。

三、得恩遇王继忠降辽

自统和十七年（999）萧燕燕亲自策划的大规模侵宋战争以后，每年对宋朝的入侵都保持了相当的规模，至统和二十二年（1004），即宋景德元年，萧燕燕、辽圣宗又一次率军发动了对宋朝的战争。

辽朝对宋朝的多次入侵，经常有其臣属党项政权与之东西呼应，发挥了重要的作用。

宋真宗即位之初，党项羌酋长李继迁的势力已经有了相当大的发展，但李继迁为了从宋朝得到更多的财富支持，为了在与西北吐蕃势力的争夺中处于主动的有利地位，他仍然需要打出宋朝的旗号。于是，李继迁使出一贯阳奉阴违的伎俩，主动与宋朝缓和关系，派出使者到汴梁（今河南开封），向宋真宗信誓旦旦地表示愿意归顺大宋，请求册封和任命。

宋真宗曾召集诸臣商议处置办法，众大臣认为：李继迁桀骜不驯，朝廷虽然连年兴师进讨，也打过一些胜仗，但面对党项羌的频频骚扰，始终未能找到更好的解决办法。而且党项羌与契丹遥相呼应，你唱我和，使朝廷守边大军防不胜防，大军进讨也多是劳师靡饷，无功而还。如今，李继迁既然奉表归顺，莫不如就此满足他的请求，无非是朝廷每年多破费些银钱、茶叶、布帛诸物，送些空头爵号、官职，这对于朝廷来说，算不上什么大事。以此法羁縻之，总比军事手段要强得多。

于是，宋真宗下诏授予李继迁夏州刺史、定难军节度使、夏绥银宥静五州观察处置押蕃落诸使等官职，又为李继迁加封食邑户，增益功臣名号等。这是宋朝继宋太宗后再次承认党项羌拥有割据夏州等五州的特殊权力。

与此同时，李继迁这位辽朝的驸马都尉，更是不断地向辽朝献媚，博得萧燕燕的欢心，萧燕燕先是封李继迁为西平王，接着又授予李继迁的儿子李德明朔方节度使之职。

萧燕燕对李德明授予此职具有特别的意义。因为朔方（今宁夏灵武境）自唐朝五代以来就是西北的重要藩镇之一，宋朝开国后也是军事重镇，在西北地区举足轻重。然而，朔方并不在党项羌的势力范围之内，萧燕燕的任命，实际上在纵容李继迁向西扩张，从宋朝手中夺取朔方重镇。

李继迁果然心领神会，在咸平五年（1002）纠集党项诸部一举攻占朔方，改称西平府，形成党项羌有史以来第一个相对稳定的政治中心，为向河西的扩张奠定了基础。

与李继迁在西北的扩张相配合，辽朝对宋朝的袭扰也一直没有停止过。

统和十九年（1001）十月，萧燕燕和辽圣宗亲临南京，派遣梁王耶律隆庆统领先锋军与宋军交战于遂城、满城等地，后因泥淖不便行军而班师。

统和二十年（1002）三月，萧燕燕和辽圣宗驻跸鸳鸯泊（今内蒙古集宁境），派遣北府宰相萧继远率师伐宋，辽将奚里底在梁门、萧挞览在泰州（今河北保定）分别战败宋军。

统和二十一年（1003）四月，南府宰相耶律奴瓜、南京统军使萧挞览统领数万大军经望都（今属河北）进攻定州。宋朝定州副都部署王继忠与大将王超、桑赞等人指挥宋军在康村一线阻击辽军。

王继忠指挥部下从中午接敌，战至下半夜，耶律奴瓜和萧挞览虽然率军多次冲击，终因宋军顽强抗击，未能前进一步。当日夜晚，宋辽双方10万军队沿康村一线列阵对峙，休战宿营。

次日天亮以后，辽军再次发起进攻，冲击宋军阵地。当时，王继忠一人在长蛇阵之偏东，王超、桑赞二将阵于偏西，约定互为策应，协力破敌。

辽军首先集重兵进攻王继忠所在的阵东，攻势十分凌厉，并包抄至宋军阵地之侧后，切断饷道。尽管如此，王继忠认为阵西尚有王、桑二将为依托，遂不以为忧，仍然镇定自若，指挥将士奋勇反击。

当此危急时刻，王超、桑赞二将本当如约策应，使王继忠无后顾之忧，以保全军无虞。然而，王、桑二人非但坐视王继忠与辽军拼力苦战，按兵不动，更有甚者，二人见辽军骑兵如蚁而集，攻势比昨日猛烈了许多，竟然相顾失色，股栗不止，未及通报，擅自率部弃阵而逃。

因王超、桑赞不战放弃阵地，阵地遂被辽军占领，王继忠和部下失去后援和依托，陷于四面受敌的不利地位。王继忠身为宋军前线最高指挥官，所着袍服、盔甲自然与众不同，因此被辽军识破，将他与少数亲兵包围十数重。

王继忠见王、桑二人逃走，所部将士又多被冲散，势孤难支，不能再战，不得已传令所部撤出战场。王继忠率精悍士卒殿后掩护大队，且战且退。

至黄昏时分，王继忠已经记不清冲破了辽军多少次围追堵截，追随身边的将士也死的死，伤的伤，能够上马拼杀的已为数不多。王继忠来到一个名叫白城的村庄，自感实在无力再战。心想昨日全军抗击辽军，将士们个个用命，就连威名显赫的萧挞览也未能越康村一步，是何等英武！未料到被王、桑两个怯懦无耻的小人出卖，落得如今只剩下残兵败将的结局。王继忠想到这里，不禁悲从中来，自觉无颜再活在世上，遂拔出青锋宝剑，正待自刎，被包围上来的辽军骑兵生擒而去。

王继忠临阵不惧、镇定自若的大将风度和宁为玉碎不为瓦全的英勇赴义精神，使萧挞览等辽军将领为之敬佩不已，他们派人把王继忠押解至萧燕燕和辽圣宗正在纳凉避暑的炭山（今河北宣化境）行宫。

萧燕燕看过萧挞览的信札，特别是王继忠在势单力孤的危难时刻仍殿后掩护将士撤退以及在最后关头欲以身殉国一节，亦十分欣赏王继忠的风范，心中思忖：这正是契丹治国平天下难得的忠诚人才，杨业虽忠，可惜未能为我所用，如今又得一王继忠，一定要说服他，让他成为大契丹的忠臣。

于是，萧燕燕从见到王继忠起，便给以他极高规格的待遇，亲自在行宫的皇帝大帐召见了他，许之以高官厚禄，劝他改换门庭，做辽朝的臣僚。又找来行宫中随行的汉官韩德让等人轮番陪伴王继忠，谈天论地，赋诗弈棋，间或也按照萧燕燕的旨意做些劝降的工作。

王继忠从被俘的那一刻起，自以为打了败仗，断送了数万将士的性命，又被辽军生俘，成了阶下囚，已是没有脸面再做大宋朝的臣民了，他已经抱定了必死的信念。而来到炭山以后的情况却大大出乎他的意料，他虽为败军之将，却蒙受太后萧燕燕和辽朝皇帝的破格礼遇，而且，更让他吃惊的是，在辽朝竟有这么多的汉族官员为契丹皇帝效力，而在言谈之中，他们并不以为耻。这些都给王继忠以潜移默化的影响，他遂把名节的事看轻了许多，顺其自然，接受了劝降。

王继忠的投降，自然使萧燕燕大喜过望，授予他户部使官职，并为之充当红娘，将汉官康默记的女儿嫁给王继忠为妻。又以王继忠初来安家，特别赏赐官户 30 人，作为奴婢供他家驱使。后来，萧燕燕为表彰王继忠在宋辽澶渊议和中的贡献，特下诏封他为楚王，赐姓名耶律显忠，后又改赐名曰宗信。

当王继忠在定州前线战败并被辽军生擒的消息传入朝廷，宋真宗和众官员都断定王继忠必死无疑，又有逃回的将士提供消息说，亲眼见到王继忠拔剑自刎的情景。

宋朝名将虽多，但有如杨业、王继忠能为朝廷舍身就义的人终是少见。宋真宗自然不会放过用王继忠壮烈殉国之事大做文章的机会，以激励大忠大义之正气。于是，宋真宗下诏追赠王继忠为大同军节度使，破例赠与其家属赙金加倍①，以为王继忠举办丧事之用，并且以恩荫制度给他的四个儿子怀节、怀敏、

---

① 赙金：赠送丧主金钱，助其举办丧事之用。

怀德、怀政分别授予官职①。直至第二年的宋辽议和交涉中，宋真宗接到了王继忠从辽朝所上奏章，才知道王继忠并未死去，而且还在辽朝做官，这是后话。

王继忠为报答萧燕燕和辽圣宗的知遇之恩，知无不言，言无不尽，堪称尽心竭力，成为辽圣宗和萧燕燕在对宋朝策略方面的重要顾问，深得信任和倚重。

王继忠同许多宋军将领一样，出身军人世家，从青年时起就在边关军中任职，以其亲身经历，对多年来因宋辽冲突造成的社会动荡，尤其对宋辽边界两侧人民群众的悲惨遭遇有切肤之痛。在他做了辽朝的官员以后，了解到辽朝把对宋朝的军事袭扰当成其第一位的军国要政，而战争给辽朝带来的消极影响与宋朝并没有太大的区别。因此，王继忠便利用自己的地位和影响，向萧燕燕、辽圣宗及其他的契丹贵族大力宣传与宋朝结束战争和平相处的好处。

在一次王继忠与萧燕燕的交谈中，他把自己对辽朝的战争政策的看法和盘托出道："我大契丹立国朔漠，兵强马壮，尤以精甲铁骑称雄天下，大军所至，望风披靡。然而，皇太后陛下以南朝为宿敌，烽书旁午，连年征战，蕃汉百姓困于签发壮丁、搜刮马匹，生活动荡，产业不殖，军中将士苦于来往奔波，风餐露宿，常年曝露于野外。数十年来，我大契丹既未能广土众民，进军所获物资实惠亦远不能抵消战争所耗费之人力财力，得不偿失，不言自明。臣不避斧钺，冒死为皇太后陛下进一言，莫不如就此罢兵，向南朝派遣一和议之使，与之言好结盟，使我蕃汉百姓得以息肩，将士得以卸甲还家，居安而业乐，岂不美哉！果能若此，天下幸甚！万民幸甚！乞请皇太后明察。"

"王将军所言甚是，待朕慎思之。"

---

① 恩荫：因祖先对朝廷有功，而授予其子孙官职，并非正常的任官途径。

类似王继忠的话，对于萧燕燕来说并不是第一次有人对她这样说，也不是她从来没有考虑过这个问题。连年不断的侵宋战争，辽朝尽管占了上风，但每次战争的结果都表明，辽朝并没有压倒宋朝的绝对优势，辽朝本身也因举国就役于战争元气大伤。尤其重要的是，萧太后已经年过五十，无论是从心理上说，还是从生理上说，都已经进入人生的下坡道，不再像她青壮年时那样能得起鞍马劳顿，对这种没有止境的战争，已经开始产生了厌恶的情绪。

但是，萧燕燕作为辽朝事实上的最高统治者，尽管认为王继忠的话很有道理，她还是不能接受王继忠的建议，马上改变历代统治者所奉行的基本国策，把侵宋战争停下来。

应当指出的是王继忠的努力并不是徒劳的，他的宣传游说，对于推动以萧燕燕为首的辽朝统治集团改变战争政策，产生了积极的影响。后来宋辽关系发展的进程证明，王继忠对于澶渊议和的实现，对于促成宋辽和平对峙局面的早日到来功不可没。

四、出豪言宋真宗亲征

宋辽关系史上规模最大的军事冲突澶渊大战发生在统和二十二年（1004），也就是宋真宗景德元年。澶渊大战发生在这一年的闰九月，但大战的先兆在两个月以前就已经显露出来。

进入八月以后，宋朝朝廷连续接到边境的报告，辽朝骑兵频繁侵入，纵深可达深州、祁州一带。与往年辽军的入侵动辄就是大兵压境有所不同，今年入侵的辽军多则数百上千人，最少的只有数十人，又均是轻装行动，其机动速度又大大胜于从前，而且不主动进攻宋军的城池寨栅，即使与宋军冲突，也很少恋战拼杀，稍一接触便扬鞭策马而去。

辽朝在军事上的这些新动向，引起了宋朝的警觉，宰相寇准经过分析断言："此乃契丹故示斗志疲弱的假象，以掩盖其欲发大兵的真实动机，意在麻痹我朝松懈防御，今秋大战不可避免！"

于是，寇准便上疏宋真宗，请求选任将帅，简拔精锐，修缮城垒，切实加强北部边境上要害之地的防御，时刻提防辽朝的大规模入侵。

至九月，辽朝将要大规模入侵宋朝已经不是什么秘密，由于是辽朝皇帝亲征，所以按惯例要派使臣诏告其藩属国高丽和党项，而且辽朝在内地的各部兵马也开始向南京地区集结。辽朝的这些举动都及时地被宋朝派出的间谍侦知，报告了朝廷。

宋真宗本是个太平天子，乾德六年（968）他出生时，大宋江山已经是根基牢固了，他本身没有机会经历战阵的历练，自然不知道兵机韬略和指挥军事是何种感受，不晓得战阵如何排列，小时候跟着侍卫学了点花拳绣腿，也只是闲时活动一下筋骨，消遣消遣才能用得上；读孔孟之书的余暇翻过几页兵书，充其量也仅够纸上谈兵而已。论起带兵打仗的韬略和马上功夫，与其先人太祖太宗相去甚远。

但是，此时的宋真宗刚过30岁，年富力强，心比天高，不甘人下，最忌讳别人说他不行。当此谍报纷至，戎务繁剧之际，宋真宗对边境的军情极为关注，又自己主动提出要御驾亲征，莅临前线，鼓舞军民杀敌捍卫社稷。宋真宗对宰相寇准等人说："近得谍报称契丹皇帝及其母后将统大军来侵，我大宋重兵多在黄河以北，料敌备战，务必谨慎，切不可麻痹轻敌。朕当与契丹针锋相对，亲率虎贲之师，横扫胡虏，必将大获全胜！众卿家可就朕之进发日期、行止诸事提前商议。"

宋朝制度，有关军旅之事，统归枢密院长官枢密使掌管，中书门下长官宰相不得过问，枢密院与中书门下对掌朝廷军、政大事，号称二府。

宋真宗出于对宰相寇准的信任和为适应当时军事斗争的需要，开始改变中书门下不得与闻军事的制度，他每逢接到边关奏报，总是首先批转中书门下，让宰相们先看到。宋真宗对寇准说："军旅之事，虽然自祖宗以来权归枢密院，而中书门下总领文武大政，是朝廷发号施令之所在，故卿等须详阅边关奏报，慎密讨论，决策务求稳妥，不要因事关枢密院而言有未尽，贻误国家军机大事！"

寇准是当时朝廷中力主皇帝亲征，号召军民粉碎辽朝入侵的主要人物之一，有真宗钦命在此，自然遵旨，妥为筹划。

九月己丑日，萧太后偕辽圣宗在上京以青牛白马祭天地，将发兵伐宋事宣告天地及列祖列宗，留第三个儿子，即辽圣宗之弟、楚国王耶律隆裕留守上京，倾全国兵力20余万众，浩浩荡荡向南开进。丙午日，萧太后一行到达南京。

闰九月己未日，在萧太后主持下再次誓师，任命南京统军使萧挞览和奚六部大王萧观音奴为先锋将，率部首先取道易水上游渡河越界，侵入宋境。

辽军的第一个进攻目标是威虏军（治梁门，今河北徐水）和广信军（治遂城，今河北徐水境），威虏军兵马都部署魏能、广信军兵马都部署杨延朗指挥所部将士奋勇抵抗辽军围攻，数日后，萧太后面对坚城仍不能得手。所以，在当时的宋军中有铜梁门、铁遂城之美誉。

萧太后只好解梁门、遂城之围继续南进至保州、定州，在萧太后的亲自指挥下，集中兵力围攻定州数日，仍不能下，又统领全军从定州城下来到阳城淀，扎下大营，寻机再战。自进入宋境以来，屡战不捷，颇为不顺，而且又折损了数员偏将，遭宋军寨兵袭击，劫去了许多随军而进的辎重。对宋战争的挫折，已经在开始动摇萧太后的决心，使她犹豫徘徊在是与宋议和还是把战争进行到底的十字路口上。

对于辽军的这次来犯，宋朝虽然早有防备，但辽朝倾全国精锐而来，且由萧太后、辽圣宗亲自指挥，进入宋境以来虽无大捷，却也气势凶猛，围攻了几座州城，守城的将领们为避免城池丢失，连发警报入朝乞求派大军增援，警报中不免对敌情有渲染夸大之处。而且是边境上数处战略要地同时报警，最多时一昼夜达 10 多次。这种情况对于宋真宗来说是始料未及的，一时间朝野为之震动，笼罩在一片灾难即将临头的气氛之中。

宋真宗更是手忙脚乱，没了主意，急令身边侍从官至宰相府催促寇准召集文武诸臣商讨御敌良策。

寇准对敌情早已知晓，他把皇帝转来的边关告急文书扣在政事堂不让下发，为的是防止引起不必要的惊慌和混乱，而他自己却在府中宴饮、游戏自如，就像什么事也没发生一样。

当侍从官向宋真宗如实报告说宰相府中宾朋满座，丝竹之声在数百步之外清晰可闻时，真宗不由得龙颜大怒。

次日早朝，宋真宗强抑怒气，颇为不客气地对寇准说："边关告急，军情如火，朕为之焦虑，彻夜辗转反侧不能成眠，而卿却在家中与宾客宴饮消遣，难道把军国大事当成儿戏吗？"

寇准从容答道："陛下息怒，臣在家中饮酒，非只为娱乐消遣，亦在酝酿破敌之计耳。"

宋真宗听寇准如此说法，口气稍微缓和了一些，急切想知道寇准的破敌之计是什么："既是如此，寇爱卿不妨讲来，与众卿家共议。"

"臣亦彻夜未眠，为陛下谋划一上上破敌之策，如今已是成竹在胸，全局在握，臣以为唯有此计才能击败契丹，确保河北无虞！"

寇准见皇帝和文武班中众臣僚都在眼巴巴地看着自己，这才一字一板地说出这条上上之策："陛下欲击败契丹，扫清河北，此事不难做到，只需数日即可。臣请陛下御驾亲征，讨伐契丹，且敌情严重，事不宜迟，请陛下即刻起驾！"

寇准此话一出，朝堂之上，一片哗然，尤其是寇准要皇帝即刻起驾上路，众人不由得面面相觑，大惊失色，纷纷指责寇准是乱出主意，这算什么上上之策，简直是在拿朝廷大事开玩笑，众人起身准备退朝。

寇准制止了众臣僚，一定要宋真宗答应他的请求，与大家共议亲征之事。

宋真宗面有难色，对寇准说："爱卿要朕亲征，也当慎重万全，妥为计议，不可造次，卿家要朕即刻起驾，未免过于仓促。"

宋真宗说完，欲起身退转后庭。

寇准知道皇帝事到临头，有些心虚胆怯，如果退回后庭，亲征的事就会如同泥牛入海，不再会有结果。因为在皇帝身边的妃嫔、宦官这些人不希望皇帝离开京城，文武大臣中的个别人也会趁机向皇帝泼冷水。如今为了实现自己的退敌之计，必须趁热打铁，不让这些人的计谋得逞，全力促成皇帝亲征之事。

寇准仍然坚持说："陛下一旦入内，臣等今日就不会再见陛下之面，御敌大事久议不决，如之奈何！望陛下以国事为重，与臣等共商大计！"

宋真宗被逼无奈，只好重新坐回御榻之上，把他曾引为荣耀的御驾亲征真正提到了日程上来。

寇准的担心并不是多余的，虽然宋真宗夸下海口要亲征契丹，但他显然还缺乏真这样做的思想准备，眼前真宗的犹豫动摇即可证明。文武臣僚诸人出于各种考虑，对皇帝亲征的事在思想上也未形成共识。

实际上，在寇准正式奏请皇帝起驾亲征之前，就已经有人鼓动宋真宗避敌南巡了。

参知政事王钦若、金署枢密院事陈尧叟二人，地位虽不如寇准高，但颇得皇帝的信任，宋真宗对他们言听计从。这次辽军大规模入侵后，王、陈二人窥见宋真宗不想打仗的内心活动，先后进言，请皇帝离开京城，避敌南巡。所谓"南巡"，实际上是置河北州县、军民于不顾的逃跑。

王钦若祖籍临江军（今江西清江境），所以他请宋真宗出幸金陵（今江苏南京）。陈尧叟祖籍阆中（今属四川），所以他请宋真宗出幸成都（今属四川）。

宋真宗因当此紧要关头一国之君的南巡事关重大，未肯轻易表态，就此机会向寇准征询道："契丹来势汹汹，京师恐难保全，除北上亲征外，南巡金陵或成都，卿以为如何？"

寇准稍作思忖，断定这个主意一定是王钦若、陈尧叟二人谋划的。此时，王钦若、陈尧叟二人也在场，寇准便佯装不知，大声说道："是何人为陛下出此下策，其罪莫大焉，可杀不可留！臣请求陛下先斩此人，以祭征鼓。如今我大宋天子神武，将帅协和，士卒骁勇，只待陛下车驾一出，契丹当望风瓦解，不战自退，河北廓清，边境晏然。如或不然，则亦可出奇谋以制敌，坚守城池以疲其师，以逸待劳，伺机破敌，我已胜算在握了！"

寇准说到这里，环视王钦若、陈尧叟诸人，不觉又加重了语气说："陛下为何轻信怯懦小人的一派胡言，抛弃宗庙社稷，置河北军民于不顾？南下远幸金陵、成都，劳师糜费自不必说，南巡车驾一动，必导致我民心崩溃，斗志瓦解，契丹乘虚而入，天下不可保矣！当我雄师凯旋之时，陛下复有何面目以对天下臣民，以何言语告慰列祖列宗在天之灵？"

寇准的这一番话说得宋真宗的脸上红一阵白一阵，颇有些不自在，不敢正视寇准，支吾搪塞道："爱卿言重了，朕不过说说而已，并没有人向朕提起过南巡之事。"

此时的王钦若、陈尧叟，虽然被寇准痛加斥责，却因寇准并未确指他二人，不便发作，只好在一旁低头听着，但可以看得出他们二人如芒刺在背，浑身不自在，只能在心中痛骂寇准而已。他们盼望着寇准快些说完，退朝后再作理论。

寇准对王钦若其人颇为了解，此人阴险多智略，善权变，惯会做些八面玲珑出谋划策的勾当，尤其是投真宗之所好，左右逢源，为常人所不能及，人称"五鬼"之首，可见其奸邪狡猾之甚！如果继续让王钦若留在朝廷中，很难避免他再向皇帝进言出坏主意，破坏自己的抗敌大计，必须设法把王钦若调离皇帝身边才行。

恰好此时天雄军（今河北魏县）节度使一职出缺，朝廷正在物色人选。寇准抓住这一机会当即向宋真宗进奏说："契丹深入，前线告急，而天雄军为河北重镇，万一沦于敌手，则河北尽为契丹所有。故天雄军不能一日无帅，恳请皇帝陛下选一重臣出判天雄军，以安天下万民之心！"

宋真宗果然顺着寇准的话问道："爱卿所言甚是，卿以为何人可以胜任此职？"

寇准随即答道："臣以为当此危难之际，群臣中能胜任此职者莫如参知政事王钦若，还请皇帝陛下圣裁。"

寇准又转身对王钦若说："大敌当前，皇帝御驾亲征在即，不是你我推诿塞责、强调困难之时，参政为朝廷股肱大臣①，向为皇帝陛下所倚重，当能深体此意！"

王钦若眼见得事情弄到这步田地，虽然心中十二分的惊惧和恼怒，还是不得不硬着头皮上前跪谢领旨。

事已至此，王钦若仍然不肯放过寇准。他心里想，你寇准设计把我弄上了前线，岂能善罢甘休！你也休想轻松自在。

"皇帝陛下即日启行，难道寇相要居守京师吗？"王钦若好像抓住了寇准的把柄，恶声恶气地问寇准。

其实，王钦若此举是彻头彻尾的以小人之心度君子之腹，寇准料到王钦若会借此反咬一口，便正色慨然答道："皇帝陛下亲征，本相当为前驱，此乃义不容辞，不敢留守京城自安！"

王钦若登时语塞，无言以对。一场朝会上的争论就此结束，宋真宗终于下了亲征的决心。

宋真宗颁诏正式任命王钦若以参知政事判天雄军②兼都部署，提举河北转

---

① 参政：参知政事的省称。

② 判：古代官员以高官位出任低职务，称判。

运使①。

朝会上的争论刚刚结束，定州前线又送来边报，称辽军攻城未能得手，聚兵阳城淀稍作休整。近日复由萧太后统领西进，重整旗鼓，集诸部精锐企图再渡唐河，强攻定州。宋军沿唐河设置寨栅，以水为险阻击辽军，其渡唐河攻取定州向宋境纵深进攻的计划复遭失败。其他诸路宋军或斩获辽军游骑，或劫获辽军辎重，也有捷报不断传来。

宋真宗展阅边报文书，不禁喜从中来，略觉心宽，对亲征似乎充满了信心，吩咐有关机构加快打点起驾事宜。

这一日，宋真宗在后庭忽然接到莫州（今河北任丘）兵马都部署的紧急奏报，宋真宗以为军情有变，匆忙拆开展阅。原来边将石普在奏报中向宋真宗报告说辽朝皇太后萧燕燕派出使者与宋军前线将领秘密接触，表达了辽朝愿意停止进攻，与宋朝议和的意向，烦请石普向朝廷转达此意，并愿意就罢兵议和之事作进一步商讨云云。

令宋真宗大为惊异的是，在石普的奏报中还附带着宋朝已将其列入殉难名单而事实上却已在辽朝做了官的王继忠的秘密奏表。

王继忠在奏表中这样说："咸平六年康村一役，臣孤军力战，援军不至，力屈难支，遂被生擒。深感契丹皇太后、皇帝陛下知遇之恩，以徒死无益，遂事契丹为臣子。臣顾念皇帝陛下谆谆教诲，眷恋妻儿老小天伦之乐，一日未尝忘怀。

"如今为赎回背弃君父之愆，唯有以臣之绵薄之躯，尽力于息民止戈，使南北和好，以聊报陛下厚恩。何况契丹皇太后、皇帝久仰陛下圣德，愿共修盟

①提举：宋代官制中差遣名目；转运使：掌军需诸物资筹措调运等。

好。臣以为玉成此事，还须仰仗陛下之睿慈。陛下若能依允，臣下之幸，南北万民之幸！两国交兵，关山阻隔，因此遗表莫州石普，乞代上达天聪。"

显而易见，王继忠给宋真宗上表，为辽宋双方的议和活动牵线搭桥，绝不是王继忠个人的自作主张，而是秉承了萧太后的旨意行事的，萧太后之所以没有由朝廷派遣使臣赴宋朝交涉议和之事，而是通过辽朝大臣与宋军前线将领接触的途径，首先发出停战议和的信息，这是萧太后在两国尚处在交战状态下对议和活动采取了比较谨慎的方式，如果宋朝响应议和，则可以顺其自然，使议和向高层次发展，如果被宋朝拒绝，又不致太失尊严和过于被动，保留了较宽裕的回旋余地。

萧太后在对宋朝和战问题上的重大转折和变化，绝不是她心血来潮作出的决定，而是对辽宋间的长期战争进行反思的结果，是对其中的利害关系反复权衡，经过深思熟虑，慎重抉择的结果。

辽朝尽管在多年来对宋朝的军事袭扰中打过一些胜仗，但从总体上说，并不对宋朝占有绝对的压倒优势，辽朝和党项羌的互相配合协同，尽管让宋朝疲于应付，焦头烂额，但并没有彻底制服宋朝，使其束手就擒，更不具备在短时间里灭亡宋朝的条件。尤其是这次侵宋屡战不利，迫使萧太后重新调整对宋朝的策略。

在这种既定的双方力量对比均衡的条件下，与其兵戎相向，两败俱伤，不如化干戈为玉帛，停止这场没有止境的战争，免得遗祸子孙后人。这就是萧太后授意王继忠上表宋真宗表示愿意议和的真实动机。

然而，大军既已出发进入宋境，而且没有得到宋朝是否响应议和的确切答复，碍于脸面，不能把正在进行的战争停止下来。所以萧太后在部署与宋朝议和的同时，仍指挥辽军进攻不止。

第二天的朝会上，宋真宗把王继忠的奏表交给众大臣讨论措置办法。

宋真宗对王继忠在奏表中追念君臣旧情，亦觉怆然，以事出有因，他对于王继忠投降辽朝也无心多加指责。只是对信中所述辽朝萧太后议和意向不敢相信，他斟酌再三，对诸臣说："我朝太宗之时，亦曾经以与契丹议和为利，遣使北向，未得要领，无功而还。朕即位之始，吕端诸人亦曾建言与契丹议和，借太宗皇帝大行，遣使告哀，进而言欢通好；后则有何承矩提出两国边界短兵相接，可遣一介小使向契丹守边官长转达朕意，终因两国连年交战不已，时机难觅，未能如愿。朕以为自古獯鬻^①、匈奴之类，均为中原强敌，除非施之以怀柔之术，又威之以大兵，则其犷悍之性难以降伏。契丹亦夷狄之性，王继忠奏表虽至，契丹皇太后、国主议和之说，着实令朕难以置信。"

宰相毕士安历来主张与辽朝议和，见有王继忠奏表，则辽朝萧太后、皇帝已有议和的意思，就想促成此事，劝说宋真宗正式回复辽朝响应议和。

毕士安对宋真宗说："皇帝陛下所言虽然不无道理，但契丹此番入侵，兵锋屡挫，不甚得志，转而议和，大势所使然，不得不如此。臣曾经遇契丹投降官员，契丹皇太后欲停止进兵悄然北撤又耻于无名，尚在徘徊之中。依臣之见，王继忠此奏必不妄，难道契丹皇帝不怕我大军乘虚而入，覆其巢穴吗？皇帝陛下不妨诏复王继忠，转达陛下允开议和之意。若契丹挑衅，整兵迎战不迟！"

宋真宗对此仍有顾虑，说："众卿家只知其一不知其二，契丹以大兵深入，无功而请盟，与我议和结盟后，必然另有邀求。如果要朕屈己含忍，与民

_____

① 獯鬻：古代北方少数民族。

休息，为此而遣使议和，即使朝廷破费些许钱财，犹可一试。所忧虑的是关南土地曾属契丹①，如果契丹以收回此地为要挟，则无丝毫谈判余地，朕当亲提六军，誓师北上，与契丹一战！"

宋真宗以辽朝首先表示议和，顿觉气壮了许多，说话也与当日寇准请他亲征时大不一样了。

宋真宗接受了毕士安的建议，当即给王继忠手书诏令，在诏令中这样写道："今览卿家奏疏，深嘉忠君体国之恳诚！朕自继登大宝以来，视天下万民为赤子，总是考虑如何止息战乱，使人民安居乐业，从未想到逞一己之私欲而穷兵黩武，置人民于水深火热之中！此诏到日，卿可将朕意转达契丹皇太后、皇帝陛下，若确有议和诚意，即附边关大臣进奏。"

宋真宗在此也采取了与萧太后相同的方式，没有直接派出使者去辽朝，而是让王继忠与宋朝的军队将领从中传递消息，因为这关系到王朝和皇帝的尊严。此后不久，宋真宗第二次接到王继忠的上奏，转达了辽朝萧太后要宋朝方面首先派遣议和使者的请求，宋真宗也以既然辽朝先提出议和，则辽朝应该首先派出使者至宋朝为由加以拒绝。

在辽宋间的议和活动通过信使往来进行之时，前线的战事仍然没有停下来。萧太后指挥辽军沿葫芦河向东运动，似有南进企图。宋真宗下诏北线各部宋军整兵严备，令保州各地沿边军队选调精锐轻装袭扰辽境，在辽军背后发起攻势，形成腹背夹击态势，使其不敢纵兵南下。

至十月丙戌日，辽朝大军冲破宋军的阻截，进至瀛州（今河北河间）城下，展开了此次南侵以来规模最大、最激烈的攻坚战。

---

① 关南：指瓦桥关以南，属当年石敬瑭献辽部分，后周世宗柴荣北伐时收复，置雄州。

瀛州也是宋朝北部防御体系中的重要据点，每逢辽军大规模南侵，瀛州城都要经历一番攻与守激烈争夺的洗礼。因此，宋朝方面对于瀛州城防格外重视，每年都要由朝廷拨发银两，征发当地百姓修缮加固楼橹，开掘疏浚护城壕，才有如今瀛州城的气势，城高壕深，楼橹完备，在宋朝边防诸城中可称得上是一座固若金汤的城池。

瀛州知州李延渥为应付辽军的攻城早有准备，除本州驻军、乡丁之外，又调动了贝（今河北清河境）、冀（今河北衡水冀州区）诸州巡检使所辖军队入城，增强了防御力量。又在城中储备了足够的粮草、滚木、垒石诸物。

辽军在瀛州城外扎下大营，昼夜分番攻城，而且，辽军在攻城中投入了大量兵力，多是在四面同时攻击。萧太后和辽圣宗经常亲临攻城前沿，为将士擂鼓助威。辽军射在城墙、城楼上的箭如同猬毛一般密集。萧太后于此役大有孤注一掷、志在必得的架势。

宋军则主要以滚木、垒石反击辽军，木、石纷飞而下之时，尘埃漫天，血肉横溅，哀号之声不绝于耳。辽军强攻 10 余日，瀛州城竟岿然不动。

萧太后面对坚城无可奈何，只好抛下 3 万多具辽军将士的尸体，带着数量更多的伤员，解瀛州之围继续南进。

辽军退去，宋军在瀛州城下收缴了辽军用于攻城的云梯、撞车等器械，其制造工艺极其精巧，坚固适用，外表都包裹着铁皮，具有抗燃烧的性能，令宋军中打造器械的工匠叹为观止。原来，辽军的大规模行动，都有奚族工匠随军行进，专职造车或打造攻城器械。奚人的造车技术在北方各民族中是最为讲究的，辽朝的各类车，尤其是社会上层的乘用车多为奚人所造。

在瀛州攻城的第二年，瀛州城中军民在疏浚护城壕时，竟从中掘出辽军射出的箭 40 余万支，可见当时攻城战斗之激烈。

当瀛州大战正在进行之时，王继忠又通过石普进奏宋真宗称："契丹大军齐集瀛州城下，攻势猛烈，前所未见，胜负难以预料，若契丹得胜，则必然以关南旧疆为辞，恐不利于朝廷，乞请皇帝陛下尽早遣使与契丹议和，以防战局发展不利于朝廷。"

王继忠此奏虽然看起来有一点耸人听闻，有些帮着辽朝向宋真宗施加压力的味道，但他的担心也并非没有根据。如果瀛州被辽军攻占，宋朝在将来的议和中将会被动许多。

不久，宋真宗接到了瀛州军民胜利粉碎了辽军围攻的捷报，心中欣喜异常，王继忠奏疏中所担心的事情终于没有发生。宋真宗在又接到其他诸路宋军的捷报后，更觉心中有底，便对宰相寇准诸人说："契丹所至，攻不能克，战不能胜，已无甚气势。遣使议和一事，不必计较先后，纵然是我朝先发，亦无损尊严了！"

于是，朝廷在禁军神勇军中招募了勇敢机智的士卒李斌带着信箭先期赴王继忠处通报宋朝已同意遣使议和事。宋真宗则令枢密院在官员中挑选头脑灵活，能言善辩，又不怕威胁利诱的人充当议和使者。

当朝枢密使王继英向宋真宗推荐武臣曹利用。宋真宗不太放心，对王继英说："议和重事也，关系我朝利害荣辱，爱卿勿轻用人。曹利用何许人？堪当此重任否？"

"曹利用擅长谈辩，忠于职守，慷慨有志操，现任走马承受公事。此人为议和使者，定当不辱君命，皇帝陛下尽管放心！"王继英向宋真宗打了包票。

"果如卿言，最好不过，可授他阁门祗侯、崇仪副使之职，即日奉书起程就道，快去快回！"宋真宗当即为曹利用加官，授他与朝廷使者官阶相应的职务。

曹利用在临行之际，宋真宗仍不能完全放心，特召曹利用入宫，百般叮嘱道："此番契丹大兵来犯，与往年入侵并无两样，无非欲拓展疆土，或觊觎我朝之财富。关南土地自本朝开国即已领有，至今 50 年有余。契丹以此为辞，卿断然回绝无妨，此乃祖宗所遗，绝无谈判余地，万不可自作主张，轻易让步！说到财富，汉朝时曾经把金玉、绢帛送给匈奴酋长单于①，我朝物华天宝，不妨也这样做，以为可循之先例，可与契丹妥为商讨，望卿切记！"

"皇帝陛下放心，臣此去定牢记教诲，不负陛下厚望，契丹若妄有所求，臣将据理力争，寸步不让！若损没大朝天威，臣不敢生还再见皇帝陛下！"

曹利用在平时对辽朝的频繁侵扰常有愤愤不平之色，如今有幸身负朝廷使命，又有皇帝郑重嘱托，顿觉慷慨不凡，豪迈之气溢于言表。

宋真宗十分欣赏曹利用的豪壮气概，优言勉励道："爱卿竭诚为国，朕还有什么忧虑呢？朕在此静候佳音！"

曹利用从澶州浮桥过黄河北行至天雄军。此时萧太后指挥的辽朝大军前锋已经由瀛州来到天雄军的治所魏州城下。

天雄军兵马都钤辖孙全照疑虑辽朝至今仍在全力推进，并没有议和的诚意，通过刚刚上任的天雄军节度使王钦若把曹利用滞留在魏州城中，不放他继续北行。

萧太后待大军会齐，未及休整，便全力展开攻城作战。魏州是唐朝中后期以来黄河以北最著名的藩镇所在地之一，经过数百年割据军阀的不断增筑修

---

① 单于：单音 chán。汉朝称匈奴首长为单于。

缮，不仅城区规模大，其城防楼橹之完备坚固也绝非瀛州城所能比拟。

尽管如此，十几万辽军兵临魏州城下，毕竟还是第一次，城中吏民将士仍不免恐慌。节度使王钦若在分派守城任务时遇到了难题，将领们谁也不愿意去把守辽军进攻中首当其冲的北门。于是，王钦若与诸将商议用探符的方法决定各部宋军守城的方向[①]。

天雄军兵马都钤辖孙全照为人性情刚烈严毅，且仗义豪爽，是一员骁勇果敢又知兵略的战将，他见诸将有为难之色，便对王钦若说："在下为将家子弟，自幼出入兵阵，以冲锋陷阵为乐事。乞请参政不必探符，各位将军只管选择各自以为合适的方向，有他人不肯当者，由在下承担好了！"

众将领选择的结果，很自然的是留下了北门，大家谁也不肯去。孙全照集结本部兵马奔赴北门，准备迎敌。

本来王钦若由朝廷大臣初次出任方面军事长官，也想借此机会表现一番，给寇准诸人做出个样子看看，他向诸将宣布将统领一支兵马把守南门。

孙全照对王钦若说："参政为全城主帅，岂可只守南门？一旦开战，军务繁剧，仍须参政谋划决策，发号施令，从北门至南门有20里之遥，请示、答复、报告军情，往来迁延，必然贻误军机。依在下之见，参政莫如居守城中府署之中，以为中军大帐，指挥四面守城作战！"

众将也随声附和孙全照的建议，认为王钦若偏处南门，将对全城守城作战的协同带来极大不便，一致要王钦若居中指挥。

"诸位将军既然同此动议，本官还是尊重大家的意见。望诸位同心勠力，杀退契丹，确保本城安然。"王钦若说罢，吩咐众将各就各位，小心守城。

---

①探符：即抽签。

孙全照有一支由他自己亲自教阅训练的强弩射手队，所用朱漆强弩是他自己动手设计制造的，威力甚大，在百步之内可穿透人马重甲，人被射中，会立即毙命。又以其设计精巧，便于携带，可随处施放，是守城应敌的最好武器。

孙全照把强弩分置于北门两侧的城墙之上，然后大开城门，放下吊桥，坐待辽军来战。

辽军果然中了孙全照的疑兵之计，尽管城门洞开，却不敢纵兵来攻，而是绕过北门，以其精锐全力攻打东门。

辽军攻打东门数日仍无尺寸进展，萧太后接受了萧挞览的建议，认为攻城作战并不是辽军骑兵的长处，如此旷日持久地攻城，只能消磨辽军的锐气，必须设计引宋军出城，充分发挥辽军骑兵机动性强、冲击力大的优势，才能打败宋军。

于是，萧太后和萧挞览共同策划了一个欲擒故纵的计谋。在一天夜里，萧挞览下令攻打东门的辽军撤围而去，扬言要去攻打魏州城以南的旧城。辽军借助夜幕的掩护，一部分兵马又悄悄潜回魏州城南埋伏下来，大部分在萧挞览的指挥下继续南进对德清军发起猛烈的攻势。

王钦若接到德清军守军告急要求增援的报告，未及细想便亲自率城中主力出南门驰援德清军。

王钦若出南门不远，来到一个叫狄相庙的地方，只听一声号角，辽军伏兵骤起杀向宋军，王钦若和他的部下被辽军包围，想进进不得，想退又无退路，全军的处境十分危急。

孙全照此刻正坐镇魏州北门，因无辽军来战，数日来已是闲得内心急躁。当他听说王钦若所率兵马在城南遭伏击后，对身边诸将说："参政所领为天雄军精锐，若全军覆没，天雄军则定会沦于契丹之手。相形之下，如今北门已无甚紧要了！"

孙全照说完，留下少数将士固守北门，率大部出南门救援王钦若。魏州守城开战以来，孙全照的强弩兵第一次大显神威，箭箭无虚发，打得辽军人仰马翻，不能抗衡，纷纷掉头奔窜。

孙全照把王钦若和他率领的将士从辽军的包围下解救出来，重新返回魏州，但是，十成兵力已经折了四成，德清军也被萧挞览攻占。

辽军自攻打瀛州以来屡屡未能得手，士气已大受影响。然而，又有人解释说伏击王钦若的成功和攻占德清军的胜利，又重新燃起了辽军将士的希望之火，战争气焰再度嚣张，萧太后、辽圣宗君臣又在酝酿新的进军计划，因为德清军距黄河岸边只有一步之遥。

前线战争局势的新发展，给宋朝以很大震动，再一次动摇了宋真宗御驾亲征的决心。

本来，宋真宗已经颁布了亲自讨伐契丹的诏书，即将起驾就道。德清军失守的消息传来，朝廷中又起波澜，原来主张宋真宗南巡避敌的人又旧事重提，甚至有的人还把早就准备好的金陵、成都的城邑图献给了宋真宗。

宰相毕士安因年事已高，又患病卧床，不能随驾北上，他听说了这些情况后，马上抱病约寇准进见宋真宗，劝谏皇帝放弃南巡打算，力主北上亲征御敌。

正当这个关键时刻，又有司天台官员报告说发生异常天象，白昼可以看到太白星①，又有流星从上台之北穿过斗魁②。异常天象按占星家的解释，是上天对人世间的人事祸福进行警告的表现。

当时就有人对新发生的异常天象解释说："太白昼见，主诛杀，为不吉之兆；流星过上台穿北斗，大军不宜北向。"

然而，又有人解释说，这种异常天象所预示的凶兆也是可以使其化为乌有的，厄运是可以避免的，这就是必须有一位朝廷大臣在近日内死去，或许能够兑现这样的结局。

毕士安对寇准说："皇帝陛下亲征，举国瞩目，在下本当随驾从行，无奈染病在身，陛下手诏不允。如今北巡大计已定，一切只好有劳寇相了。在下若能以微贱之躯冲销星变以成就破敌大事，也是心甘情愿的！"

毕士安又转而对宋真宗说："日月星辰之运行，本属自然，灾异之说，不足为训。皇帝陛下睿智天聪，当不会受此无根之说蒙蔽。乞请陛下早日起驾就道，驱逐契丹，扫清北疆，以副臣民之望！"

宋真宗总算在寇准、毕士安的说服下登上了亲征的路程。

十一月庚午日，在司天监为宋真宗择定的黄道吉日，宋真宗一行大队人马浩浩荡荡离开都城汴梁（今河南开封），取道封丘（今属河南）、长垣（今河南长垣境），驻跸韦城（今河南滑县境），离黄河只有一天的路程了。

一天夜里，宋真宗在韦城行在接前线报告③，辽朝大军已经从德清军向南逼近了黄河，这不免在行在上下引起一番新的震动，而且，应调赴行在的扈从④

---

① 太白星：即金星，以其光耀夺目，故称太白。

② 上台：星座名，属紫微垣；斗魁：北斗星的第一至第四颗星，即斗柄。

③ 行在：皇帝临时所在的行营。

④ 扈从：皇帝出巡时的护卫军。

军队至今迟迟未到。随行大臣中又有人乘机向宋真宗提出南巡，宋真宗也为之心动，北行决心再度动摇，命人请寇准前来商议。

寇准应召来到宋真宗行帐，行至帐前，只听见里面的宦官对宋真宗说："此行前途吉凶未卜，真不知这些朝廷大臣要把官家弄到什么地方去？趁此离契丹军队尚远，官家何不转而南巡？"

这些本是侍奉皇帝的奴才，因整日活动在皇帝身边，颇受宠信，干些弄权敛财的勾当。寇准对这些人向来不屑一顾，如今见他们也蛊惑皇帝，破坏抗敌大计，不由得怒火中烧。由于皇帝召见，寇准强抑怒气，拜见宋真宗："不知陛下深夜召见臣下有何要事？"

宋真宗首先开宗明义直接发问道："卿以为南巡如何？"

寇准联系刚才听见的宦官的话，就明白了宋真宗现在为什么又提出南巡的事。寇准说："目前契丹骑兵已迫近黄河，河北危急，举国人心浮动。臣以为陛下为今之计，唯有进尺，不可退寸！前线将士都在日夜翘首企盼皇帝陛下之莅临，以壮军威，激励士气。否则，皇帝陛下若后退半步，则土崩瓦解，不可收拾。更有甚者，契丹必然乘虚追蹑而至，大好河山，沦为敌手，皇帝陛下欲幸金陵、成都，亦不可得矣！时至今日，朝臣之中仍有人畏敌如虎，持避敌不战之论，乡老村妇不如，乞请皇帝陛下，勿为所惑！"

行在侍卫军将领、殿前都指挥使高琼对那些鼓动皇帝南巡的人深恶痛绝，他也对宋真宗说："寇相所言不差，且随驾将士之父母妻子多在京师，无人愿意随皇帝陛下避敌南行，行至途中，尽皆亡去耳。有臣等及将士效死力战，契丹是可以战胜的，若皇帝滞留于此，迁延不进，恐契丹气焰益发嚣张，贻误军机，愈不利矣！"

　　韦城行在中围绕北上还是南巡的斗争，由于宰相寇准等人的坚持，宋真宗再一次打消了南巡的念头，同意继续北上。

　　十一月壬申日，萧太后、辽圣宗和他们指挥的十几万兵马终于来到了黄河岸边的澶州（今河南濮阳）。

　　澶州是宋朝河北东路中仅次于瀛州、天雄军的州城，战略地位十分重要，以其濒临黄河，成为宋朝北方防御辽朝的最后一道屏障，辽军只要攻占澶州，便可直指宋朝的统治中心都城汴梁。澶州地位之重要还在于它是黄河下游南北交通的咽喉，由于受当时物资和技术条件的限制，还不可能在黄河上架设桥梁，而澶州却是当时在黄河上建有联结南北岸浮桥的州城之一。因此，澶州又是横跨黄河而建的州城，一半在黄河南岸，一半在黄河北岸。

　　辽朝要在军事上形成对宋朝的强大压力，乃至打过黄河，重温当年辽太宗耶律德光统率铁骑兵临洛阳、汴梁的旧梦，就必须首先攻占澶州，控制黄河浮桥。这也许就是萧太后在这次入侵宋朝的战争中，在屡战不胜的形势下，仍然不顾孤军深入可能造成的严重后果，长驱直指澶州城下的原因。

　　辽军分别从东、北、西三面包围了澶州北城，宋军前线主帅李继隆则在北城的城墙和楼橹上部署了强弩兵，以逸待劳，随时准备反击辽军的攻城。北城内外笼罩在一片大战即将开始的紧张气氛之中。

　　辽军的攻城作战部署已毕，先锋将萧挞览率领亲随骑兵抵近北城巡视前线地形。

　　萧挞览的出现，被在城楼上守着床子弩的威虎军军头张环候个正着[①]。张环遥见辽军阵中驰出少许骑兵，其中一员将领所乘坐骑和身着铠甲十分显眼，透

────────────────

[①] 威虎军：宋朝禁军名号；军头：宋军低级军职。

出一股与众不同的英武气概，料定该人绝非等闲之辈。

张环随即指挥士卒移动床子弩，瞄准萧挞览的身影，按动弩机，只听"嗖嗖"几响，弩箭如同一窝蜂般疾飞城下，其中一支弩箭恰好射中萧挞览的额头。这种弩箭因其发射动力大，威力无比，凡是人马被射中者无不毙命，极少幸免。

萧挞览连叫都未来得及叫出声，应声仆倒在马下，亲随骑兵慌忙抢上前来，拉的拉，抬的抬，总算把受了重伤的萧挞览救回大营。此时的萧挞览已是额头迸裂，血污涂面，气若游丝了。终因伤势过重，萧太后派来的御医也没有办法拯救萧挞览的生命，在当天夜里便不治而死。

萧挞览是辽朝继耶律斜轸、耶律休哥之后最具威名的优秀将领，他上通天文，下懂地理，是契丹中智勇兼备的军事人才。萧太后摄政以来，他几乎参与了辽朝所有的对外扩张战争。他尤其积极主张对宋朝的战争，成为萧太后武力袭扰宋朝政策的得力执行者。每逢萧太后亲驾侵宋，必然要任命萧挞览为先锋将，他也确实打了许多漂亮仗。

萧太后得知萧挞览负伤死去的消息，亲自来到装运萧挞览尸体的辒辌车前①，抚车痛哭，并下令其行营之中辍朝五日②，同时停止攻城，为萧挞览举哀。

尚未正式开战，辽朝就折损了头号战将，无疑使刚刚燃起的希望之火被从天而降的倾盆大雨所浇灭，辽军上下稍有振奋的士气又全部化为乌有，将士中畏敌厌战的情绪在不断滋长。

萧太后、辽圣宗本打算再接再厉，在澶州城下再作一搏，寄希望于在军事

---

① 辒辌车：原为代步之卧车，有窗，开之则凉，闭之则温。后专指载运尸体之丧车。

② 辍朝：停止上朝。

上能有新的转机。虽不奢望能占领澶州，打过黄河，但总是认为澶州之战能给宋朝施加一些压力，使辽朝在正在交涉的议和中占据主动的有利地位。

然而，战场上的突发事件却把辽朝推向更为不利的境地。萧太后在痛失爱将之后，对于自己所处危险境地也感到日益不安。她和皇帝统率的十几万将士深入宋境数千里，来到澶州城下，前后左右皆为宋军，前进，攻占澶州，打过黄河，萧太后已经对此不抱希望；后退，则退路已被宋军堵死。在澶州城下胶着时间越长，全军覆没的危险性就越大。

五、战不胜澶渊成和议

在辽军受阻澶州城下，战场形势不利的条件下，萧太后加紧了与宋朝议和的步骤。

正在向澶州行进途中的宋真宗接到李继隆派人送来的捷报，阅后欣喜之情溢于言表，他对寇准等人说："朕向来以息战安民为念，怀柔来远，抚慰夷邦。本已遣曹利用与契丹议和，而契丹却不自量力，仍纵骑深入，其大将萧挞览之死，难道不正是宣告我大宋必胜，契丹必败的征兆吗？"

紧接着，宋真宗又令学士笔录诏令，对李继隆等诸将发号施令："目前已是隆冬季节，黄河封冻在即，可渡人马辎重，广谕沿河诸军小心预防！沿河诸军可选调将士，组成凿凌军，日夜巡视河面，有冰即凿除之，勿使封合。朕已决成算，若契丹再侥幸进犯，或于盟约之际，妄有要求，则挥师痛击之，朕言出令随，毫不宽贷！"

十一月丙子日，在亲征问题上经历了一波三折的宋真宗终于到达了澶州，来到抵御辽朝入侵的前线。

澶州守军主将李继隆率领一班文武官员在城郊接驾，把宋真宗迎至南城。李继隆上前禀道："北城已成前沿，契丹迫近，而且馆舍多狭窄潮湿，不便陛下将息。以万全计，请皇帝陛下暂且驻跸南城，待敌情稍缓，再过河不迟！"

说罢，派人腾出驿舍，打扫装饰一番，暂时充作行宫，安置宋真宗一行。

但是，寇准等人仍坚持皇帝既已来到澶州，就一定要过河到北城，不然又怎么能说是御驾亲征呢？前线将士看不到陛下，怎么能振作士气英勇杀敌呢？

寇准见宋真宗面有为难之色，早已窥测到他的心理活动，知道他不晓前线虚实，心中胆怯，便耐心劝说道："皇帝陛下顶风冒雪，不远千里来到澶渊，只为击败契丹而来，若不过河至北城，则前功尽弃矣！民心益危，军心益摇，更不足以震慑契丹之气势，迫使其罢兵议和。"

"契丹兵临澶州，其劣势毕现，黄河以北诸战略据点仍在我军之手，契丹欲退不能。澶州北城有李继隆、石保吉二将军列阵左右，虎视契丹，又河北诸部增援之师已陆续到达澶州附近，众志成城，以逸待劳，契丹欲进亦不能。澶州城堪称固若金汤，万无一失！皇帝陛下还有什么顾虑驻足不前呢？"

殿前都指挥使高琼等人认为宰相寇准所言在理，纷纷请求宋真宗不要驻跸南城，继续前行至北城，未待宋真宗表态，随驾官员已是七嘴八舌，争执不休。

随驾的签书枢密院事冯拯见众人在皇帝面前如此争论，有失仪态和体统，是对皇帝的不敬，尤其是有众武臣参与其间，令他不能容忍，便高声呵止道：

"皇帝陛下之进止，唯有宰执大臣参与议论[①]，其他人等一概退下！"

冯拯话音刚落，殿前都指挥使高琼早已按捺不住，起而怒斥道："官人以能写文章位居两府[②]，如今契丹大兵压境，官人为什么不口赋诗词以退敌兵？"

冯拯登时语塞，不能作答。

高琼随即下令扈从卫士和辇夫搬来御辇，扶持宋真宗登辇，径奔连接澶州南北城的浮桥而来。

行至浮桥南端，辇夫见黄河北岸辽军旗帜飞扬，寨栅连绵，看不见尽头，不由得惊慌失措，驻足迟疑，不敢上桥。

高琼见状，便手持杖棰击辇夫脊背[③]，厉声喝道："今已至此，还有什么可迟疑的？快快上桥！快快上桥！"

宋真宗此时明白，他已是箭在弦上，不得不发，只能向前，不能后退，只好下令辇夫加快行进的速度。

宋真宗乘坐御辇通过浮桥，穿过北城，登上城楼，随行的卫士打开黄色龙旗和御用黄色伞盖，簇拥宋真宗在城楼左右两侧城墙巡行一周。

北城城楼是北城的制高点，守城的宋军将士见黄龙旗和伞盖出现，知道是皇帝来到前线。于是，北城的数万将士雀跃呐喊，欢呼万岁，顿时山摇地动，数十里之外都可以听到，士气益扬，斗志百倍。

而城外辽军却为此心惊胆寒，不知所措，完全被宋军将士的气势所震慑。

萧太后仍不肯就此罢休，当即调集数千精甲骑兵冲至城下挑战。

① 宰执：宰相及相当于副宰相的参知政事，枢密院长官的合称。
② 两府：即中书门下和枢密院的合称，以其对掌朝廷政、军，故称两府。
③ 棰（zhuā）：杖或鞭。

寇准下令开城迎战，石保吉率军驰骋而出只有几个回合，辽军骑兵便不能招架，溃败而去。宋军乘势掩杀过去，多有斩获，只有少数跑得快的得以生还辽军大营。宋军得胜，鸣金收兵回城。

宋真宗在北城巡视守城营垒，慰问参战将士，将携带的大批衣物、酒食、缗钱等犒赐将士[①]。宋真宗所到之处，群情振奋，一片欢腾，斗志空前高涨。

此后，宋真宗便把澶州前线军事全权交给宰相寇准负责，督促诸将，加强防御，然后返回北城的临时行宫。

寇准有了皇帝钦赐大权，承制专决，号令明肃，关心官兵的疾苦，颇得将士的拥护。

住在北城行宫中的宋真宗，尽管每天都能收到城中各处的军情通报，及时掌握敌我态势，但他对北城的防御仍不能完全放心，尤其是想知道宰相寇准是怎样指挥作战的。

于是，宋真宗每天都要派心腹近臣去北城寇准住处，暗中观察寇准做些什么。派去的心腹连续数日都回来报告宋真宗说："宰相每日军事处置完毕，无他事可做，唯与僚属饮酒、听乐、开玩笑，做投壶游戏耳！"[②]

宋真宗听了汇报，放下心来，高兴地说："真宰相也！寇相如此从容不迫，朕还有什么可担忧的呢？"

肩负议和使命的曹利用经历了诸多曲折，直到宋真宗到达澶州以后，才从天雄军掉头南返，辗转来到澶州城下萧太后驻跸的行营之中。

曹利用被礼仪官引导行至萧太后所乘坐的车前，见萧太后与穿着汉官服饰

---

① 缗：原意为钓鱼的绳子；缗钱，指成串的铜钱，以 1000 文为一缗，故称缗钱。

② 投壶：古人宴会时游戏，宾主各以箭投壶中，中多者为胜，负者饮酒。

的人同坐一车，辽朝皇帝耶律隆绪则与蕃汉文武诸臣在车下排班坐定。

曹利用向礼仪官问道："与贵国皇太后并坐者何许人也？"

"上差初来我朝，有所不知，此人乃北院枢密使、大丞相韩德昌是也！"[①]

礼仪官见皇太后与皇帝、文武臣僚坐定，上前数步，朗声道："大宋朝使臣曹利用进见大契丹皇太后陛下！"

因此时辽宋尚属敌国，曹利用只能以使臣身份拜见辽朝的最高统治者萧燕燕。

曹利用上前拱手施礼，说道："大宋朝使臣曹利用问候皇太后陛下，有本朝国书在此，献太后陛下。"

"上差远来，一路辛苦！赐座！"萧太后回答了曹利用的问候，又吩咐礼仪官引导曹利用就座。

按照接待来使的礼节，是要设宴款待酒食的，即使在两国交兵的情形之下也是不能免去的。

萧太后和韩德让仍在车上坐着，在车轭上放置一块横板[②]，把盘盏碗碟及各种食物放置于横板之上，也有专门的宫女之类的人为之布菜斟酒。曹利用则被安排在车下，与辽朝的皇帝和蕃汉大臣共同进食。

曹利用在席间边饮酒应酬，边在心里思索着，他自进入辽朝行营后便有两个百思而不得其解的问题。一是在未出使辽朝之前，即听说萧燕燕以母后摄政，总掌朝廷大权，今日亲睹才知果然不妄。但是，让皇帝坐在大臣的位置，而让大丞相与她并坐，岂不是有悖君臣礼仪吗？二是，接见使臣的仪礼草率而

---

① 韩德昌：即韩德让，萧太后赐名德昌。

② 车轭：套车时架在牲口脖子上的曲木。

简略，给人以轻慢之感，或许契丹礼仪历来如此简单。

宴会完毕，萧太后、辽圣宗、韩德让等君臣邀曹利用进入大帐商谈议和事宜。

众人坐定，萧太后首先开口道："哀家与皇帝此番领兵南来，只为向南朝索回关南故地耳！南朝皇帝于此事可曾交代上差？"

"太后陛下所言'关南故地'，历来即是我大宋疆土，开国伊始就已领有，太后所言索回，不知何意，恳请陛下赐教！"

曹利用从容问道。

萧太后进一步说明道："关南之地为当年晋皇帝石敬瑭为答谢我太宗先皇帝发兵相助之恩，而划归我朝所有，不期周世宗柴荣兴师北上犯我疆界，夺去该地，至今已是45年了，理当物归原主，上差何以不知？"

曹利用说："皇太后陛下所言石敬瑭奉送关南之地于贵国，柴荣又夺地于贵国之手，我大宋朝统统不知也，与我大宋朝并无任何干系！"

"既无意归我旧疆，试问上差为何来使？"

萧太后已经有些愤愤然，口出质问之语。

曹利用答道："本使臣奉大宋天子之命，响应贵国议和倡议而来，为两国罢战退兵，交好结盟而来，皇太后陛下所言索回关南土地一事，我大宋天子未作任何交代，本使臣一概不知，超出本使臣职责范围之事项，不敢擅作主张与皇太后商议。"

萧太后追问道："上差此来，贵国皇帝陛下交代事项尚有几何？愿听其详。"

萧太后的口气显然比刚才温和了许多。

曹利用如实答道："我大宋朝天子顾念贵国地处朔漠，诸物匮乏，以我中原物华天宝，出产丰富，愿资助些许金钱、绢帛，以佐军国之用，表示我大宋朝与贵国盟好交往之诚意，数额之多寡，本使臣照例是不能自作主张的。"

曹利用果然雄辩，一番伶牙俐齿，滴水不漏，竟让精明的萧太后找不到破绽，奈何不得！

参与议和的辽朝蕃汉大臣们听了曹利用的话，也为之一时语塞，不知是顺着曹利用的话题谈下去呢，还是重新寻找其他的突破口。

汉官、辽朝政事舍人高正始走上前，声色俱厉地对曹利用说："我朝皇太后与皇帝陛下率大军前来，只为收复关南旧疆，若贵国只以些许金钱、绢帛轻易打发了之，我大军班师之日如何向国人交代，如何告慰列祖列宗？"

曹利用毫不示弱，与之争论道："君为汉人，亦曾熟读经史诸书，定然晓得此中利害，如何不为贵国从长计议？依君之见，贵国大军南来只为索回旧疆，而我朝也绝不应允，南北不免重开战端，兵连祸结，永无宁日，贵国亦唯有百害而无一利！"

萧太后听到这里，曹利用以教训的口吻对高正始这样说，实际上是说给她听的，这显然也不是议和的日程之一。萧太后不禁拍案而起，横眉竖目，咬牙切齿地大声叫道："贵国皇帝既无意归还关南土地，又不想多出财物金钱，如此议和从何谈起？上差难道不怕死吗？"

话音未落，便拥上来几个剽悍士卒，扭住曹利用，向大帐之外拖去。

曹利用一边奋力抗争，一边仍与萧太后争辩道："议和本来是贵国率先提出，我大宋朝天子不忍南北生灵涂炭，欲拯救万民于水火，所以派本使臣前来共议罢兵和好大事！而贵国反而强索本与我大宋朝无关之旧疆，显而易见，并无议和诚意！若如此，就是金钱、绢帛，贵国也未必能得到！本使臣若是贪生怕死之人，就不会前来了！"

原来，这只不过是萧太后用来恫吓曹利用的招数而已。两国交兵，不斩来使，萧太后也同样没有诛杀使臣的勇气。

萧太后见曹利用面无惧色，恐吓威胁未能奏效，只好向文臣班列中的宋朝降官王继忠，即耶律显忠使了个眼色。

王继忠见状，心领神会，急忙上前打圆场说："上差暂且不要动怒，既然已来我朝，诸事都可从长计议！"

说着，王继忠把曹利用劝出大帐，去他帐中歇息。

这边大帐中，萧太后与蕃汉文武诸臣仍就适才的话题继续讨论着。

萧太后说："由南朝使臣之态度所见，索回关南土地一事，南朝皇帝不会轻易允诺。我朝大军胶着于澶州城下已 10 余日，进不能克，退又十分危险。又接远探栏子马报告，称南朝军队又有陆续接近澶州者，长此延误，形势于我越发不利。诸卿家有何见解，尽可讲来。"

武臣班中早已有人按捺不住了，刚才曹利用在时，他们不好发作，也很难能插上嘴。见萧太后发话征询诸臣意见，便大声嚷道："太后陛下休要长他人的志气，灭自己的威风，南朝既然不肯交还关南土地，议和还有甚好处？请太后下令，我等再攻澶州，杀过黄河，直取汴梁，活捉南朝皇帝！"

议和以来始终未发一言的皇帝辽圣宗耶律隆绪，此时站起来挥手制止了武臣班中叫声，面向萧太后说道："依儿臣之见，议和既已开其端，以使臣往来，权作缓兵之计，再图良策可也！"

北院枢密使韩德让上前附和道："皇帝陛下言之有理。太后休要焦虑，诸位将军亦不可操之过急，依臣之见，南朝使臣拒绝将关南土地一事列入议和日程，此乃意料中之事。南朝既已遣使前来，两国大军又对峙于澶州城下，若我军按兵不动，南朝谅也不会兴兵犯我，故近期战事不会有大发展。何不就此机会派遣一位使臣，奉国书赴南朝，谒见南朝皇帝，仍以索回关南土地为辞，如此往还，总会有所突破！"

当即议定，由汉官、左飞龙使韩杞为使者，带着国书，随曹利用通过宋辽两军对峙的澶州北城，径赴设在南城的宋真宗行宫而来。

辽朝使者到澶州来，从礼仪上说比曹利用到辽军大营去要周到繁复得多了。

首先，韩杞入澶州，宋朝澶州知州要出城至城郊以礼迎接。入城之后有翰林学士为接伴使以接待之，住入驿舍后，又有馆伴使陪吃陪住。韩杞完成使命离去时，又有送伴使相送。

曹利用先赴行宫，向宋真宗详细报告了出使经过以及在辽军大营中议和谈判的细节。曹利用此行虽然未获成果，但宋真宗对他不惧威胁，据理力争，未辱君命的表现大加赞赏，优言褒奖。

十二月初一，辽朝使臣韩杞至行宫向宋真宗递交国书。按照礼仪，至行宫前殿，韩杞跪地将国书交给宋朝的阁门使，然后依次传递入内，由宰相寇准展读。阁门使传宣韩杞上殿，对宋真宗行跪拜大礼，口奏道："大契丹皇太后陛下令臣上问皇帝安康！大契丹皇帝陛下令臣上问皇帝安康！"

宋真宗答道："上差远来，一路辛苦，赐座！"

韩杞就座，又将临行前萧太后、辽圣宗、韩德让诸人交代之事复述一遍，大致内容与国书所记相差不多。

宋真宗听过后，说："上差可去馆舍歇息，自有国书回复贵国皇太后、皇帝陛下。"

在曹利用偕韩杞退出后，宋真宗对诸臣说："果然不出朕之所料，契丹南来，以索回关南旧疆为名，当妥为计议以回复之。"

在一旁的翰林学士赵安仁就回复国书的内容向宋真宗禀告说："契丹国书所言关南土地，不应列入两国议和日程，唯一可以讨论的是每年给契丹一定数额之金钱、绢帛，资其军国之用，以巩固和发展两国之盟，按此回复当否，恳请皇帝陛下裁度。"

宋真宗对宰相寇准诸人说："朕谨守祖宗所开创之基业，不敢稍有疏忽。契丹国书所言关南土地一节，断无讨论之余地！若契丹仍持此议，兴无名之师，朕别无选择，只有一战耳！朕实在怜悯黄河南北将士曝露，民众劳扰，颠沛流离。若能以岁给金帛换得契丹退兵罢战，不再袭扰，于我大宋国体亦无所损伤。朕固然不会因吝惜金帛而置万民于水火！可令曹利用即日持国书至契丹营帐宣布朕意。"

当即由翰林学士赵安仁按照宋真宗的旨意起草了答复辽朝的国书。

宰相寇准对上述宋真宗以岁给辽朝金钱、绢帛，与之结盟通好，即以财富换和平的方针，在最初曾持反对的意见，他与宋真宗在一次行宫的单独谈话中表示过自己的主张。

寇准说："皇帝陛下若希望长期在边境上与契丹相安无事，何不乘目前契丹虚弱之时，迫其俯首称臣，归我燕云失地，至于金钱、绢帛，更一概拒绝！这样做才足以使契丹畏服我朝，世服臣职，不再兴兵犯边，可保百年平安无事。否则，既与之议和，又岁给金帛，时过境迁，数十年之后，待其羽翼丰满，复卷土重来，仍为我朝之祸患矣！"

寇准的主张，不难看出是在对辽朝力量估计过低基础之上形成的，实事求是地说，此时的辽朝还没有虚弱到这种程度。

宋真宗并没有接受寇准的主张，此时，宋真宗千方百计所要实现的目标很明确简单，这就是不想继续打仗，尽快结束与辽朝的军事对峙状态。

宋真宗对寇准说："爱卿所言不无道理，但若付诸实施，唯有继续与契丹争战一途。战端既开，延绵无期，且胜负难以预料。朕于我朝获胜，亦无疑虑，但是其代价沉重，朕实于心不忍。议和结盟，终究胜过争战，于我朝亦无害处。数十年后，自有子孙捍卫疆土，爱卿以为如何？"

寇准见宋真宗这样说，知道再说也不会改变皇帝的主意，便不好再坚持自己的主张。而且他已经了解到朝臣中有人向皇帝打小报告，说他希望眼前的战事越打越大，借此进一步取得皇帝的信任，巩固在朝廷中的地位。对此，寇准不能全无顾虑。

有鉴于此，寇准只好回答宋真宗说："皇帝陛下高瞻远瞩，洞察秋毫，臣所不能及，唯听圣裁！"

曹利用第二次出使辽营之前夕，宋真宗又在行宫中召见他，叮嘱曹利用不可轻许关南土地，可就向契丹岁输金帛之事进行商谈，并授权曹利用可便宜处置，即有决定岁输辽朝100万以下金帛的权力。

寇准当时亦在场，他认为宋真宗所允诺的金帛数额太大，以财富换和平的代价过于沉重。

当曹利用陛辞宋真宗退出后，寇准把他召入自己的府中，对他说："皇帝陛下虽然已经授你百万金帛之权，但本相限你在30万以下谈成，如果超过30万，回来就立即杀你的头！"

曹利用说："在下亦以为百万之数太多，谨记寇相之言，当竭力为之，乞寇相体谅。"

曹利用再赴辽营，向萧太后、辽圣宗递交了国书，口述了宋朝的议和主张。

萧太后对宋朝拒绝就关南土地一事进行谈判，已经在思想上有所准备。她见宋朝国书答复和曹利用口述中对此事仍无丝毫松动意向，便顺水推舟，采取了比较现实的态度，当场同意可以就宋朝向辽朝岁输金钱、绢帛之事进行谈判。

在此之前，韩德让曾经单独进奏萧太后，他对于辽军旷日持久滞留在澶州城下可能产生的结局日益感到不安，建议萧太后果断决策，尽快结束与宋朝的议和，脱离危险境地。他对萧太后说："南朝使臣再至，所议者唯有金帛之数耳。此番南来，与其空手而归，得些金帛财物班师回朝，也不枉我君臣将士奔波一趟了！"

正是在这个前提下，曹利用与萧太后、辽圣宗等人有关金帛数额的谈判进行得出人意料的顺利。首先是宋朝方面愿意以财富换和平，与辽朝达成妥协；辽朝方面也由于索回关南土地一事，在目前辽宋双方力量对比中，辽朝的力量还不能压迫宋朝接受这种要价，只好退一步以求其次，同意以议和开始宋朝方面提出的岁输金帛的方式结束战争状态为基础进行谈判。于是，双方很快就以宋朝每年给辽朝绢20万匹、白银10万两，合计30万匹两达成协议，这些金帛有一个特定的名称叫"岁币"，即宋朝每年交纳辽朝金帛之意。

景德二年（1005）七月，宋朝将第一笔岁币运抵宋辽交界的白沟（今河北雄县境）交给辽朝，自是以后每年如此。辽道宗在位的重熙十一年（1042），辽朝乘西北党项羌酋长李元昊连年与宋朝开战，宋朝难于应付之际，又一次向宋朝提出索回关南土地之事。宋仁宗派富弼出使辽朝谈判，最终以增加岁币白银 10 万两、绢 10 万匹，合计 50 万匹两，重新达成协议，巩固了与辽朝的和平关系。

在宋辽双方以岁币 30 万匹两达成协议后，萧太后仍意犹未尽，又授意王继忠找到曹利用，说："南北议和，罢兵休战，实在是天大的美事！我朝皇帝陛下为表示与贵国永远盟好的诚意，愿意以贵国皇帝为兄，南北结成兄弟之邦，岂不更美！近年以来，贵国在边境附近开凿河道，筑坝蓄水，又修筑城寨，广浚壕堑，似将有大举动之意。故我朝皇太后陛下愿与贵国皇帝陛下立誓，互不相犯，并互派使臣，交换誓书。"

曹利用当即表示可以把萧太后的愿望回朝报告皇帝，再派使臣共议。

这次宋辽间的议和活动，发生在澶州，这里在春秋时属于卫国，称澶渊，又称繁渊，春秋争霸中，晋、齐等诸侯曾经在此会盟。于是，历史上习惯把宋辽的这次议和活动称为"澶渊之盟"。

宋辽"澶渊之盟"的内容概括起来，有这样几条：

（一）宋朝和辽朝维持原有疆界。

（二）宋朝和辽朝约为兄弟之国，宋真宗年长为兄，辽圣宗年少为弟；宋真宗称萧太后为叔母。

（三）宋朝每年交纳辽朝岁币绢 20 万匹，白银 10 万两。

（四）宋朝和辽朝双方边境州县各守边界，双方人户不得越界交侵，对越界逃亡的人，双方官府有责任互为遣送。双方边境城池只能依旧样修茸，不得重新修筑，不得开挖河道。

此时，身在澶州南城临时行宫中的宋真宗颇有些焦躁不安。虽然他不惜以满足辽朝物资利益要求为代价换取辽军退去，求得边界的和平与安宁，而且又曾亲口许诺曹利用金帛之数以百万为限，但是，金帛毕竟是宝贵的，他还是希望这种代价能越小越好。

因此，宋真宗对曹利用二赴辽营，与辽朝萧太后谈判的结果表现出急切的关心，多次询问曹利用是否已经返回。

当曹利用谈判结束返回澶州南城行宫时，宋真宗正在进膳，曹利用不便进见，便在殿外静候。

宋真宗得知曹利用回来的消息，急忙打发身边的侍从宦官出来，向曹利用探听最终的谈判结果，即给辽朝的金帛数目。

曹利用对宦官说："此乃朝廷机密，不便泄露尔等，当面奏皇帝陛下。"

宦官入内禀告宋真宗，过了一会儿，宦官又奉命而出，对曹利用说："皇帝陛下先要使者说一说概略的情况。"

曹利用还是不肯直接说出来，只是伸出三个手指头在面前晃动了一下，可能是指以30万匹两谈判成功。

宦官未及细问，便入殿对还在吃饭的宋真宗奏道："曹使者只以三个指头示意，不知何意，难道是说300万不成？"

宋真宗听宦官这样说，大大吃了一惊，不由失声道："是300万？太多！太多！"

宋真宗稍作思忖，又改口说："能暂且停止争战，与契丹结盟交好，300万也不算多。"

宋真宗与宦官的对话，曹利用在殿外听得一清二楚。

当宋真宗进膳完毕，曹利用应召入内，向宋真宗行跪拜大礼，站到一旁。而宋真宗未等曹利用站稳，便匆匆发问："爱卿许契丹金帛之数几何？"

曹利用故意卖了个关子，并不正面回答皇帝的问话，又伏地不起，连连说道："臣有辱君命，辜负皇帝陛下圣恩，罪该万死！"

曹利用的话倒把宋真宗弄糊涂了，真是丈二和尚摸不着头脑。

"爱卿此话何意？"宋真宗追问。

曹利用答道："臣许诺契丹金帛之数太多，虽死不足以当其罪。"

宋真宗见曹利用再三自称有罪，又没说出谈判的结果，真的有些急了，便不客气地打断他的话，大声道："朕只想知道你答应给契丹的金帛之数，快快如实禀来！"

"30万。"

曹利用脱口而出。

"多少？真是30万吗？适才何以说300万？"

宋真宗一听，不免又是一惊，因为30万和300万有10倍之差，使他很难相信这是真的。

当宋真宗反复追问曹利用，确信30万之数的事实后，随即又转惊为喜，当面把曹利用着实褒奖了一番，连连夸奖他为朝廷立下了大功。

曹利用又向宋真宗禀告了王继忠秉承萧太后旨意，要求两国就结盟之事立誓，并互派使臣交换誓书的意思。

此说正中宋真宗之下怀，更令他大喜过望，说："如此最好，可长保边境无警，朕再无所忧虑了！"

宋真宗当即在行宫下令翰林学士起草了与辽朝结盟的誓书，派李继昌赴辽营向萧太后递交誓书。

李继昌来到萧太后大帐，受到非同寻常的礼遇，与曹利用的两次出使辽营不啻有天壤之别，从接伴、酒食宴饮到馆设，无不周到体贴，给人以宾至如归之感，洋溢着一家人般的热情。

当李继昌使毕返回时，萧太后也派出了汉官、阁门使丁振带着辽朝的结盟誓书，偕李继昌来到澶州行宫，向宋真宗递交了誓书。

至此，宋辽间的议和活动，以双方互派使臣移交誓书的形式宣告结束。

十二月初七，辽军开始从澶州前线撤退。萧太后担心在撤军之际，会受到宋军的尾追袭击，所以特派汉官、右监门卫大将军姚柬之赴澶州行宫，请求宋真宗约束宋军不要袭击撤退中的辽军。

为此，宋真宗特颁布诏令：“河北诸部署及各州、军，当契丹大军撤退之时，宜各守营垒城池，勿辄出兵马袭扰，遮断其归路，有违诏不遵者，以军法论。”

十二月十八日，萧太后、辽圣宗率领辽军10数万兵马全部退出宋朝境内。

为了广泛宣传宋朝与辽朝由交战敌国转变为兄弟之邦，宋真宗下令把辽朝誓书刻板印刷，告示河北、河东各沿边州军，让各地官吏兵民知晓。

辽朝的誓书这样写道：

> 维统和二十二年，岁次甲辰，十二月庚辰朔，十二日辛卯，大契丹皇帝谨致书于大宋皇帝阙下：共议戢兵，复论通好，兼承惠顾，特示誓书：
>
> “以风土之宜，助军旅之费，每岁以绢二十万匹、银一十万两，

更不差使臣专往北朝，只令三司差人搬送至雄州交割。沿边州、军，各守疆界，两地人户，不得交侵。或有盗贼逋逃，彼此无令停匿。至于垄亩稼穑，南北勿纵搔扰。所有两朝城池，并可依旧存守，淘濠完葺，一切如常，即不得创筑城隍，开掘河道。誓书之外，各无所求，必务协同，庶存悠久。自此保安黎献，谨守封陲。质于天地神祇，告于宗庙社稷，子孙共守，传之无穷，有渝此盟，不克享国。昭昭天鉴，当共殛之。"

某虽不才，敢遵此约，谨告于天地，誓之子孙，苟渝此盟，神明是殛。专具谘述，不宣。[1]

辽朝在与此同时也以同样的目的把宋朝誓书告示沿边州县，晓谕官吏兵民人等。

宋朝的誓书这样写道：

维景德元年，岁次甲辰，十二月庚辰朔，七日丙戌，大宋皇帝谨致书于契丹皇帝阙下：

共遵诚信，虔守欢盟，以风土之宜，助军旅之费，每岁以绢二十万匹，银一十万两，更不差使臣专往北朝，只令三司差人搬送至雄州交割。沿边州、军，各守疆界，两地人户，不得交侵。或有盗贼逋逃，彼此无令停匿。至于垄亩稼穑，南北勿纵搔扰。所有两朝城池，并可依旧存守，淘濠完葺，一切如常，即不得创筑城隍，开掘河

---

① 《契丹国志》卷20，《澶渊誓书·契丹圣宗誓书》。

道。誓书之外，各无所求。必务协同，庶存悠久。自此保安黎献，谨
守封陲，质于天地神祇，告于宗庙社稷，子孙共守，传之无穷，有渝
此盟，不克享国。昭昭天鉴，当共殛之。远具披陈，专候报复，不
宣。①

"澶渊之盟"不仅是宋辽关系史上的大事，也是中华民族多民族国家历史
发展中的重要事件，开创了宋朝和辽朝长达百余年和平交往的新时期，具有重
要的影响和意义。

六、结秦晋辽宋多交往

宋辽在澶州城下结盟，不仅在边境上结束了长期以来争战连年的动荡局
面，化干戈为玉帛，由剑拔弩张的军事对峙转变为和平友好的交往，而且为宋
辽双方各自的社会发展提供了良好的外部环境，也为改善中原汉人与契丹人及
北方各族人民间的关系，加强彼此间的经济文化交流奠定了良好基础。

宋朝方面为做出改善与辽朝关系的主动姿态，表示信守盟约，宋真宗从澶
州回銮京城汴梁之后，下诏将宋朝北方沿边军事防御据点名称中原来对契丹人
蔑视污辱性和威慑性字眼，改称象征和平、友好、安定的新名。

将威虏军改称广信军（今河北徐水境），静戎军改称安肃军（今河北徐
水），破虏军改称信安军（今河北霸州境），平戎军改称保安军（今河北文安

①《契丹国志》卷20，《澶渊誓书·宋真宗誓书》。

境），宁边军改称永宁军（今河北蠡县），定边军改称永静军（今河北东光），定羌军改称保德军（今山西保德），平虏军改称肃宁军（今河北肃宁）。

辽朝萧太后也出于同样的考虑，下令将南京地区及与宋朝交界各地所置官职中颇有火药味的职官名称一并改过，如把招安使改称安抚使①。

从统和二十三年（1005）起，先后在新城（今河北新城境）、振武军（今内蒙古土城子）等地设置榷场②，开展与宋朝的互市贸易，并设榷场都监为管理机构。

宋真宗陆续收到河北各州县地方官奏报，这些地方因辽朝连年入侵骚扰和宋朝的备边防御，徭役屡兴，市镇残破，田垄荒芜，百业凋零，民众流离，不免面有菜色。而沿边地方则因频历战火蹂躏，破坏更甚。

为了让民众休养生息，迅速安定社会，恢复和发展生产，宋真宗下诏：因备御契丹而被征发的壮丁，马上还农，招抚流亡农民还乡生产；撤销战时军事指挥机构行营，将战时的镇州、定州两路指挥机构都部署合而为一，裁汰战时所设置的河北部署、钤辖、都监、使臣等官员290余员，驻河北各地朝廷禁军裁减十分之五，沿边驻军裁减三分之一，切实减少军费支出；在边境雄州、霸州、安肃军、广信军等地开设榷场，开展与辽朝的互市贸易，促进南北经济交流，增加朝廷财政收入，等等。

与此同时，在宋真宗的主持下，十分谨慎地重新筛选任命了河北、河东各州的长官，根据平战结合的原则，让那些既懂军事、能带兵指挥作战，又善于治理百姓、发展生产的人调到这里任职。

---

① 招安使：负责招抚、讨伐之军职；安抚使：专以安抚为职。

② 榷场：在宋辽边界管理贸易、收缴贸易税的机构。

如以马知节知定州（今河北定州），孙全照知镇州（今河北正定），赵昌言知大名府（今河北大名），冯起知澶州（今河南濮阳），上官正知贝州（今河北清河），杨延朗知保州（今河北保定），张利涉知沧州（今属河北），赵继升知邢州（今河北邢台），李允则知雄州（今河北雄县），赵彬知霸州（今河北霸州）。后来的事实证明，这些人没有辜负宋真宗的期望，都成为很称职的地方长官。

宋辽澶州议和以后，宋朝北部边境恢复生产中最突出的成就是农田水利事业的大发展。在和平条件下，宋太宗在位时为阻拦辽军骑兵而修筑的水网沼泽工事，不再具有军事意义。于是，在与辽朝交界的雄、霸、莫诸州，充分利用水利资源，修筑塘堰，设置斗门，提水蓄水，把当地的大片旱田改成水田，扩大了水稻种植面积，无论是军队的屯田，还是小农的土地上，粮食产量都大大提高。

总而言之，在"澶渊之盟"以后，宋朝的河北各州县呈现一派繁荣的升平景象，历史文献上这样记载：自景德（1004—1007）以来，边境上的良田沃土都被开垦起来，人口迅速增加，牛羊满山遍野。天下太平无事，百姓安居乐业，上了年纪的人也都不知道战争造成的社会动荡是一种什么情形。

这些虽然出自封建官僚或士大夫之口，不免有标榜、夸张的嫌疑，但是也确实反映了宋朝与辽朝和好结盟后社会加快发展，尤其是河北地区加快发展的客观事实。

辽朝在"澶渊之盟"以后，其朝野上下从以往连年侵宋的沉重战争负担下解放出来，在辽朝社会历史自身已有的发展基础上，利用难得的外部和平环境，抓住时机，大力调整统治政策，加快封建化改革的步伐，全面推动了辽朝的社会发展。

尤其值得指出的是，辽朝在改善民族关系，减轻民族压迫方面取得令人瞩目的成绩。例如，改变辽朝法律中汉人与契丹人同罪异论的情况，提高汉人的法律地位；采取措施减轻对汉族农民的赋税徭役剥削等。

宋朝的官员评价说这是辽朝统治者为笼络取悦汉人而实行的政策，并为居住在辽朝统治地区的汉族百姓忘记了自己的祖宗出于中原，乐不思蜀，"无南顾之心"而感慨万分。但是，不论怎么说，在辽朝统治下，民族关系不断改善，汉人、契丹人间不断融洽却是不容置疑的客观事实。

就是后来的辽道宗耶律洪基也承认自从与宋朝友好交往，无论是契丹人还是汉人，都得到休养生息，人人安居乐业，对战争有本能的厌恶情绪。

进入和平时期以后，宋辽两国间的信使往来十分频繁，为此，宋朝设置了专门的机构，称国信司，职责即是接待辽朝各种名目的使者。

宋朝第一次公开向辽朝派遣的正式代表团是祝贺萧太后生辰使团。萧太后的生辰在农历五月。景德二年（1005）二月，宋朝就着手组成了以太子中允孙仅、阁门祗候康宗元为正、副使的祝贺萧太后生辰使团。

当时，在围绕国书祝辞中宋朝、辽朝的彼此称呼上曾经有过不同的意见。在祝辞中，宋朝自称南朝，而称辽朝为北朝。

在此以前，宋、辽双方互称南北朝，一般多见于宋辽双方各自皇帝、皇太后与大臣的议论中，在双方互致国书、皇帝接见对方使臣时是很谨慎的，不能使用这一类的字眼。而宋朝却开其先，把南北朝字样写入了国书。

祝辞起草完毕，宋朝史馆官员王曾对此提出异议，他说："古代从春秋时起，就把少数民族视为夷狄，列为化外之邦。中原王朝对他们封爵也不过子爵。如今，虽然我朝与契丹结盟通好，径称其国号契丹，已经是大大抬高其地位了，既无损于我大宋尊严，又足以使契丹体面荣光。又何必自我贬损，与契丹以南北朝对称呢？"并且提出了修改国书的要求。

官员们相持不下，又不敢擅作主张修改国书，只好把矛盾交到了宋真宗那里。

宋真宗听罢原委，仍然坚持已经拟好的国书祝辞原文，拒绝修改，他对众官员说："朕与契丹皇帝既然已经以兄弟相称，两国结为兄弟之邦，为固好欢盟，彼此称之以南朝与北朝，更显亲切和睦，朕以为还是不改的好！"

从历史上讲究华夷之防，把少数民族视为化外夷狄，到如今以兄弟、南北朝相称，这对于宋朝皇帝来说，确实是难能可贵的。

孙仅率赴辽朝祝贺萧太后生辰使团进入辽朝境内以后，沿途受到辽朝地方州、军长官的热情迎接和款待。各州刺史下令幕府所属官员、各地县令及士绅耆老在使团所经之地捧卮献酒于马前①。

沿途的汉族百姓还设置香案，男女老幼倾城而至，夹道欢迎，一睹已经许久未曾见到的汉官风采。

自孙仅率使团进入辽境，辽朝方面就派出汉族官员一路相伴相随，也称作接伴使，负责与各方协调，随时解决使团在途中所碰到的关于公事、日常生活中的各类问题。

使团到达南京，辽圣宗耶律隆绪特地从含凉淀避暑行宫来到南京，出郊迎接宋朝使团，多次设宴款待，礼节极其恭敬周到，又向使团赠送金银、名贵玉器、衣服及上好的骏马等。

———————————

① 卮（zhī）：古代酒器。

宋朝使团到达辽朝都城上京，更受到萧太后空前规格的热情接待。

在萧太后生辰这一天，上京皇城中红灯高挂，彩门高耸，满城披红挂绿，洋溢着节日的喜庆气氛，朝廷将在皇宫正殿为萧太后举行盛大隆重的庆典，祝贺其生辰之喜。满朝的蕃汉文武官员全部到场，教坊中的乐班在演奏着象征吉祥长寿的优雅乐章[1]。

今年的生辰大典尤其让萧太后感到高兴的是宋朝专门派来了代表团，给这位辽朝的最高统治者的脸上增辉不少。

宋朝生辰使孙仅在丹陛之下向辽朝阁门使双手奉上以宋真宗的名义祝贺萧太后生辰的国书，阁门使将国书转交宰相耶律德昌启封[2]，当众朗读。国书中无非是一些圣躬万福、万寿无疆之类志贺的喜庆词。但是，宋真宗与萧太后之间还有一层叔母与侄儿的特殊关系，祝辞的字里行间，流露出能反映这种关系的温馨亲情，让萧太后听起来格外动情和舒服。

由引进使引导，把宋真宗送给萧太后的生日礼物逐一取出，摆在正殿上的担床之上，质地优良、色彩斑斓的丝织品，形制精巧的酒具、茶具，精美绝伦的金银器皿，林林总总，真是令人眼花缭乱，目不暇接。

孙仅上前数步，在萧太后面前伏地跪倒，行了跪拜大礼，朗声说道："祝福皇太后陛下圣躬万福，寿比南山！"

萧太后眼看着这一切，不由得满面春光，心花怒放，优言宣问道："上使远来，一路跋涉，辛苦了！请问候南朝皇帝圣躬万福。"

自从孙仅使辽祝贺萧太后生辰开始，每逢萧太后生辰，宋朝都要派遣使节

---

[1] 教坊：朝廷中掌教习音乐，并在各类大典中演奏的机构。

[2] 耶律德昌：即韩德让。

祝贺，称国母生辰使。每年正旦①，也要派正旦使，祝贺新春之喜。

于是，辽朝在孙仅出使的基础上，专门制定了《宋使见皇太后仪》，其礼节繁缛，场面庞大。

与此相应，每逢宋朝皇帝生辰，辽朝也必定派遣使臣赴汴梁祝贺，每年元旦，也派出正旦使到宋朝祝贺新春。

后来，随着宋辽间友好关系的进一步发展，不仅皇帝、皇太后的生辰日，每年的正旦，双方都要互派使团祝贺，就是皇帝的即位、驾崩，也要互相派遣使团通告、吊祭。除此之外，在宋辽两个朝廷之间还经常互派肩负各种使命的国信使。所以，宋辽之间使团频繁往来，络绎于途，就像走亲戚一般，往往出现先到的使团还未辞去，新的使团又被迎接进来的情形。

在这些使团的出使过程中，不论是宋朝还是辽朝，都要携带大量礼物赠送给对方，接受礼物的一方也总是以价值约略相等的礼物回赠对方。

如每逢宋朝皇帝生辰日，辽朝皇帝赠送的礼物清单如下：

宋朝皇帝生日，北朝所献：刻丝花罗御样透背御衣七袭或五袭，七件紫青貂鼠翻披或银鼠鹅项鸭头纳子，涂金银装箱，金龙水晶带，银匣副之，锦缘帛皱皮靴，金玦束皂白熟皮靴鞢，细锦透背清平内制御样、合线揍机绫共三百匹，涂金银龙凤鞍勒、红罗匣金线绣方鞯二具，白楮皮黑银鞍勒、甄鞯二具，绿褐楮皮鞍勒、海豹皮鞯二具，白楮皮里筋鞭一条，红罗金银线绣云龙红锦器仗一副，黄桦皮缠楮皮弓一，红锦袋皂雕翎鶻螭角骲头箭十，青黄雕翎箭十八，法渍法曲面麹

---

① 正旦：即春节。

酒二十壶，蜜晒山果十束楖碗，蜜渍山果十束楖，匹列山梨柿四束
楖，榛栗、松子、郁李子、黑郁李子、面枣、楞梨、堂梨二十箱，面
秫麇梨粆十碗，芜荑白盐十碗，青盐十碗，牛、羊、野猪、鱼、鹿腊
二十二箱，御马六匹，散马二百匹。

宋真宗在位时，每逢他的生辰日承天节，辽朝派出的生辰使团中都带有
宫廷御厨，携带北方特有的珍稀异味，在承天节前一天，在汴梁皇宫中烹制进
献。

辽朝每年派赴宋朝的贺正旦使团，带给宋朝皇帝的礼物还有御衣 3 袭、鞍
勒马 2 匹、散马 100 匹，兵器有宾铁刀，还有猎鹰海冬青等。

每年正旦，萧太后还特别准备一份礼物，随使团送给宋真宗。

国母又致御衣缀珠貂裘、细锦刻丝透背、合线御绫罗绮纱縠御
样，果实、杂粆、腊肉凡百品，水晶鞍勒，新罗酒，青白盐。

每逢辽朝皇帝生辰日，宋朝派出的贺生辰使团所带礼物有：

契丹帝生日，南宋（朝）遗金酒食茶器三十七件，衣五袭，金玉
带二条，乌皮、白皮靴二量，红牙笙笛，麝栗，拍板，鞍勒马二匹，
缨复鞭副之，金花银器三十件，银器二十件，锦绮透背、杂色罗纱绫
縠绢二千匹，杂彩二千匹，法酒三十壶，乳茶十斤，岳麓茶五斤，盐
蜜果三十罐，干果三十笼。

萧太后在世时，每逢生辰日，宋朝送给她的礼物大致如上。

宋朝向辽朝派出的贺正旦使团，所携带的礼物有：

正旦，则遗以金花银器、白银器各三十件，杂色罗纱绫縠绢二千

匹，杂彩二千匹。

在使团的交往中，宋辽双方还按照使团成员的官阶高低彼此向他们赏赐物

品，以示慰劳。

宋朝赏赐给辽朝使团成员的物品有：

契丹每岁国使入南宋境，宋遣常参官、内职各一人，假少卿、

监、诸司使以上接伴。内诸司供帐、分为三番，内臣主之。至白沟驿

赐设，至贝州赐茶、药各一银合，至大名府又赐设，及畿境，遣开封

府判官劳之，又命台省官、诸司使馆伴迓于班荆馆，至都亭驿各赐金

花、银灌器、锦衾褥。朝见日，赐大使金涂银冠、皂罗毡冠、衣八

件、金镀鞢带、乌皮靴、银器二百两、彩帛二百匹；副使皂纱折上

巾、衣七件、金带、象笏、乌皮靴、银器一百两、彩帛二百匹，鞍勒

马各一匹。其从人，上节十八人，各练鹊锦袄及衣四件，银器二十

两，彩帛二十匹；中节二十人，各宝照锦袄及衣三件、银器十两、彩

帛工十匹；下节八十五人，各紫绮袄及衣四件、银器十两、彩帛二十

匹，并加金涂银带。上节、中节又加彩鞋。就馆，赐生饩，大使秔、

粟各十石、面二十石，羊五十，法酒、糯米酒各十壶；副使秔、粟各七石，面十五石，羊三十，法酒、糯米酒各十壶。

辽朝来使若恰值宋朝皇帝生辰，使团成员又各赐衣一袭。

遇立春日，使团成员各赐金涂银镂幡胜、春盘。使团成员官任节度使的武官应邀赴玉津园伴宋朝皇帝射箭，赏赐银饰箭筒、弓一、箭三十。射中目标者，又赏赐窄袍、衣五件、金束带、鞍勒马等。

辽朝使团在汴梁期间若遇当令节日，宋朝则派大臣在驿馆中设宴款待。

使团告辞离去，又有礼物赏赐：

辞日，长春殿赐酒五行，赐大使盘裘晕锦窄袍及衣六件、银器二百两、彩帛一百匹。副使紫花罗窄袍及衣六件、银器一百两、彩帛一百匹，并加金束带，杂色罗、锦、绫、绢百匹。从人各加紫绫花绅锦袍及银器、彩帛。

在使团起程就道之际，还有礼物赏赐：

将发，又赐银瓶、合盒、纱罗、注碗等。又令近臣饯于班荆馆，开封府推官饯于郊外，接伴大使、副使复为伴送，缘路累赐设。

辽朝向宋朝使团成员赏赐物品有：

金涂银带二条、衣二袭、锦绮三十四、色绢一百匹、鞍辔马二匹、散马五匹、弓箭器一副、酒果不定数。上节从人，白银带一条、衣一袭、绢二十四、马一匹。下节从人，衣一袭、绢十匹、紫绫大衫一领。[1]

从以上宋辽双方使团的频繁往来和互相赠送、赏赐的大量礼物，不难看出，这些南来北往的使团，在客观上发挥着官方贸易的作用，既表现了宋辽两个政权之间日益密切的关系，又互通有无，促进了南北经济交流的发展。而所有这些，都无不是得益于"澶渊之盟"，是在和平交往的条件下实现的。

---

① 以上所引资料均出自《契丹国志》卷21。

第八章

韩德让遵命辅幼君
得眷遇远过辟阳侯

一、尽职守韩氏得宠遇

在对我国历史上北方少数民族的历史发展稍有了解的人们中，很少有人对契丹族在北方草原上建立起的强大政权，以及其对推动统一的中华多民族国家历史的发展所做出的卓越贡献不发出感慨。而人们每当论及辽朝走向强盛的历史过程时，总要把辽朝的这一段历史与为之付出毕生智慧和心血的契丹族女性萧燕燕密切地联系在一起，与此同时，人们也必然会提到一生曾经辅佐过辽景宗、辽圣宗两代皇帝，协助萧燕燕治理国家，同样在推动辽朝走向强盛中发挥过重要作用的汉族官员韩德让。正如人们在考察辽朝历史时不能置萧燕燕而不论一样，韩德让同样是不能被忽视的。

就韩德让与萧燕燕二人的名分地位来说，一个是手握辽朝最高权力的统治者，一个是官位显赫却出身宫户的卑微者，一个先是皇后，后是皇太后，一个是效力于皇权的朝廷大臣。从政治地位的差异说一个是君，一个是臣，二人之间似乎隔着一道不可逾越的鸿沟。

但是，由于先是有萧燕燕在应召入宫为景宗耶律贤皇妃前与韩德让的那段特殊关系，后来则是治理国家的共同使命又把他们联系在一起，从他们在政治理念和价值观的惊人相似，到景宗去世后萧燕燕对韩德让重新燃起爱情之火，使两个人的关系达到了密不可分的程度。

韩德让以受到萧燕燕的特别眷顾和他对契丹统治集团的忠诚及杰出贡献，受到萧燕燕以下包括皇帝在内的契丹贵族的承认和接纳，成为辽朝众蕃汉臣僚第一人，加官拜爵，贵至极品。

后世的文人在描写韩德让与萧燕燕的密切关系时，使用了历史上西汉初年的一个著名典故来加以概括，说韩德让于萧燕燕有"辟阳之幸"。

"辟阳之幸"说的是西汉初年汉高祖刘邦的皇后吕氏与审食其的风流韵事[①]。

审食其是刘邦的同乡，都是沛县（今江苏沛县）人。刘邦在称汉王时，曾率领大军在彭城（今江苏徐州）以西与项羽指挥的楚军展开大战。汉王刘邦战败逃跑，他的老父和妻子即后来的皇后吕氏成了楚军的俘虏，作为人质被羁押在楚军大营之中。

此时，审食其的职务是舍人，因从侍吕氏，一同被俘。在被羁押期间，审食其以其身处危难之中仍对吕氏忠心耿耿，赢得了吕氏对他的格外垂青和恩宠。

后来刘邦打败项羽，吕氏、审食其结束人质生涯，回到刘邦身边。审食其因此而飞黄腾达，先是拜爵辟阳侯，又擢升为左丞相。令人们颇为不解的是，审食其既官为丞相，却从不在丞相官衙中处理政事，终日深居后宫，不离吕氏左右。

惠帝之时，吕后当政，而朝廷百官进谒、奏事，乃至朝政大计之决策，审食其都对吕后有着重要的影响。审食其对于吕后，其宠幸程度由此可见一斑。

同样耐人寻味的是，人们说韩德让于萧燕燕有"辟阳之幸"，是从辽景宗在位时就已经开始了。

可是，韩氏家族与契丹最高统治集团之间的密切关系并不是从韩德让开始

---

① 审食其：食其，音 yì jī。

的，远在耶律阿保机的时代，韩氏家族就已经在契丹政权中占有了特殊的非同寻常的地位。

韩氏祖籍蓟州玉田（今属河北）。唐朝末年，耶律阿保机率军南进攻占蓟州时，韩德让的祖父韩知古只有 16 岁。战乱中，被后来成为耶律阿保机淳钦皇后的述律氏之兄欲稳掠入军中，带回西楼（即后来的上京，今内蒙古巴林左旗境）为奴隶。

后来述律氏嫁给耶律阿保机为妻，韩知古作为陪嫁来到耶律阿保机身边，编入斡鲁朵，为斡鲁朵户，也称宫户。自耶律阿保机时起，辽朝皇帝、摄政皇太后等都分别建有私属性质的斡鲁朵（宫），是独立的经济单位，承担放牧、农耕、手工业生产任务，以满足斡鲁朵主人生活之需求，斡鲁朵继续保留，扈从主人之后妃和护卫陵寝。斡鲁朵（宫）户名义上是主人的奴仆，但他们中的许多人与皇帝、后妃保持着十分特殊的关系，能够飞黄腾达，得到高官显位。

韩氏家族是玉田大族，家境殷实富有，韩知古当非耕樵子弟，从后来的不凡作为看，自幼也是饱读经史，博古通今。

韩知古被掠北上，由一过惯了富裕生活的阔少而一夜之间变成供人驱使的奴隶，其内心的不平衡和对环境的不适应可想而知。至韩知古随述律氏来到耶律阿保机家，当已长大成人，通晓世事，可虽满腹经纶，但无所施展，又因其身份下贱，无缘结识契丹贵族，所以经常流露出怏怏之态。并因此曾经一度逃离耶律氏家门，甘为富有之家出力佣作，聊以维持生计。

后来，韩知古的儿子，即韩德让的父亲韩匡嗣借通晓医术的一技之长，频繁出入契丹贵族和官宦之家，与耶律阿保机及其家人过从甚密，以至于耶律阿保机的皇后述律氏把他当成自己的儿子。耶律阿保机也是通过韩匡嗣得知了韩知古自负有才不得施展而出走的情况。

此时，耶律阿保机所在的迭剌部在契丹诸部中势力雄厚，正欲兼并诸部，对外扩张，极力笼络能为他出谋划策的人物，堪称思贤若渴。在迭剌部不断壮大的过程中，耶律阿保机认识到汉族读书人有文化知识，有历史经验，懂得治理天下的道理，自己要大有作为就必须依靠这些人的真心帮助。因此，耶律阿保机在对中原地区的战争中特别注意发现这样的人才，汉族读书人则成了他着意笼络的对象。

听了韩匡嗣的介绍，耶律阿保机特意召见了韩知古，这成了韩知古一生的重要转折。

耶律阿保机听了韩知古的纵横议论，不禁对这位曾在自家门下为奴的人刮目相看，大有相见恨晚之叹。

从此，韩知古成为耶律阿保机府中的座上客，也是以耶律阿保机为首的统治集团中的核心人物，受命与谋军国之事，是大契丹国建立的策划者之一。

916年，大契丹国建立，韩知古被遥授为彰武军节度使①，以其出类拔萃的才干，不久受命总知汉儿司事，总掌被俘或投降的汉人事务。

大契丹国建立伊始，庶事草创，万事待理，尤其是契丹刚刚从氏族制迈进阶级社会的门槛，如何使契丹固有的制度与国家政权建立后加强统治秩序和镇压职能相衔接，是统治者亟待解决的问题。其中，严君臣之防，确立严格的等级制度，即礼仪制度的建设处在首要的地位。

于是，韩知古的才学得到充分施展的机会，他引经据典，着眼目前，既参考了中原王朝的传统礼仪，又充分照顾到契丹长期以来形成的旧俗旧制，两者

---

① 遥授：不到现地任职。

互为折中，既满足了契丹统治者严格等级提高尊威的要求，又在很大程度上迁就照顾了一时难以改变的契丹风俗，使契丹贵族容易了解和接受，在实践中收到切实可行的效果。

韩知古因此而在大契丹国声名远扬，受到上自耶律阿保机，下至一般贵族的普遍欢迎，进拜左仆射。

天赞四年（925），韩知古受命与另外一位汉官康默记统领汉军随耶律阿保机东征渤海。因作战有功，迁中书令。后不久去世，被列为大契丹国的开国功臣之一。

韩匡嗣除了继承家学渊源，有比较高的文化修养之外，还精通医术，是一位著名的医生。所以，他比起父亲更具有与契丹统治者交往的有利条件。从皇族、后族乃至一般贵族都和他有很深的关系，可谓左右逢源，如鱼得水。

韩匡嗣更长时间是出入宫廷，为皇室服务，长期任职长乐宫中，耶律阿保机的皇后述律氏把他当成亲儿子一样看待。

辽景宗耶律贤在当皇帝以前，是与韩匡嗣关系最密切的皇族成员之一。他们因政治倾向相投而经常聚首谈古论今，吟唱应和，品评人物，指斥时弊，是无话不谈的莫逆之交。

耶律贤即位后，果然没有忘记这位老朋友，马上任命韩匡嗣为上京留守，不久又晋封燕王，改任南京留守，总领南京道军政事务。

辽朝曾经规定，一般情形下，必须是皇室亲王才有资格出任南京留守一职。而韩匡嗣则是以汉族官员身份出任南京留守，辽景宗对他的信任不言而喻。后来又根据南京方面对宋朝军事斗争的需要，任命韩匡嗣以南京留守代理枢密使，主持策划边防事宜。

在韩匡嗣一生中曾经遇到过两次按其罪过情节足以能使他掉脑袋的危险，都是得益于他和皇亲、后妃及契丹贵族的亲密关系才使他化险为夷、转危为安。

第一次是辽穆宗耶律璟在位时期，耶律洪古的儿子、宋王耶律喜隐纠集党羽，发动政变，阴谋取穆宗而代之，因事机不密而未成。在穆宗亲自过问的对参与政变的人犯审讯中，发现韩匡嗣也曾与耶律喜隐暗中来往，发泄过对皇帝的不满，与政变活动有瓜葛。

谋反之罪，无论就适用于契丹与少数民族的"诸夷之法"，还是适用于中原王朝的律令，都在不赦之列。

然而，当此案审毕结案时，倒使穆宗左右为难起来，谋反首恶是皇族的近支，虽欲严办又不忍骨肉相残。所以最终以罚代刑，对耶律喜隐痛加训斥，废去王爵了事。而韩匡嗣只是一般的从犯，又无过恶情节，重要的是，他是自太祖以来历代皇帝、后妃、皇族和后族的座上客，杀掉这样一个汉官，非但不能制止频繁发生的谋逆事件，反倒会使自己陷于孤立的境地。于是韩匡嗣得以平安过关，未受到追究。

第二次，是在韩匡嗣任南京留守代理枢密使期间，辽朝曾经派耶律虎古出使宋朝，耶律虎古出使归来探听到了宋朝将发兵进攻北汉的秘密，建议在军事上应有所准备。

而韩匡嗣却以宋朝刚刚结束了对江南的统一战争，不会在很短的时间里就进攻北汉为由，很不客气地拒绝了耶律虎古的建议道："你知道些什么？怎么会有这样的事？"

论医术，韩匡嗣可能很高明，但他并不是出色的封疆大吏，尤其短于用兵韬略，辽景宗令他代理枢密使一职，确实是用非所长。在他的坚持下，辽朝自然在军事上并未做好面对宋朝出兵进攻北汉和后来东进进逼南京的准备。好在宋军围攻南京时，南京留守已经易人，是他的儿子韩德让，不然，不知他将如何指挥南京的守城作战。

更为严重的是同年九月，韩匡嗣奉命率军深入宋朝境内，进抵满城，他不听耶律休哥的提醒，中了宋军的诈降之计，丢盔弃甲，大败而归，使辽景宗龙颜大怒，下令处死韩匡嗣。

这一次主要是皇后萧燕燕出面救了韩匡嗣的性命。

此时的辽景宗耶律贤的身体已经非常虚弱，难以坚持上朝理政，辽朝的大权实际掌握在皇后萧燕燕手里。然而，萧燕燕毕竟还是一个二十几岁的青年女子，论经验和能力，她还无法胜任治理一个千头万绪国家的使命。在她的背后，实际有韩德让对她的有力支持，给她出谋划策。

可是，要出面挽救韩匡嗣，萧燕燕也并不是没有顾虑。因为如果没有耶律贤的即位和召她入宫，她已经成了韩匡嗣的儿媳妇。皇帝会不会怀疑她与韩氏，尤其是和韩德让还有未断的情丝？

萧燕燕反复掂量此事的利害，认为由她出面救韩匡嗣是会有风险，但是，也只有她才能让皇帝改变主意，收回成命。

于是，萧燕燕在后庭对辽景宗说："韩匡嗣指挥不力，损兵折将，有辱君命，即使斩首也不足以惩其罪。然事已至此，斩其首亦难补万一。然韩氏族人，自太祖先皇帝以来，不辞辛苦，勋劳卓著，且盘根错节，势力颇大。皇帝陛下令杀死韩匡嗣，必定在汉官中引起恐慌，后果不堪设想。朝廷内外之事，仰仗汉官之处甚多，臣妾乞请皇帝陛下熟思之。"

萧燕燕这绵里藏针的请求，使辽景宗感到自己下令杀死韩匡嗣，是有些不妥。不仅皇后替他求情，就连皇族、外戚中的许多人也站出来为他说项、开脱，看来真要杀韩匡嗣也不大容易办到。于是，辽景宗索性做个顺水人情，收回成命，改为打板子了事。

二、逢机缘太后续旧情

韩德让就是出生在这样一个既有较高文化修养，又与辽朝最高统治集团有着特殊关系的家庭。所以，自幼他受到了传统的汉文化教育，读了许多经史著作，对历史上的兴衰替代了解颇多，仰慕那些立志治国平天下并做出卓越成绩的仁人志士。同时，韩德让还因家族世代与契丹耶律氏的密切关系，尤其是他成年以后跻身辽朝统治集团，使他强烈感受到了耶律氏的知遇之恩，他已经自觉地把自己的命运、家族的命运与耶律氏即辽朝的兴衰联系在一起了。

特别是辽景宗即位以来，辽朝开始从"政昏兵弱"下摆脱出来，各种社会矛盾趋于缓和，百废待兴，客观上为韩德让施展政治才能提供了机遇，也正与韩德让立志建功立业的志向一拍即合。

从辽景宗方面来说，似乎对这位自己喜欢的皇后的昔日恋人并无忌妒之心。如果辽景宗利用自己手中掌握的至高无上的生杀予夺大权，对韩德让进行迫害，甚至采取极端手段将其置于死地，也不会让人们感到奇怪。

事实上，辽景宗十分看重这位严谨忠厚、满腹经纶的小伙子，欣赏他的品德和才学。在即位之初，调他入宫任命为东头供奉官，补枢密院通事。

不久，代其父韩匡嗣出任上京留守，总领京城政务，这是韩德让主持一方事务，经受行政锻炼的时期。在不太长的时间里，韩德让就把上京城治理得井井有条，以其干练的作风和出众的行政能力赢得朝野的普遍赞誉。特别是上京城中手工业和商业贸易的发展，使辇毂之下呈现欣欣向荣的景象，辽景宗也为之赞叹不已。

由于韩德让治理上京的出色政绩，很快便奉命代其父出任南京留守。朝野人士无不以韩氏父子双双由上京留守而晋南京留守，又以青出于蓝而胜于蓝，取得不凡政绩，当作韩氏家族的莫大荣幸。

韩德让上任未久，恰值宋军灭北汉围攻南京城。高梁河大败宋军后，辽景宗以韩德让守城有功，授予他辽兴军节度使之职，应召入朝任南院枢密使，总领汉军。

韩德让入朝任职，与皇后萧燕燕见面的机会多了起来，当然这只能是在严格恪守皇后与朝廷大臣各自名分前提下的相见，受到伦理观念和礼仪制度的严格限制。

随着萧燕燕理政负担的加重，凭着她对韩德让的了解和信任，把韩德让当成了自己最可信赖的顾问和谋士，尤其朝廷要作出重大决策时，除了召开蕃汉诸臣共议外，萧燕燕总是要召韩德让入宫，倾听他的意见。

在韩德让这方面，每逢皇后召见有所咨询时，他总是忠实履行一个大臣对朝廷、对皇帝、对皇后的职责，知无不言。除此之外，在他的心头还有一种强烈的愿望，这就是想皇后之所想，急皇后之所急，设身处地，尽心竭力。但是，韩德让无法将其道明说穿，只能深深地埋在心底。

辽景宗去世后，焦山行宫中令人焦心的几天，使萧燕燕强烈感受到了韩德让对朝廷的一片忠诚。韩德让在帮助萧燕燕克服皇权交接中的潜在危机，辅翼自己年幼的儿子顺利登上皇位中立了头功，患难之中的鼎力扶持，使萧燕燕对韩德让益发信任，感激之情溢于言表。

萧燕燕对于韩德让在非常之时，冒着招致灭门之祸的危险，为了耶律氏皇室的长远利益全力以赴的大智大勇，毫不夸张地说达到了刻骨铭心的程度，终生难以忘怀。

辽景宗去世以后，萧燕燕与韩德让之间的关系开始发生了一些变化。

从前，景宗在位，不论他是否理政，但在名义上他还是一国之主，萧燕燕只是皇后而已。所以在萧燕燕与韩德让的交往中，即使心中有意，碍于名分，在行动上也必须有所收敛和约束。或是外间有所议论，景宗的在位也可以作为一面盾牌。

如今的情形则大为不同了。按照礼制，此时的萧燕燕除了教训、辅弼小皇帝，全身心地把朝廷的事情办好之外，在与韩德让的关系上应更加谨慎。

从眼前来说，她要恪守皇太后的名分，"母仪天下"，即为天下妇女树立谨守妇德的楷模；从维护辽朝统治的长远利益来说，更要求她毅然牺牲个人情感，快刀斩乱麻，割断她与韩德让的绵绵情丝，以防节外生枝，祸起萧墙。因为她身为皇太后，与汉官的过多交往会引起皇族耶律氏、后族萧氏及整个契丹贵族阶层的不满，从而引发不测事件，这岂不是因小失大！

然而，道理尽管如此，萧燕燕却很难做到这一点。

萧燕燕毕竟不是在严格的儒家封建伦理道德教育和约束下成长起来的女性。尽管这时契丹社会中夫权现象已经相当严重，统治阶级也出于政治需要，借鉴吸取汉族的礼仪制度，把妇女的言论、行动尽可能规范在他们允许的限度之内，但是，北方草原特定的生产生活方式和民族传统的影响是很难在短时间内被完全改造的，在契丹妇女中仍保持着向往自由、追求个性解放、反对礼教束缚的鲜明特点，这在契丹社会上层中尤其突出。

辽景宗去世后，萧燕燕的身份虽然由皇后变成了皇太后，但此时她的年龄尚不过30岁，在日常生活中仍是一个柔情似水，具有丰富的内心情感，有着起码生活追求的女人。

而在现实生活中，白天，她是辽朝的当家人，发号施令，处置军国政务，不乏果断和智略。回到后宫，伴随她的却是难耐的寂寞和空虚，当她身处空旷的寝殿，面对孤灯，总要从内心深处涌起强烈的孤掌难鸣的悲伤之感。

这种情感的饥渴，对于萧燕燕来说，是皇太后的尊贵地位，君临天下，发号施令的威严以及优裕的物质生活难以填充的。因此，萧燕燕既需要韩德让在政治上做自己治理国家的得力助手，同时也亟待韩德让来慰藉她的心灵。而且，比较起来，似乎后者比前者还要强烈和急不可待，她恨不能马上投入韩德让的怀抱，能与他长相厮守，今生今世永不分离。于是，萧燕燕曾把韩德让召至后宫，施以女性特有的温情，对他苦苦追求。

韩德让在这一问题上却表现得极其冷静，采取了完全不同于萧燕燕的处理方式，表现了一代政治家颇具远见卓识的风范和情怀。

人非草木，孰能无情？韩德让不能忘记他在南京最初认识的萧燕燕，那时她还是个童稚未脱的少女，他们从相识到相爱，在纵马畋猎和吟咏唱和中共同度过了那段美好时光。然而，萧燕燕奉命入宫，好比无情棒击碎了韩德让对美好未来的憧憬。他知道他与萧燕燕今生今世的缘分已尽，他能够做的只有把对萧燕燕的爱深深珍藏在心底，从此以后，专心致志做官做事，也算对这段未了情的寄托。

韩德让与萧燕燕的不同之处在于，首先他是读书人出身，受传统的儒家伦理道德观念的束缚很深，把名分上的事看得很重，恪守着"名不正，则言不顺，言不顺，则事不成"的信条。

其次，韩德让从朝廷的长远利益考虑，如果他与萧燕燕结成连理，不仅有碍名分，悖于礼制，又必然在契丹贵族和上层统治集团中引起轩然大波，造成新的政治动荡，使景宗即位以来孜孜经营的成果付之东流。而他与萧燕燕之间仍然以朝廷大臣与皇太后的关系相处，则完全是另外一种情形，他对萧燕燕和小皇帝的支持就会更有力量。

韩德让这些道理，自然对萧燕燕讲过多次，而萧燕燕则不为所动，辽朝天下和韩德让对于她都是不可缺少的。韩德让的执着也确实令她恼怒，她虽然手操生杀予夺大权，处置朝中诸事不乏铁的手腕，不论何人都只能唯其命是从，她的意志可以支配一切，能让一个人在一夜间飞黄腾达，又能让他身败名裂、脑袋搬家。然而，她却难以与昔日恋人重温旧梦！

萧燕燕毕竟又是一个敢爱敢恨、敢说敢做的女人，她见对韩德让施以柔情不能说服他，使他改变主意，便运用了她手中掌握的皇太后的至高无上的权力，迫使韩德让就范，让他像臣子服从君王那样来服从自己，来遂自己的心愿。甚至不惜采取极端手段，派人趁韩德让外出之际，去他家把他的结发妻子李氏缢死。然后又公然对韩德让说是她派人干的。

韩德让对此虽然曾经大为愤慨，也曾表示要弃官家居，不与萧燕燕再有来往，然而，萧燕燕是以皇太后名义下诏赐死李氏，君命难违，韩德让作为朝臣是无法抗拒的。

萧燕燕见这一招仍没有把韩德让制服，亦觉无可奈何，只好退一步以求其次。她在后宫召见韩德让，对他说："从前，哀家曾与卿有约，嫁与卿为妻。然哀家奉命入宫，料想此生因缘全尽。如今先皇帝大行，君顾及名分，前缘难续。皇帝年幼，国步艰难，君若念旧日情分，哀家之子即君之子，耶律氏家事即君之家事，乞君鼎力相助，共渡难关。君所追求的是君臣大义，哀家亦不勉强，唯求与君长相厮守，哀家就满足了！"

韩德让对于萧燕燕的这个请求似乎没有理由拒绝。起初，韩德让与萧燕燕在朝会、共议以外的见面、来往都是在秘密状态下进行的，以掩人耳目。久而久之，在朝廷上下也就成了公开的秘密，每逢出征、巡幸和弋猎，白日里他们并辔齐驾，到夜晚同处一顶穹庐，虽无夫妻之名，却有夫妻之实。

其实，在当时的契丹社会生活中，男女之防还没有达到那么严格的程度，韩德让与皇太后萧燕燕的同居并没有发生韩德让想象中的那么大的震动。

当然，这其中起了主要作用的是韩德让对皇太后和朝廷的忠诚，是他对辽朝社会进步所贡献的心血和智慧，是他的卓越政绩和勋劳，得到了辽朝统治集团的认同和欢迎。辽朝统治集团并没有因为他是汉官而防范和排斥他，反而把他当成最可信赖、可以合作共事的朋友。正是由于有这些条件，韩德让与萧燕燕的密切关系反而并没有被看得那么离经叛道。

韩德让在圣宗朝辅佐皇帝的功绩是多方面的，可以毫不夸张地说，这一时期辽朝社会的进步，无不凝聚着韩德让聪明智慧的结晶。其中最重要的是在萧燕燕的主持下，由他运筹策划的以封建化为主要内容的社会改革，在阶级关系、政治法律制度、文化教育等方面，大规模吸收、借鉴中原王朝的统治制度和经验，结合辽朝的实际情况，及时调整统治方针和政策，使辽朝固有的不适应社会发展的因素大大削弱，加速了辽朝社会的全面进步和发展，为迎接辽朝历史上最鼎盛的时期的到来准备了条件。

最主要表现在以下几个方面。

第一，随时提醒萧太后和辽圣宗，大力发展和保护农业经济。辽圣宗即位以后，由于统治阶级的重视，辽朝的农业生产进入了一个较快的发展时期。但是，战争、自然灾害以及契丹人固有的游猎生产生活方式和尚武习俗，经常妨碍农业生产的正常进行，妨农、害农之事时有发生。

韩德让深知农业经济稳定发展的重要意义。于是，他曾经多次主张减轻对汉地农民的赋税剥削，尽可能改善农业生产的条件，刺激和提高农民的生产热情。

统和四年（986），在打退宋朝的"雍熙北伐"以后，韩德让以西南四州农民因战争负担过多，民力凋敝，垅亩抛荒，庄稼被兵马践踏，请求下诏免除四州农民当年的赋税。

统和六年（988），因霜旱灾害，农业歉收，导致饥馑，农民破产流亡，韩德让上书辽圣宗下诏各州县，按灾情轻重减轻或免除农民的赋税，采取优惠措施吸引流民返乡恢复生产。又建议仿效中原在各州县普遍设立义仓，农民在每年秋后交纳赋税的同时按规定纳粟入仓，以备灾年赈济救荒之用。在受灾地区向农民提供耕牛、种子，免去他们应缴纳的农具税，帮助灾民恢复生产。

通过辽圣宗诏令，各州县长官采取切实措施劝农，包括均定赋税，减轻贫弱下户小农的负担，防止大小贵族、地主的隐田逃税行为。在"澶渊之盟"前，还在与宋朝交界的州县，用降低赋税的办法吸引农业劳动人口入境。

多次建议辽圣宗通令在农业发达地区的屯驻军队，不得在作物生长期驰马狩猎，以防踩躏禾稼。

第二，荐贤任能，重视对吏治的整顿。韩德让认为要保持辽朝统治的长治久安，一个重要方面是保证从中央到地方的各级统治机构具有较高的行政效率，使之与治理万民的使命相适应，而在这些机构中任职的大小官僚的素质又与能否肩负起这种使命有着密切的关系。

因此，韩德让以身作则，全力荐举和信用贤才，把那些有真才实学的官僚选拔到各级官署中来，同时加强奖惩制度，努力贯彻自景宗以来形成的"用人不疑，信赏必惩"的用人原则。

有一次，韩德让随萧太后、辽圣宗南下与宋军作战。有一位名字叫耶律乌不吕的契丹官员因与韩德让议事有分歧，争执很激烈，双方互不相让，而且耶律乌不吕在大庭广众之下，出言不逊，对韩德让多有冒犯。

这场争论的结果以耶律乌不吕理屈词穷而告结束。而韩德让并没有得理不让人，对耶律乌不吕怀有成见，甚至"穿小鞋"打击报复。反而对耶律乌不吕不阿顺于高官，敢于说真话，敢于与自己顶撞的勇气十分欣赏。

后来，耶律乌不吕以他优秀的军事才干在诸将中脱颖而出。统和十九年（1001），韩德让受命主持边防军事，他向萧太后保荐耶律乌不吕才堪重用，建议任命他为统军使，调至麾下听命。

萧燕燕曾经为此不解地问韩德让道："耶律乌不吕与卿当众顶撞，何以如此热心荐他呢？"

"耶律乌不吕胆敢与臣顶撞，何况其他高官？朝廷所需正是这样有主见，而且敢于坚持自己意见的官员。如耶律乌不吕这样的官员，大胆提拔，委之以重任，一定会给国家做出优异成绩。"

萧燕燕听了，非常高兴地说："韩德让不计较个人恩怨，一心为朝廷选任贤才，真是宽宏大量，汉唐名相，不过如此！"

在辽圣宗即位不久，韩德让即奉萧燕燕之命进行吏治的整顿。通过辽圣宗颁布诏令，宣谕三京（上京、东京、南京）官员必须秉公理事，不得一味迎合、阿顺上司；各县长官如遇州府长官及朝廷钦差无理索求，应当顶住不办，不得屈从。

韩德让还经常根据所掌握的情况，惩治官僚队伍中不断滋生的腐败现象，随时罢免不称职或无视法纪、为非作歹的官员。

统和十一年（993），韩德让向辽圣宗上奏："三京司法官员有人在办案时，公然有法不依，接受贿赂，放纵罪犯，危害地方；有的官员受人请托，听信伪证，甚至严刑逼供，致人于死，给朝廷声誉造成极坏影响，乞请皇帝陛下查实严惩，以明纲纪。"

在韩德让的主持下，制定了对官吏进行考核的规章：对上自蕃汉文武大臣，下迄地方州县、石烈、弥里各级官员①，凡做官不做事，或任官不称职者，立即罢黜；凡大小官员，有违法乱纪、贪暴残民者，立即罢黜，终生不予录用；凡贪赃枉法者，虽处高位，立即罢黜；能廉洁自律，清平勤政，忠于职守，政绩优异者，不拘一格，委以重任；凡大小官员，其家人亲戚有倚势接受贿赂者，一旦事发，与常人所犯同罪，官员本人也将视情节轻重受到处罚。

应当看到，在当时辽朝仍保留着较多的贵族政治特权的条件下，吏治的彻底整顿是不可能的，以上整顿吏治的诏令、制度，在实际执行中被大大打了折扣，其效果也不免有限，这是不容置疑的。

---

① 石烈、弥里：契丹部族官，石烈相当于县级长官，弥里相当于乡级长官。

然而，圣宗一朝是辽朝历史上法度修明，百官守职，各级统治机构行政效率最好的时期，这也是不容抹煞的事实，这与韩德让的努力经营有着密切的关系。

第三，极力促成与宋朝的和平关系。韩德让作为辽朝统治集团的重要人物，站在契丹贵族的立场上，视长城以南的中原大地为俎上之肉，这也是情理之中的事情。他不仅作为南京地区的军政长官，亲自指挥打败了宋军的进攻，而且在萧燕燕、辽圣宗亲自指挥的对宋朝的战争中，几乎每次都随行军中，成为不离萧太后、辽圣宗左右的军师和参谋，为之提供克敌制胜的谋略。并且，韩德让能拜官晋爵，荣极一时，也是与他在对宋朝战争中的不凡表现分不开的。

包括韩德让在内的辽朝统治集团，对宋朝关系从连年侵扰到和平交往的转变，经历了一个比较长的过渡时期，这种转变是宋辽间力量对比的消长变化的结果。具体地说，就是辽朝频繁发动对宋朝的战争，不断袭扰宋朝边境，但并不具备能够灭亡宋朝的绝对优势，在把宋朝搞得焦头烂额的同时，本身也被战争拖得精疲力竭。

与其两败俱伤，不如握手言和，这就是辽朝统治集团对宋朝政策发生转变的直接动机。而韩德让则是他们中间最早对战争给辽朝方面带来的危害进行反思的人。

统和十二年（994），辽朝的北府宰相室昉退休，韩德让奉命接替这个职务，同时兼任枢密使，主持军国大政。

在这一年八、九月间，宋朝曾经先后两次向辽朝主动派遣议和的使者，尽管均被萧燕燕拒绝了，但韩德让正式向萧燕燕提出与宋朝改善关系进行友好交往，正是在这个时候。韩德让借助他在朝廷中的地位和与萧燕燕的特殊关系，向皇帝、蕃汉众臣大力宣传与宋朝修睦能给辽朝带来的好处。

显而易见，韩德让的建议没有马上被接受。但韩德让在推动萧燕燕放弃对宋朝的战争政策，直至澶州议和，实现与宋朝的睦邻关系中，功不可没。

宋朝的真宗君臣对此也十分清楚，当韩德让去世的消息传来，宋真宗曾为之十分惋惜地表示："韩德让智略过人，忠君为国，鞠躬尽瘁，辅佐幼儿寡母，参决大政20余年，又与我朝修睦结欢，岁时通问，不曾间断，真是难得！古之名相，不过如此！北朝蕃汉臣僚中恐再无人能比得过他。"

三、获眷顾蕃汉第一人

韩德让以他与皇太后萧燕燕的特殊关系，以他对少年天子辽圣宗的辅翼之功，以他对耶律氏的忠诚和勋劳，获得了极其显赫的荣耀和尊崇至极的地位，一生宠荣，始终不衰，堪称有辽一代蕃汉大臣第一人。无与伦比之誉，绝非虚美之辞。

统和元年（983），辽圣宗即位当年，为表彰韩德让的拥戴、护佑之功，在萧燕燕的主持下，为他加官开府仪同三司、兼政事令。

统和四年（986），击败宋军"雍熙北伐"后，韩德让以有谋议策划之功，被萧燕燕加官司空，封楚国公。又奉命与北府宰相室昉共执国政，成为没有宰相名义的宰相。

统和六年（988），韩德让随萧燕燕、辽圣宗行幸南京。有一天，韩德让陪萧燕燕观看马球比赛，一个叫胡里室的马球骑手在纵马追逐中冲撞了韩德让的坐骑，韩德让在猝不及防中被撞落马下。尽管韩德让并没有因此受伤，还是引起了萧燕燕的勃然大怒，下令将胡里室枭首示众[①]。

胡里室罪不至死，这是十分清楚的。而萧燕燕却下令杀死他，无非是用这种极端手段杀人立威，以显示韩德让在自己心目中的地位。

同年十一月，韩德让随辽圣宗侵入宋境，攻城夺地，斩获颇多，班师后晋封楚国王。

统和十一年（993），韩德让母亲去世，按礼制规定，孝子必须解除官职，在家为亡母守丧三年，守丧期间不能赴宴，不能听音乐，不能参加科举考试，这称为守制。但是，有时根据需要，未必真的守满三年，提前结束守制，任官做事，这种情形称为夺情，或称起复，一般是由皇帝宣布某官员夺情，其中包含了对该官员的信任和重用，令其牺牲亲情为朝廷效力。

韩德让即是守制未满三年，而被辽圣宗诏令强行起复的，说明辽朝的军国大事已经不能离开他了。

统和十二年（994），韩德让代室昉任北府宰相，兼枢密使，监修国史，赐"兴化功臣"称号。

统和十四年（996），在韩德让母亲去世三周年，丧满服除时，萧燕燕为他加官太保，兼政事令。

统和十七年（999）九月，著名的契丹老臣耶律斜轸去世，韩德让奉命兼任他生前担任过的北院枢密使一职，不久，又被任命为大丞相，晋封齐王，总掌北、南枢密院事，兼任北、南面诸行宫都部署。

---

① 枭首：把人头斩下挂起来示众。

北、南枢密院是辽朝中央北面官衙中最高决策机构，又称北衙、南衙，北衙掌朝廷军机、武官选授以及牧养战马诸政；南衙掌文官之选授，契丹诸部族及丁赋诸事。韩德让成为萧太后、辽圣宗之下蕃汉臣僚第一人，也是有辽一代被任命大丞相职务的唯一的一个人。

"澶渊之盟"实现了韩德让与宋朝修睦结欢的愿望，辽朝也因此摆脱了战争的掣肘，专心致志于社会改革，天下无事，一片升平繁荣。萧燕燕和辽圣宗母子自然对韩德让万分感激，而这种感激之情又是用高官显爵和巨额赏赐难以表达的。

澶州退兵后，萧燕燕为表彰韩德让促成辽宋和好的功劳，通过辽圣宗下诏，晋封韩德让为晋王，赐姓耶律氏，为他解除宫籍，免去他的奴隶身份，吸收韩氏为皇族成员，隶属皇族耶律氏横帐季父房。

横帐是契丹皇族耶律氏中最尊贵的家族，其中又分为三房，即孟父房，耶律阿保机伯父岩木之后裔；仲父房，耶律阿保机叔父释鲁之后裔；季父房，耶律阿保机诸弟之后裔。同时，为提高韩氏在皇族耶律氏中的地位，辽圣宗又特颁诏，宣布韩氏在皇族诸亲之上。

萧燕燕为了进一步表示她对韩德让的优宠之意，不仅要给予他本人崇高的地位，而且要让他的子子孙孙世代享受朝廷的恩泽。于是，向韩德让颁授铁券[①]，由辽圣宗亲笔书写而成。辽圣宗在授券前数日要戒斋沐浴，筑坛焚香，选择月明星朗的夜晚，在北斗星下召集蕃汉诸臣宣读之，以昭示中外。

在韩德让晚年，更受到了萧燕燕、辽圣宗的优渥礼遇，特别是他与萧燕燕出双入对，形影不离，行则并驾同车，宿则同庐而居，巡幸、田猎、避寒暑，

---

① 铁券：皇帝赐给功臣之家世代享受免罪特权的契券，以丹书写于铁板上，故又称丹书铁券。

莫不如此。

辽圣宗则下诏赐给他几杖[1]，几案供老人平时倚身休息用，手杖供老人行路扶持用，故古代把赐几杖作为敬老之礼。特诏韩德让上朝可以不对皇帝行屈膝顿首叩拜之礼，上殿可以不趋[2]。

辽圣宗还下诏为韩德让设置护卫100人，又按辽朝历代皇帝和摄政皇太后设置宫帐即斡鲁朵制度，为韩德让组建了宫帐，称文忠王府，有宫户1.3万户、骑兵1万人。文忠王府是辽朝13个斡鲁朵之一，韩德让也是辽朝历史上蕃汉臣僚中唯一拥有斡鲁朵的人。

由于皇太后萧燕燕与韩德让的特殊关系，辽圣宗耶律隆绪和皇族、后族上下人等对韩德让十分尊重。尤其是辽圣宗，他知道皇族耶律氏大业能有今日之气势，他能够坐在皇帝金交椅上，完全仰仗于韩德让之力。

所以，辽圣宗把韩德让对自己的呵护辅翼之恩铭记于心，遵从母后的教诲，把韩德让当成自己的父亲那样，毕恭毕敬，唯恐不及。

辽圣宗行幸韩德让府邸或帷帐，在50步之外就须下车、下马，待韩德让迎至帐外，又是辽圣宗弯腰拱手先行揖礼，韩德让还礼，然后入帐。

辽圣宗的弟弟秦王耶律隆庆、齐王耶律隆裕须每日一至韩德让府中问候起居，他们在距韩德让府邸2里之外就要下车、下马，徒步而进。问候完毕，辞行之际，兄弟二人揖礼于门外，韩德让坐而受之。

韩德让晚年体弱多病，每逢他患疾卧床，萧燕燕、辽圣宗及皇后总是要沐浴焚香，祷告山川神灵，乞求天帝降福驱病。广召天下蕃汉名医为韩德让诊

---

[1] 几杖：即几案和手杖的合称。
[2] 趋：大臣上殿作疾走之状，是对皇帝的恭敬之礼。

治。萧燕燕更是躬亲侍奉，端汤送药，不离左右。

统和二十七年（1009），萧燕燕与韩德让最后一次双双行幸南京，萧燕燕不幸染病在行宫中去世。

统和二十八年（1010），辽圣宗遵照母后的遗愿，改赐韩德让名字为隆运，后来成书的《辽史》中，韩德让即是以耶律隆运写入列传的。又赏赐良田若干及豪华宅邸一座，在辽景宗乾陵之侧赐陪葬地一处。

同年，高丽国内部矛盾爆发，西京留守康肇杀国王王诵，未经辽朝批准，擅立王诵之兄王询为国王。

辽圣宗调集40万大军亲征高丽，皇室、蕃汉百官从行军中，韩德让自然未能例外。是役历时二月有余，又值隆冬季节，韩德让已71岁高龄，旷日持久的马上颠簸和风餐露宿，使他力不从心，体力难支。

在班师途中，韩德让因外感风寒，四肢麻痹，一病不起。尽管辽圣宗百般为之调药诊治，无奈韩德让已经是病入膏肓，病势一日重于一日，溘然长逝于军中。

韩德让去世后，辽朝追赠他为尚书令，赐谥号文忠。辽圣宗为他举行了隆重的葬礼，是按照萧燕燕葬礼的规格举行的，由朝廷支付了巨额赙金，准备了豪华的葬具。皇帝以下皇后、诸王、公主及满朝蕃汉百官都要按制度穿着丧服。在运载韩德让灵柩的车起行时，辽圣宗亲自手挽哭送，由于百官跪请泣谏，行百余步方止。

韩德让墓地在辽景宗、萧太后合葬墓乾陵之侧，以示他生前忠于景宗、萧燕燕，死后也要追随、陪侍景宗、萧燕燕于地下。这是韩德让忠君爱国，勋劳卓著的见证。

辽圣宗又下诏，在乾陵之侧为韩德让建造用于岁时祭祀的家庙，安放韩德让遗像的影堂制度与乾陵规制相等，下令凡天下供奉、祭祀辽景宗画像的影堂，都必须把韩德让的画像列在陪祀的位置。

韩德让死后没有子嗣，辽圣宗下诏以皇侄、魏王耶律贴不的儿子耶律耶鲁为其子，以接续香火。耶律耶鲁死后，复无子，时值辽朝末年，天祚帝耶律延禧以皇子耶律敖卢斡为其子。

韩氏家族也由于韩德让的关系，沐浩荡皇恩，成为辽朝最显赫的享有各种政治、经济特权的家族。韩德让的一兄三弟也都晋爵为王，在朝廷中位居高官。下一代诸侄30余人中，封王者5人，其余均官至节度使、部署等职。

第九章

皇太后摄政廿七载
圣宗帝承恩光大业

一、皇太后悉心辅幼帝

辽景宗在位时，因他沉疴连年，身体羸弱，萧燕燕不仅独揽朝廷大权，而且专宠后宫，使景宗的后妃之数在辽朝诸帝中，除了辽穆宗之外是最少的。据《辽史》所见，景宗的后妃除萧燕燕之外，只有未留下姓名的渤海妃一人。

因此，辽景宗的子女中，除了公主耶律淑哥是渤海妃所生之外，其余四男三女共七人都是萧燕燕所生，依次是长女耶律观音女，长子耶律隆绪，即辽圣宗，次子耶律隆庆，次女耶律长寿女，三女耶律延寿女，三子耶律隆裕，四子耶律韩八。其中，除耶律韩八八月而夭外，其余六人都长大成人。

辽圣宗耶律隆绪，生于保宁三年（971）十二月己丑日，契丹名文殊奴。

由于辽景宗和皇后萧燕燕都仰慕中原汉族先进文化，都是受汉文化熏陶很深的人，因此，他们非常重视对子女的文化教育。在耶律隆绪五六岁时，辽景宗和萧燕燕便为他聘请蕃汉老师，教他开蒙读书，包括学习契丹文字，学习汉语、汉族文字、中原经史诸书。

尽管由于当时契丹人本身文化发展水平和对文化教育重视程度的限制，耶律隆绪所接受的教育远远不够正规和系统，但是，耶律隆绪自幼天资聪颖，勤奋好学，他不仅学会了本民族的文字，能用契丹文写文章，而且读了许多汉文书籍。在文化修养方面超过了他的父母，成为当时辽朝皇室中的佼佼者。

萧燕燕在耶律隆绪很小的时候起，就对他约束十分严厉，在帮助辽景宗办理朝中政务的同时，不忘亲自教导耶律隆绪。景宗去世时，耶律隆绪才12岁，皇太后萧燕燕出于维护耶律氏天下的政治需要，对小皇帝的要求更加严格。例如，每天的文武功课，必须完成规定的学习任务，萧太后要亲自检查督促，不然则要受到斥责和体罚。

耶律隆绪年纪稍长，萧燕燕在与蕃汉大臣议事、处理军国政务时，令他旁听，以增长见识，学习治国治民的道理和方法；出征打仗，也要他随行军中，让他经历战阵，接受锻炼和磨难，培养他坚忍不拔、不怕困难的品格。所以，耶律隆绪的少年时期，是在母后的严厉束缚和繁忙的习文练武中度过的，比起同龄的孩子，少了许多天真和欢乐。然而，正是由于母后的严格要求和谆谆教诲，才使他在亲政以后，成功地肩负起治理国家的重任，成为有辽一代在位时间最长、政绩最卓越的皇帝。

耶律隆绪最喜欢读的书，是唐朝初年历史学家吴兢编写的《贞观政要》和唐太宗、玄宗两朝的《实录》。他把唐太宗高瞻远瞩，从巩固李唐天下统治的根本利益出发，和他的大臣们一起讨论和总结隋朝灭亡的教训，借鉴历史经验，制定合于时宜的统治政策，从而奠定了唐朝近300年天下的基础，看成自古以来君主治国的壮举。每当翻开《贞观政要》，耶律隆绪总要为唐太宗的坦诚开明和大臣的直言谠论击节叫绝，自恨不能与之同世。

耶律隆绪立志学习唐太宗从谏如流的明君品德。因朝廷中诸事有母后主持，耶律隆绪年纪尚小，有一段时间热衷于纵马击球，荒废了正事。汉官、谏议大夫马得臣上书劝谏说：

> 臣以为房玄龄、杜如晦，不过是隋朝末年的书生，假如不是遇到唐太宗这样的明君，怎么能成为一代著名的宰相？臣虽然比不上房、

杜的才学，皇帝陛下在东宫时，臣有幸受先皇帝及皇后之命，列为侍从，如今又蒙圣恩，陪侍皇帝陛下读书。皇帝陛下曾经向臣询问贞观、开元之事，臣今谨略作陈述。

臣读《唐书》，见唐太宗侍从太上皇宴饮完毕，亲自扶辇送回内殿安歇；唐玄宗放下皇帝架子，与诸兄弟同席畅饮，尽家人之礼。皇帝陛下上承祖宗之恩，继登帝位，亲自侍奉皇太后陛下，堪称孝子。臣希望皇帝陛下在孝敬皇太后的同时，亲睦六族，爱敬老幼，则皇帝陛下仁爱之心，当远过唐太宗、玄宗二帝。

臣又见唐太宗、玄宗二帝热衷于经史诸书，多次与学士、大臣交流切磋，从早上一直到下午。所以，当时天下人读书蔚成风气，文治大兴。如今皇帝陛下留心典籍文献，逐章逐句，分析解释。臣以为皇帝陛下深入研究古人著作中的道理，学以致用，身体力行，"贞观之治""开元盛世"之重现并不是不可能的。

臣又见唐太宗纵马射猎，唐俭进谏；唐玄宗架鹰行猎，韩休劝止，唐太宗、玄宗都很高兴地接受了他们的劝谏。

如今皇帝陛下流连马球，乐而忘返，愚臣以为有三不宜，所以不怕冒犯天威，对皇帝陛下言之。臣以为君臣同场游戏，不免分出胜负，陛下胜则必然臣僚负，臣僚胜则必然陛下负，胜者欢喜，负者羞愧，这是一不宜。跃马挥杖，纵横驰骋，置君臣尊卑之礼于不顾，以争先取胜为快，失人臣之礼，这是二不宜。皇帝陛下不顾万乘之尊，贪图一时欢乐，万一马失前蹄，发生意外，如何向天下、皇太后交代？这是三不宜。如果皇帝陛下不以臣下所言为愚腐之论的话，能够听进臣的劝谏，就是天下万民之福，满朝群臣之心愿。

辽圣宗看了马得臣的奏疏，为之嘉叹良久，为自己身边能有这样的大臣而高兴。

对于唐明皇李隆基，耶律隆绪也是佩服得五体投地。他认为李隆基在大唐天下危难之时，挺身而出，力挽狂澜，使唐朝统治摆脱动荡危机，及时调整统治政策，迎来了著名的"开元盛世"，其功不在唐太宗之下。

耶律隆绪曾认真阅读《唐书》中高祖、太宗、玄宗三帝本纪，令汉官马得臣摘录这三位皇帝的言论行动中可以效法的内容，当成自己的座右铭，经常与蕃汉大臣一起讨论贞观（627—649）、开元（713—741）年间的史事，并表示要学习唐太宗和唐玄宗，在辽朝再现"贞观之治"和"开元盛世"，做名垂青史的君主。他的名字中的"隆"字，即是取李隆基的"隆"字，以示效法之意。

在萧太后的精心教导和蕃汉群臣的辅弼下，耶律隆绪成长为文武双全、多才多艺的人。首先，耶律隆绪和所有契丹人一样，最先具备了娴熟的北方草原民族赖以安身立命的马上骑射功夫，能够骑烈马、挽强弓。

在耶律隆绪 16 岁那年秋天，他随母后在黑山围场打猎时，遇上两只斑斓猛虎。只见耶律隆绪策马飞驰接近猛虎，连发数箭，将虎射死，真可谓"初生牛犊不怕虎"。

耶律隆绪的胆略和骑射功夫，受到随行的蕃汉臣僚的一致赞叹，萧太后也不由得面露欣喜之色。当时的驸马都尉刘三嘏曾经作《射二虎颂》，记录和赞颂了耶律隆绪射虎的事。

耶律隆绪从 10 岁起便能用汉文和契丹文吟诗作赋写文章，稍长便与汉官大臣经常在一起切磋诗文。或在朝堂之上，或在臣僚府第之中，君臣唱和，尽欢而散。耶律隆绪还亲自动手把唐朝著名诗人白居易的《讽谏集》翻译成契丹文，召集了契丹大臣，读给他们听。

耶律隆绪曾经作诗 500 余首，可惜大都佚失，流传至今的只有一首不完整的五言诗《传国玺诗》：

一时制美宝，千载助兴王。

中原即失鹿，此宝归北方。

子孙宜慎守，世世当永昌。

这首诗抒发了耶律隆绪希望辽朝盛世永远保持下去的情怀。

耶律隆绪还擅长音乐和绘画，他曾经亲自撰写乐典百余首，交给教坊排练演奏。他的画以描绘北方草原特有的骏马、鹅雁见长，笔法精妙，生动逼真，常作为礼物随使团赠送给宋朝。

耶律隆绪成年以后，母后萧燕燕并没有让他立即亲政，直至统和二十七年（1009），萧燕燕去世前的一个月，萧燕燕才结束摄政，把朝廷的大权交给耶律隆绪。这就是说在耶律隆绪近 50 年的帝王生涯中的前 27 年，他只是拥有皇帝的名号，而实际上处于无权的地位。朝廷中的军国诸政是母后说了算，而耶律隆绪不过诸事拱手，随声附和而已。

非但如此，萧燕燕对已经成年的皇帝并没有放宽约束，而仍然像幼年、少年时那样对他严厉管教，甚至有过之而无不及。

有一年，耶律隆绪所居宫殿要进行修缮和装饰，需要绢帛若干匹。这是正常的支出和消费，况且，耶律隆绪贵为天子，支用区区绢帛，也算不得奢侈和浪费。

然而，这类本来由宫中办事机构办理的小事，也必须经萧太后批准才能办成。萧太后要向经办官员详细询问支用绢帛的用途和数量，然后还要了解在给蕃汉诸臣的赏赐中是否有这类绢帛。如果蕃汉诸臣已经得到此类绢帛，耶律隆绪才有资格享用，否则，萧太后也是绝不恩准的。

耶律隆绪的日常生活也很少有自由，处在母后萧燕燕的严格监督之下。她要耶律隆绪的言行举止，必须符合帝王规范。

耶律隆绪长期不预朝政，便无事可做，难免放浪，有时在宫中与臣僚、妃嫔连日宴饮，酒酣耳热之时，则脱去头巾外衣，全无君臣之别，与臣僚、伶工之类同席而坐，轮流把盏，以至于跣足披发，同歌共舞；与宫中幽默演员嬉戏玩笑。有时去郊外打猎，纵情山野，不按时返回皇宫。

耶律隆绪的这些事都是背着萧太后干的，然而，当萧太后一旦察觉，除了对侍从官员、妃嫔、伶工重行杖责之外，耶律隆绪也不能避免受到训斥和诟骂。

就连妃嫔、宫人在耶律隆绪面前受了委屈，有的人也乘机在萧太后面前拨弄是非，对皇帝有所微词。在多数情形下，萧太后也信以为真。每逢此时，耶律隆绪仍像儿时那样，在大庭广众之下遭受斥责和羞辱。

好在耶律隆绪能知错就改，对母后的训斥和责罚并没有记恨在心。他知道母后对他如此严格要求，完全是为了耶律氏的天下着想，是让他在母后百年之后，完全有能力担负起治理天下的重任，他完全理解母后之所以这样做的良苦用心。

在辽景宗去世时受遗命辅佐幼帝的文武大臣中，文如汉官韩德让，武如契丹老臣耶律斜轸，都是一心为国的忠臣良将。萧燕燕要求耶律隆绪除了向他们学治国平天下的文武韬略之外，还要对这些为耶律氏天下鞠躬尽瘁、不遗余力的老臣执父子之礼，绝对不许自恃天子之贵，而表现出丝毫的轻慢之色。

对于韩德让，除了他对皇族耶律氏的忠诚，他渊博的历史知识和丰富的政治经验，过人的胆略和气魄，他在辽朝统治集团中不可替代的智囊地位，都使耶律隆绪为之由衷折服。正是由于这一切，使耶律隆绪对他与母后间那种半公开的关系采取了现实的容忍态度。以至于母后去世后，他仍按照母后的教诲，对韩德让极尽恭敬，眷遇不衰。

耶律斜轸是萧燕燕在景宗朝预政、圣宗朝摄政中在军事上最得力的臂膀，甚受倚重，长期担任北院枢密使之职，主持策划对宋朝及周边各部族军事，屡建功勋，多次受到萧燕燕的褒奖赏赐，宠荣之极，武臣班中，无人可比。

萧燕燕身边有一对琥珀杯，状若对剖的桃核，可装酒半升左右。萧燕燕极为珍视，人们在平时难得一见，只在宴飨功臣敬酒时才取出使用。当时的蕃汉诸臣中，唯有耶律斜轸曾先后数次用这对琥珀杯接受过萧燕燕的酌赐，朝野无不以此为盖世之殊荣，耶律斜轸在萧燕燕心目中之地位由此可见一斑。

为了使耶律斜轸像忠于自己一样忠于少年皇帝耶律隆绪，萧燕燕十分注重感情投入。在她的主持下，为耶律隆绪和耶律斜轸举行了隆重的交友仪式，类似江湖上在汉人中通行的拜把子、结金兰的活动。

耶律隆绪和耶律斜轸在萧燕燕面前向上天起誓："我等二人虽生未同时，但求共死，肝胆相照，荣辱与共。信守此盟，永生不渝！"然后，二人郑重地交换弓矢、鞍马诸物，结成莫逆之交。

这样，二人在原有的君臣关系之外，又增加了一层朋友的关系。使耶律斜轸在忠于皇帝和忠于朋友的大义大勇神圣情感驱使下，为了皇族耶律氏天下肝脑涂地，不遗余力，这也是萧燕燕的精明之处。

萧燕燕为了教育耶律隆绪不忘祖宗创业艰难，能继承先辈遗志，光大皇族耶律氏伟业，确保皇基巩固，祈求耶律氏国祚永昌，曾经多次为耶律隆绪举行再生礼。

再生礼是契丹从阻午可汗时代流传下来的古老习俗，在受礼主人本命年的前一年举行，即每隔12年举行一次。其本意是重演受礼主人降生时情景，使受礼者感受母亲诞育之恩，以示不忘母亲抚养之辛劳和天地哺育的恩德。表现了淳朴风气和对母亲、对大自然的深厚感情。

再生礼被皇室确定为朝廷礼仪之一，并赋之以浓厚的政治色彩。辽朝规定一般人包括契丹贵族和平民的再生礼只能每12年举行一次，而皇帝、皇太后、皇太子以及夷离堇诸人可以例外[①]，根据需要随时举行。萧燕燕为耶律隆绪举行再生礼，更增加了祭祀上天、祈求神灵降福护佑的内容，这已经大大超过了再生礼的原有意义。

耶律隆绪的再生礼一般在他的本命年前一年冬季的最后一个月里举行，由礼仪官事先选定黄道吉日，并在宫门之北打扫净地一区，设置再生室、母后室及装载有先皇帝牌位的车子。在再生室的东南方向，将一棵长有三支杈的树，即歧木倒栽在土中。

举行再生礼的这一天，先让一童子和接生婆进入再生室，一妇人手捧酒

---

① 夷离堇：契丹官名，初为兵马统帅，后改称大王。

壶，一老翁手持矢箙①，同立于室外。

礼仪官把先皇帝的牌位请下车子，进行祭祀。祭祀完毕，耶律隆绪由寝殿出宫门，进入再生室，蕃汉文武诸臣列队奉迎行礼。皇帝在再生室脱去鞋子和外衣，出再生室，童子随其后，三过歧木之下，每过一次，接生婆都要致祈祷之辞，用手拂拭皇帝的身体。

然后，童子独自过歧木七次，耶律隆绪则卧倒在歧木之侧。老翁边敲击矢箙，边说道："生男孩了！生男孩了！"巫师用丝巾蒙住耶律隆绪的头部，起立，接受群臣祝贺和叩拜之礼。

接生婆从捧酒妇手中接过酒，进献给耶律隆绪，巫师手捧襁褓等新生儿的用物，口念喜庆之辞以示祝贺。

又有预先选定的七名老翁，各手持写有名字的彩帛，跪着进献皇帝。耶律隆绪则选择其中含吉祥之意者受之，向老翁赏赐物品。

蕃汉群臣接着向耶律隆绪进献新生儿的各种用品。耶律隆绪一一受之。然后，又对先皇帝牌位、画像行叩拜礼，在皇宫中大宴群臣。

二、二皇子作为称差强

耶律隆庆，萧燕燕第二个儿子，字燕隐，契丹名普贤奴。生于保宁五年（973），乾亨二年（980）始封恒王。

耶律隆庆自幼头脑聪慧，稍长，待人接物有若成人之状，时常口出惊人

---

① 箙：盛箭的容器。

之语，喜欢舞枪弄棒。他的父亲辽景宗有一次看耶律隆庆和一班皇族子弟做游戏，排列队伍，演习战阵。耶律隆庆手持帅旗，发号施令，无人敢于违犯。

辽景宗为之惊奇不已，说："这是我家的一匹生马驹，调教好了，将来必能成大器！"

耶律隆庆成年以后，果然精于骑射，擅长兵略，以其出色的军事指挥才能而闻名军中，经常统军南下对宋朝作战。

统和十六年（998），辽朝著名将领耶律休哥去世，耶律隆庆代耶律休哥出任南京留守一职，晋封梁国王。在此以后辽朝对宋朝的战争中，多以耶律隆庆为先锋将，打了许多胜仗，战功卓著。统和二十一年（1003），奉命出任兵马大元帅，与萧挞览等人统军侵入宋境，在定州与宋军大战，生擒宋将王继忠。

耶律隆庆自恃有功于朝廷，又有母后宠爱，为所欲为，十分狂妄，不把朝廷纲纪放在眼里，他的兄长辽圣宗对他也是无可奈何。

尤其是耶律隆庆担任南京留守20年，充分利用南京地区优裕的物资条件，横征暴敛，挥霍享乐，达到了无以复加的程度。耶律隆庆在南京营造的官殿规模之大，装饰之豪华，使辽圣宗在上京的皇宫望尘莫及。恣意僭越，无视制度，引起朝野议论纷纷。

耶律隆庆还是一好色之徒，曾经几次在南京下令为自己选秀，不论民族，不问出身贵贱，凡在应选年龄的少女在未经选秀之前，不得自行婚嫁，统一由官府造册登记，各级官员按耶律隆庆自定条件逐次选拔，最后由其本人物色确定，其佼佼者为王妃，次者为妾媵婢女。

选秀是耶律隆庆主政南京道时的一大弊政，扰民不轻。每逢选秀之年，家有适龄少女者，无不提心吊胆，有如大祸将至。而且选秀官吏为虎作伥，乘机敲诈勒索，弄得鸡飞狗跳，真是村村有哭声，到处闻怨辞。

南京附近有炭山，山清水秀，景致幽雅，是辽朝皇帝夏季避暑地之一，萧燕燕在这里专门修建了凉殿，经常在盛夏时节来这里纳凉清暑。

每逢萧燕燕到炭山，耶律隆庆总是兴师动众，大搞排场。除了萧燕燕的侍从官员、护卫，还有耶律隆庆的属下官员、王妃、姬妾诸人，一行浩浩荡荡、前呼后拥，延绵十数里。炭山凉殿周围，穹庐帐幕，塞川蔽野，望不见尽头，浪费人力财力难以计数。

耶律隆庆还是皇族耶律氏中敢于对汉官韩德让不以为然，不持恭敬态度的人，他反对母后与这位汉官的密切关系，反对韩德让跻身皇族耶律氏。

由于这个原因，韩德让对耶律隆庆也怀有很深的敌意。除非在正式场合，因名分、礼节的制约而维持表面和平，他们很少见面，很少有共同语言。只是由于萧燕燕、辽圣宗对韩德让的极力保护，对耶律隆庆的严厉管束，以及韩德让在萧燕燕去世不久也随之去世，才没有酿成大的悲剧。

辽圣宗耶律隆绪对这位手足兄弟不忍责罚，唯有宠之以爵禄。开泰元年（1012），晋封耶律隆庆为秦晋国王，加官尚书令，又赐予铁券，给他以各种政治特权。

开泰五年（1016），耶律隆庆在入中京朝见辽圣宗后返回南京途中病死。赐谥号孝文，追册为皇太弟，朝廷辍朝七天以示哀悼。

耶律隆裕，萧燕燕的第三个儿子，保宁十一年（979）生，契丹名高七，又名胡都董，乾亨二年（980）初封郑王，统和十六年（998）晋封吴国王，统和十九年（1001）徙封楚国王。统和二十二年（1004），其母后萧燕燕与辽圣宗率军侵宋，耶律隆裕奉命留守上京。历任西南面招讨使，权知北枢密院使事。

开泰元年（1012），徙封齐国王，奉命出任东京（今辽宁辽阳）留守，同年去世，是三兄弟中最先谢世的人。辽圣宗下诏追赠太师官职，赐谥号曰仁孝。

耶律隆裕比起耶律隆庆，没有那么大的才干，也无明显劣迹。只是自幼年起仰慕道教，喜欢与道士交朋友，于是府邸中来来往往多道士，耶律隆裕待之若上宾，成为辽朝崇奉道教最有代表性的人物。

耶律隆裕出任东京留守后，在东京城中大兴土木，修建规模宏伟的道观，富丽堂皇，鳞次栉比，总共有数百间之多。他为了广泛延接天下道士，又在东京修建道院，终日与道士切磋，诵经宣醮，香火十分兴旺，以至于此时辽朝的统治中心中京（今内蒙古宁城境）也受此风影响，道教徒日益增多。

三、三公主人生各不同

辽景宗与萧燕燕有三个女儿，这三位公主成人以后，她们的婚姻按照耶律氏与萧氏互为婚姻的制度，所嫁夫婿无一例外都是萧氏家族中的人。这三个人也都因娶了皇帝的女儿而攀龙附凤，飞黄腾达，成为耶律氏的勋戚贵胄。

辽景宗长女燕国公主耶律观音女下嫁萧继先。萧继先，字杨隐，契丹名留只哥。

萧继先是萧燕燕的本家近亲，两家有世交之谊，关系颇为密切，萧继先称萧燕燕之父萧思温为叔父。在萧继先很小的时候，他失去了父母亲，家道衰落，萧思温收养了他，所以他与萧思温有父子的情分。

萧继先小萧燕燕 10 多岁，又自幼聪明好学，十分乖巧听话，而且萧思温只有三个女儿，家中没有男孩，所以萧继先在这个家庭中的地位自然不同一般，受到全家人的格外喜爱和悉心照料。特别是萧燕燕对这位小弟弟倍加疼爱，即使在入宫以后，仍没有放松对他的教诲和呵护。

萧继先刚过 18 岁，便出落得相貌堂堂，一表人才，十分的潇洒倜傥，而且多才多艺，文武兼备，是个人见人爱的小伙子，皇族耶律氏中上门求亲者络绎不绝。

这时，辽景宗尚在位，皇后萧燕燕自然不会轻易让萧继先成为别人家的女婿，便亲为做媒，将自己的长女下嫁萧继先，通过辽景宗下诏赐萧继先驸马都尉之号。

统和四年（986），在反击宋朝"雍熙北伐"的作战中，萧继先随耶律休哥出战，多次指挥精干骑兵袭击宋军营盘和运粮辎重，俘获宋军数千。

由于萧继先在作战中表现不凡，深得皇太后称赞，被任命为北府宰相，佐理耶律斜轸处理军国大事。萧继先以这样小的年纪，在如此短的时间里荣膺此任，在当时确不多见，除了他本身才干出众，政绩优异外，萧燕燕对他的偏爱也是重要条件之一。

从此以后，萧继先曾经多次统率国舅帐，即后族萧氏所属军队，随萧燕燕麾下与宋朝作战，屡立战功。最突出的是统和十七年（999），萧继先率先头部队进攻宋朝狼山寨石垒（今河北易县境），大败宋军，又转战瀛州，生擒宋将康昭裔、宋顺诸人，进而攻占乐寿县（今河北献县）。

在萧燕燕的晚年，对萧继先更加信任，派他出任上京留守，并且不断赏赐他巨额财富，其中一次就赐奴婢万口。

萧继先虽然承蒙宠任，身处富贵，却有自知之明，做到严以律己，不骄不躁，能待人以礼。尤其可贵的是他尽管家富于财，却能够身体力行，节俭省费，从不奢华铺张，暴殄天物。

萧继先还是一名称职的官员，任官所到之处，都以善治而闻名，特别是他在上京留守任上，事必躬亲，孜孜经营，把上京城及其属下州县治理得井井有序。

由于萧继先的品德和政绩，使他在皇族耶律氏、后族萧氏及满朝蕃汉大臣中享有很高的声誉。

萧继先在 58 岁时死于上京留守任上。

辽景宗次女魏国公主耶律长寿奴（一作耶律长寿女）下嫁萧排押。萧排押，字韩隐，是辽朝国舅帐少父房即萧氏拔里家族的后裔。

萧排押自少年时起，就以多智略、能骑射而闻名萧氏族中。辽圣宗即位后，他受命出任左皮室军统帅，在讨伐北方少数民族阻卜的作战中一战成名。

在反击宋朝"雍熙北伐"的作战中，萧排押先是随耶律休哥在南京以南的岐沟关各地大败宋军，后来又率部西进，配合耶律斜轸，打败宋将潘美和杨业，重新夺回被宋军攻占的州县。因其作战勇敢，战后被任命为南京统军使，专门负责南京方面对宋朝的防御和作战。由一名普通将领成长为镇守方面的军事统帅。

萧排押在对宋朝一系列军事行动中的不凡表现，引起了皇太后萧燕燕的注意。不久，便将自己的二女儿下嫁萧排押为妻，按惯例授予他驸马都尉称号，加官同政事门下平章事。

统和十三年（995），萧排押出任北、南院宣徽使。在此期间，萧排押曾经上书萧燕燕，议论时政的得失，提出限制契丹贵族特权，大力整顿吏治，淘汰不称职的官员以及加强法制，健全法律等方面的请求。又对调整农业地区汉族农民的赋役负担提出切实可行的建议。

此时，萧燕燕正在推行大规模的社会改革，她看了萧排押的上书，大有不谋而合之叹，使她更对这位驸马刮目相看。萧燕燕曾经亲自召见萧排押，赞扬萧排押以天下为己任，忧国如忧家的忠诚精神。

统和十五年（997），萧排押受命出任东京留守。统和二十二年（1004），萧燕燕统率大军侵宋，萧排押奉命率领渤海军南下作战，攻占了德清军（今河南清丰）。

在萧挞览被宋军伏弩打伤毙命后，萧排押受命担任前线指挥职务，参与了澶州城下与宋朝的议和活动。

"澶渊之盟"后，萧排押官至北府宰相。开泰二年（1013），萧排押以宰相职务出知西南招讨使。在此期间，萧排押关心民众疾苦，帮助这里的各族群众解决发展生产中的实际困难，不出数年，西南地区五谷丰登，六畜兴旺，百姓殷富，安居乐业。萧排押因此受到各族群众的衷心拥戴，被敬之如父母，同时也大大提高了他在朝廷中的知名度。

萧排押曾经在统和二十九年（1011），随辽圣宗出征讨伐高丽。萧排押奉命率军一部由北道进兵，途经西岭，大破高丽守军，进入高丽都城开京（今朝鲜开城），纵兵大掠而还。受到辽圣宗的嘉奖，晋封兰陵郡王。

开泰七年（1018），萧排押被任命为都统，率军再次攻打高丽，直取开京，又是一番纵兵大肆劫掠。而在班师途中渡河时，被高丽军队伏击，辽军溺死无数，损兵折将，萧排押率残部逃脱生还。战后，萧排押被朝廷问责，被免去官职，不久复封幽王。太平三年（1023）去世。

萧燕燕的第三个女儿越国公主耶律延寿女下嫁萧恒德为妻。萧恒德，即萧排押的弟弟，字逊宁。萧恒德虽然是弟弟，成为皇族耶律氏驸马都尉却早于乃兄，统和元年（983）即与越国公主成婚。

萧恒德有较高的文化修养，曾经长期在翰林院和大林牙院中担任南、北林牙职务，负责为皇帝、皇太后起草诏诰制敕之类的文书。

统和六年（988），萧恒德随萧燕燕、辽圣宗从军侵宋，在围攻宋军据点沙堆驿（今河北涿州境）时，萧恒德独当一面，率所部从城西发起攻击，指挥将士借助云梯等器械发起攻城作战。守城宋军居高临下，顽强反击，箭如飞蝗，石块、滚木飞落而下。

萧恒德意气自若，沉着指挥，亲冒矢石，率先登上城墙，打败宋军，攻占沙堆驿。萧恒德在作战中被流矢射中，萧燕燕闻讯，亲临慰问，察看伤势，敷药包扎。辽圣宗下诏赐予他"启圣竭力功臣"称号。

此后，萧恒德却官场失意，步步下坡，最后落得个身败名裂的可悲结局。

统和十二年（994），萧恒德奉命与和朔奴率军讨伐东北少数民族兀惹（分布于今牡丹江流域、松花江中游及黑龙江下游）。兀惹慑于辽军的兵威，未及开战便望风请降。

和朔奴身居都部署官职，掌统帅大权，欲接受投降。而萧恒德却想借此机会施展才能，建立功勋。他对和朔奴说："小小兀惹竟如此狂妄，劳朝廷大军奔波，我等若就此受降班师，将何以面对满朝文武？莫如乘势进击，多所掠获，全胜而返，岂不更好！"

和朔奴不能说服萧恒德，让他改变主意，只好下令向兀惹开战。兀惹请降不成，转而拼死抵抗，辽军屡战而不能胜。和朔奴不得已，率军转战高丽之北。

由于辽军孤军深入，且旷日持久，到处受到兀惹的进攻，不能自保。更由于辽军远离后方支援，粮草供应无法保障，兵马死伤颇众，兵仗器械，丢弃者不计其数。因是役无功而还，萧恒德被削去功臣称号。

统和十四年（996），越国公主耶律延寿女患病卧床。越国公主是萧燕燕最小的女儿，自幼聪明伶俐，秀外慧中，被萧燕燕视为掌上明珠。下嫁萧恒德，进入萧氏门中以后，也从不以宠贵自骄，恪守妇道，敬老尊长，对萧氏一门上下以礼相待，深受皇族、后族众人称赞。萧恒德在萧燕燕心目中的地位之高，屡膺重任，其中有一半是由于越国公主的缘故。

萧燕燕听说女儿患病，遍请蕃汉名医为之诊治，又从身边派了一个名叫贤释的宫女，到驸马府中侍奉公主起居。萧恒德的悲剧正是因此而起。

越国公主的病情虽然迭经治疗，却不见丝毫起色。此时的萧恒德不过30多岁，正值年富力强，怎能耐得住旷日持久的独居寂寞？

而萧燕燕派来侍奉越国公主的宫人贤释，也因长年深居宫中，难得与异性相见。如今，她只身来到驸马府，在侍疾之余，与萧恒德频繁接触是不可避免的。起初，二人瞒过内外家人，秋波频顾，语言相挑，继之则深夜幽会苟合。如此一发不可收拾，萧恒德如鱼得水，乐此而不疲，贤释图一时快活，连侍疾正事也不管不顾，二人终日厮混。

事情终于败露，越国公主了解了真相，无法容忍萧恒德的这种不伦行为。这对于正在患病中的越国公主无疑是雪上加霜，病症又加重了几分。虽有萧燕燕竭尽全力，为之抢救，无奈回天无力，越国公主还是一命呜呼，撒手而去。

越国公主的去世，给母后萧燕燕的打击是十分沉重的。然而令她为之震怒的是萧恒德胆大包天、寡廉少耻的行为，贵为驸马竟然与自己身边的宫女勾搭成奸，这与淫乱宫闱有何区别？置礼制、纲纪于何地？是可忍，孰不可忍！

萧燕燕在震怒之余，亲自下令将萧恒德赐死，为越国公主殉葬，一代驸马竟死于非命。若干年后由于他的儿子萧匹敌的卓越表现，萧恒德复被追封为兰陵郡王。

在《契丹国志》中对辽景宗和萧燕燕所生三个女儿的婚姻和结局有这样的记载：长女名燕哥，下嫁萧太后之弟、北府宰相留住哥。次女长寿奴，下嫁东京留守悖野。三女延寿奴，下嫁悖野之同母弟肯头。因延寿奴狩猎中被鹿顶死，萧燕燕下令缢杀肯头为延寿奴殉葬。

四、还国政悠闲度晚年

辽宋"澶渊之盟"以后，萧燕燕告别了戎马倥偬的军旅生涯，把主要精力放在其内部的社会改革上。尽管仍然是日理万机，很少有闲暇，但比起从前还是悠闲轻松了许多，即使在"四时捺钵"中，畋猎游幸的成分也大大增加了。

"四时捺钵"是契丹人畜牧渔猎逐水草而居的生产生活方式与辽朝统治制度相结合的产物。辽朝的皇帝并不是在一年中长住都城上京，而是随着春夏秋冬四季气候的变迁，至南北各地畋渔游幸，同时办理朝廷政务。

所谓"捺钵"，又写作纳钵、刺钵、纳宝等，宋人文献中译为"行在"，

《辽史》中译为"行帐"，是辽朝皇帝在畋猎地区所设的行宫。这种行宫都是临时设置的，可以随时迁移。

行宫不论设在何处，其中心是皇帝的牙帐，牙帐以枪杆为栅栏，枪杆间用毛绳连接，每支枪杆下设黑毡伞一顶，以供卫士遮蔽风雨。在每支枪杆外侧，各设小型毡帐一座，围牙帐成一匝。每一毡帐中有卫士5人，各执兵器，扈跸禁卫。

牙帐之南有省方殿，之北有寿宁殿，两殿相距约2里之遥。所谓殿并非用砖石筑成，而是以竹、木为柱梁，以毡为盖搭建而成。柱梁饰以彩绘，殿壁覆以锦缎，殿外又以绯绣为额。殿内地面以黄色织物绣龙为地障，即地毯。窗、槅均挂以毡片，外侧傅黄色油绢以防雨雪。

整个牙帐构筑在一尺余高的台地之上，以防湿气侵蚀。殿外的廊庑亦以毡片搭成。

行宫除省方殿、寿宁殿之外，还有鹿皮帐、长春帐、八方公用殿等临时建筑。

行宫的扈跸卫兵共有4000余人，每天轮番1000人宿直。白天，卫士在行宫之外围持械警卫，夜晚则入内专司护卫皇帝牙帐之责，外围另有军兵把守。

行宫的外围又设拒马，即在木架上绑缚枪头等利器以限制行人靠近，又设守夜铺兵，以铃声传达警报信息。

"四时捺钵"有相对固定的地点和内容。《辽史》对此有比较详细的记载，著名的辽朝历史研究学者傅乐焕在其所著的《辽代四时捺钵考》中对辽朝皇帝"四时捺钵"的时间、地点、迁徙路线进行了全面的考察。

每年的正月初，皇太后萧燕燕偕辽圣宗率蕃汉文武臣僚、皇族、后妃、外戚等一行人马，从冬捺钵地出发北向至春捺钵地长春州的鸭子河泺（今吉林大安月亮泡）。

先是设营于冰上，凿冰钩鱼。解冰开江后，派骑兵绕江湖边缘击扁鼓，惊动天鹅、野鸭、大雁等飞禽飞起。然后，或纵放猎鹰海冬青追捕，或由皇帝亲自弯弓放箭射落。皇帝随身携带金玉锥，称杀鹅锥、杀鸭锥。

每逢钩到第一条鱼或射下第一只鹅、雁时，皇太后、皇帝与随驾众人要击鼓作乐，大排筵席、饮酒庆贺，君臣尽欢而罢，这称作头鱼宴或头鹅宴。

春捺钵持续时间，一般需2个月左右。

每年的六月上旬至七月，是夏捺钵时间，地点不固定，一般视春捺钵结束后，皇帝驻跸何处而定。如果皇帝在春捺钵后返回都城上京，则夏捺钵多去吐儿山（今内蒙古巴林右旗境）。如果皇帝在春捺钵结束后南下驻跸南京，则多去南京西北的炭山凉殿。

夏捺钵的主要内容是避暑纳凉，此时，朝廷中蕃汉大臣多随驾于行宫，在畋猎消遣的同时讨论和处置军国政务。夏捺钵的生活是丰富多彩的，萧燕燕、辽圣宗在与蕃汉大臣议政之暇，或率众臣纵马山林，张鹰狩猎，或在绿草如茵、百花盛开的草原上弈棋游戏，或在行宫中摆席宴饮，君臣同乐。

秋捺钵一般从每年的七月中旬开始，地点在永州（今内蒙古西拉木伦河和老哈河汇流处西南）境内的伏虎林。

"伏虎林"地名的来历起自辽景宗时，据说这里曾经有恶虎盘踞山林，危害牲畜和百姓生命。辽景宗率人行猎至此，有一斑斓猛虎伏于草丛之中，遇辽景宗而浑身发抖不敢仰视。辽景宗见状，不忍射杀，将此虎放生。后来就将该地命名为伏虎林，成为皇家秋捺钵的固定地点。

秋捺钵的主要内容是射鹿。事先把随行的皇族、外戚诸人分别布置于鹿经常出没饮水的湖泊之侧，至夜半时分，随驾猎户模仿鹿的鸣叫声吹响号角，待鹿集群出现时，皇帝则率众猎手射杀之，号称"呼鹿"。

冬捺钵在永州东南的广平淀，这是一块被沙碛包围的东西长20余里、南北宽10余里的狭长地带，地势平坦，冬季不甚寒冷。所以，每至冬季，辽朝皇帝和蕃汉众臣多来此"坐冬"避寒。

冬捺钵期间，皇太后萧燕燕、辽圣宗与蕃汉大臣、北南面官在此议论朝政，决策国家大事，接受宋朝、西夏、高丽及北方各少数民族使节的谒见和朝贺。同时还要从事狩猎、练习骑射等。

辽朝的"四时捺钵"，作为辽朝的制度之一，从皇太后萧燕燕摄政时起逐渐形成，一直沿袭至辽朝末年，一年四季，循环往复，周而复始。后来的金朝、元朝也曾经实行过这种制度，从清朝皇帝每年的承德避暑和围场狩猎也可以看到这一制度的明显痕迹。

在"澶渊之盟"以后，皇太后萧燕燕除了偕辽圣宗牙帐南北巡幸渔猎外，经常居住的地方是在此时营建竣工的中京（今内蒙古赤峰宁城县大明城）。

这里原来是曾经臣服于辽朝的奚人奚王府的牙帐故地。随着辽朝社会的不断发展进步，特别是辽朝与宋朝两大敌对政权之间化干戈为玉帛，在和平条件下辽朝与北宋官方、民间的政治、经济、文化交往日益频繁。在这样的形势下，仍然把辽朝的政治中心放在朔漠一隅的上京，对于辽朝这个拥有如此广阔疆域的国家来说显然失之过偏、过远，而且对其南部广大发达地区也有鞭长莫及之虑。

而奚王府牙帐故地却是南京地区越过长城以后向北通往契丹腹地的咽喉，

有着重要的战略意义。而且这里有山有水，土地肥沃，草原辽阔、宜农宜牧。因此，把辽朝的政治中心移向这里，是辽朝社会发展，特别是与宋朝和平友好的关系发展的必然结果。在这里建都既可以居中兼顾南部发达的农耕地区和北部闭塞的游牧地区，又大大方便了与宋朝的官方交往。宋朝使团的谒见，不必再跋山涉水去上京了。

营建中京的动议是统和二十四年（1006）提出来的，统和二十五年（1007）正月起动工兴建。辽圣宗下令从南京征发汉族的优秀建筑工匠，历时一年有余，至统和二十六年（1008）五月，中京建成竣工。

中京城的建筑规划和制度，在城墙、宫掖、楼阁、府库、市肆、廊庑等诸方面，都比上京城更多模仿了长安城（今陕西西安）、汴京城（今河南开封）。在其核心部分的宫城中，建有辽圣宗起居的武功殿和皇太后萧燕燕常住的文化殿。在阳德门外建有大同驿，用以接待宋朝来的使节，朝天馆用以接待来自高丽的使节，来宾馆用以接待来自党项的使节。

中京城初建成之时，城中居民不多。为了繁荣中京，使之与辽朝的政治中心相称，萧燕燕和辽圣宗曾专门下令从南京道各州县迁徙汉族士农工商各类民户，移居中京城，使这块原来人烟稀少的塞北荒凉之地逐渐繁华起来，在辽朝后期已经超过上京。

尾声

统和二十七年（1009）十一月，皇太后萧燕燕结束摄政，在上京正式把朝廷军政大权交给已经 39 岁的辽圣宗耶律隆绪。萧太后的晚年时光多是在中京城度过的。《辽史》诸书中对皇太后萧燕燕还政辽圣宗一事的记载，如同对朝廷其他政事的记载一样直白而平常，甚至看不到哪怕是些许的文辞上的修饰和渲染。但是，作为后来者的今人，把萧燕燕登上辽朝政治舞台 40 余年的所作所为置于辽朝及当时中国北方历史发展进程大背景下进行观察，可见，萧燕燕绝非平常的女流之辈！萧燕燕在还政后不到一个月就辞世了。可以说随着萧燕燕还政辽圣宗，属于萧燕燕的时代结束了！

十二月乙酉日，皇太后萧燕燕随辽圣宗离开上京返回中京。行不过 3 天路程，皇太后突然患病。因萧燕燕病得很重，又正在路途之中，虽有随驾御医全力救治，最终仍然没有能够挽救她的生命。3 天以后，这位为推动辽朝社会历史发展作出卓越贡献的政治家在行宫中溘然长逝，享年 57 岁。

辽圣宗马上停止巡幸，在行宫就地设置灵堂，为母后举哀。时近年底，辽圣宗分别向宋朝、高丽、党项派出告哀使臣，辞免这些国家例行的赴中京向萧燕燕和皇帝祝贺正旦的使团。因辽圣宗耶律隆绪诞辰千令节也在十二月，辽圣宗又下诏停止一切为祝贺千令节而进行的准备工作。统和二十八年（1010）三月，在辽圣宗的主持下，为大行皇太后上谥号圣神宣献皇后。四月，合葬大行皇太后于辽景宗乾陵。重熙二十一年（1052），辽兴宗耶律宗真颁布诏令为萧燕燕改谥为睿智皇后。

辽史·景宗睿智皇后萧氏传

景宗睿智皇后萧氏，讳绰，小字燕燕，北府宰相思温女。早慧。思温尝观诸女扫地，惟后洁除，喜曰："此女必能成家！"帝即位，选为贵妃。寻册为皇后，生圣宗。

景宗崩，尊为皇太后，摄国政。后泣曰："母寡子弱，族属雄强，边防未靖，奈何？"耶律斜轸、韩德让进曰："信任臣等，何虑之有！"于是，后与斜轸、德让参决大政，委于越休哥以南边事。统和元年，上尊号曰承天皇太后。二十四年，加上尊号曰睿德神略应运启化承天皇太后。二十七年崩。谥曰圣神宣献皇后。重熙二十一年，更今谥。

后明达治道，闻善必从，故群臣咸竭其忠。习知军政，澶渊之役，亲御戎车，指麾三军，赏罚信明，将士用命。圣宗称辽盛主，后教训为多。

契丹国志·景宗萧皇后传

景宗皇后萧氏，名燕燕，侍中、守尚书令萧守兴之女也。或以燕燕为北宰相萧思温女。

景宗自幼年遭火神淀之乱，世宗与后同时遇害，帝藏积薪中，因此婴疾；及即位，国事皆燕燕决之。

萧守兴以后父超封魏王，共决大政。景宗崩，后领国事，自称太后。凡四子，长名隆绪，即圣宗；次名隆庆，番名菩萨奴，封秦晋王；次名隆裕，番名高七，封齐国王；次名郑哥，八月而夭。女三人，长曰燕哥，适后弟北宰相留住哥，署驸马都尉；次曰长寿奴，适后侄东京留守悖野；次曰延寿奴，适悖野母弟肯头。延寿奴出猎，为鹿所触死，后即缢杀肯头以殉葬。

后有姊二人，长适齐王，王死，自称齐妃，领兵三万屯西鄙驴驹儿河，尝阅马，见番奴挞览阿钵姿貌甚美，因召侍宫中。后闻之，絷挞览阿钵，挟以沙囊四百而离之。逾年，齐妃请于后，愿以为夫，后许之，使西捍鞑靼，尽降之。因谋帅其众奔骨历札国，结兵以篡后，后知之，遂夺其兵，命领幽州。次适赵王，王死，赵妃因会饮毒后，为婢所发，后鸩杀之。后天性忮忍，阴毒嗜杀，神机智略，善驭左右，大臣多得其死力。

统和年间，举国南征，后亲跨马行阵，与幼帝提兵初趣威虏军、顺安军，东趣保州。又与幼帝及统军顺国王挞览合势以攻定州，余众直抵深、祁以东。又从阳城淀缘胡芦河逾关，南抵瀛州城下，兵势甚盛，后与幼帝亲鼓众急击，矢集城上如雨。复自瀛州抵贝、冀、天雄，南宋惶遽，驾亲幸澶渊，然后为谋主；至遣王继忠通好，及所得岁币，亦后之谋也。国中所管幽州汉兵，谓之神武、控鹤、羽林、骁武等，皆后自统之；其将有南北皮室，当直舍利等。是时，圣宗年少，宋使臣曹利用、张皓之议和，皆后与幼帝引至帐前，问劳设馆。左飞龙使韩杞至宋朝，先授幼帝书，再升殿跪奏云："太后令臣上问皇帝起居。"此可以知太后专其政，人不畏其幼帝也。是年，帝上后尊号曰睿德神略应运启化法道洪仁圣武开统承天皇太后。

自南北通和后，契丹多在中京。武功殿，圣宗居之；文化殿，太后居之。好华仪而性无检束，每宴集有不拜不拱手者。惟后愿固盟好而年齿渐衰，宰相耶律隆运专权，有辟阳侯之幸，宠荣终始，朝臣莫及焉。其后归政于帝，未逾月而崩。临朝二十七年，年五十七，谥曰宣献。

萧太后生平大事年表

953　应历三年　萧燕燕生。

969　保宁元年　二月，辽景宗耶律贤即位。萧燕燕应召入宫为贵妃。

　　　　　　　三月，以萧燕燕父萧思温为北院枢密使兼北府宰相。

　　　　　　　四月，晋封萧燕燕大姐之夫耶律罨撒葛为齐王，二姐之

　　　　　　　夫耶律喜隐为宋王。

　　　　　　　五月，册立贵妃萧燕燕为皇后。

　　　　　　　十一月，封萧思温为魏王。

970　保宁二年　五月，萧思温被杀于盘道岭。

　　　　　　　九月，得国舅萧海只、萧海里杀萧思温状，皆伏诛。

971　保宁三年　四月，世宗妃啜里及蒲哥厌魅，赐死。

　　　　　　　十二月，生皇子耶律隆绪。

972　保宁四年　四月，追封萧思温为楚国王。

973　保宁五年　三月，追封萧燕燕祖父胡母里为韩王，赠伯父胡鲁古兼

　　　　　　　政事令，尼古只兼侍中。

974　保宁六年　三月，遣涿州刺史耶律昌术与宋朝议和。

四月，宋王耶律喜隐谋反，废其王封。

975　保宁七年　正月，宋朝遣使来贺正旦，自此辽宋互派使臣。

976　保宁八年　二月，辽景宗诏谕史馆：书皇后萧燕燕言亦称"朕""予"，
　　　　　　　著为定式。

　　　　　　　八月，宋攻北汉，派耶律沙等率军救援。

　　　　　　　十二月，诏复南京礼部贡院，开科取士。

977　保宁九年　三月，诏以粟20万斛助北汉。

978　保宁十年　五月，以女里、高勋曾参与谋杀萧思温，赐女里死，诛
　　　　　　　高勋。

979　乾亨元年　二月，宋朝攻北汉，派耶律沙等率军救援。

　　　　　　　三月，耶律沙兵败白马岭。

　　　　　　　五月，北汉亡。宋军围南京。

　　　　　　　七月，大败宋军于高粱河。

　　　　　　　十月，韩匡嗣率军伐宋，兵败于满城。

980　乾亨二年　正月，封皇子耶律隆绪为梁王，耶律隆庆为恒王。

　　　　　　　六月，耶律喜隐复谋反，囚于祖州。

981　乾亨三年　十二月，以韩德让为南院枢密使。

982　乾亨四年　四月，辽景宗率军伐宋，兵败于满城。

　　　　　　　七月，赐耶律喜隐死。

　　　　　　　九月，萧燕燕随景宗幸云州。景宗崩于焦山，皇子耶律
　　　　　　　隆绪即位，是为辽圣宗。尊萧燕燕为皇太后，摄国政。
　　　　　　　韩德让总掌宿卫事。

十二月，挞剌干乃万十醉言宫掖事，杖而释之。

983　统和元年　正月，以耶律休哥为南京留守，总南边事。

二月，禁止官吏军民无故聚众私语及冒禁夜行。

六月，改国号为大契丹。辽圣宗率群臣上皇太后尊号为承天皇太后。

七月，以南京所进律文修改契丹、汉人互殴处罚不平之律。

984　统和二年　四月，皇太后临决滞狱。

985　统和三年　诏诸道缮甲兵，准备东征高丽。

十一月，以韩德让兼政事令。

986　统和四年　二月，党项羌酋长李继迁叛宋来降，命为定难军节度使。

三月，宋军分三路来侵，分道御之。

四月，败宋东路军曹彬于岐沟关。

七月，败宋西路军潘美，陈家谷生俘杨业。辽圣宗自率军伐宋。

十一月，进至狭底埚，皇太后亲阅辎重兵甲。

十二月，李继迁请婚，以宗室女下嫁，赐战马3000匹。

987　统和五年　正月，破束城县，纵兵大掠。

四月，辽圣宗率群臣上皇太后尊号睿德神略应运启化承天皇太后。

988　统和六年　十月，辽圣宗复率军伐宋克涿州。

十一月，克祁州。是年初开贡举，及第者一人。

989　统和七年　正月，克易州，迁其民于南京。

990　统和八年　十二月，封李继迁为夏国主。

992　统和十年　十二月，命东京留守萧恒德伐高丽。

993　统和十一年　正月，高丽王奉表请罪，诏以女真鸭绿江东数百里地

　　　　　　　　赐高丽。

994　统和十二年　七月，诏契丹人犯十恶者依汉律治罪。

　　　　　　　　八月，诏皇太后大姐齐王妃萧胡辇率军抚定西部。

　　　　　　　　九月，宋遣使者请和，不许。

995　统和十三年　九月，以南京太学生员多，特赐水磑庄一区。奉安辽

　　　　　　　　景宗及皇太后石像于延芳淀。

996　统和十四年　三月，高丽王请婚，以驸马萧恒德之女嫁之。高丽遣

　　　　　　　　童子来学习契丹语。

　　　　　　　　十一月，诏诸军毋非时畋猎妨农。奉安辽景宗及皇太

　　　　　　　　后石像于乾州。

997　统和十五年　三月，齐王妃献西边捷。

　　　　　　　　八月，皇太后劝诫辽圣宗减游猎。

998　统和十六年　十二月，封皇太后次子耶律隆庆为梁国王，授南京留

　　　　　　　　守，三子耶律隆裕为吴国王。

999　统和十七年　九月，皇太后、辽圣宗率军攻宋。以韩德让兼知北院

　　　　　　　　枢密院使事。

1001　统和十九年　三月，赐大丞相韩德让名德昌。

　　　　　　　　十月，辽圣宗率军攻宋，战于遂城，败宋军。

1002 统和二十年　三月，北府宰相萧继远率军攻宋，败宋军于梁门、泰

州。

1003 统和二十一年　四月，萧挞览于望都俘获宋将王继忠。

1004 统和二十二年　闰九月，辽圣宗、皇太后统军20万攻宋。

十一月，进至澶州。萧挞览中伏弩死。与宋议和。

十二月，"澶渊之盟"达成。皇太后赐齐王韩德昌

姓耶律，晋封晋王。

1005 统和二十三年　五月，宋朝遣使贺皇太后生辰，自是每年一至。

十一月，诏大丞相耶律德昌出宫籍，属于横帐。

1006 统和二十四年　五月，幽齐王妃萧胡辇于怀州。

1007 统和二十五年　正月，始建中京。

六月，赐死齐王妃萧胡辇于幽所。

1009 统和二十七年　十二月，皇太后崩于行宫。遣使报哀于宋、高丽、

夏。

1010 统和二十八年　三月，上皇太后谥号圣神宣献皇后。

四月，葬大行皇太后于乾陵。赐大丞相耶律德昌名

隆运。

1052 重熙二十一年　十一月，改圣神宣献皇后谥号为睿智皇后。

后 记

在本书即将杀青之际，想就与萧燕燕这个历史人物有关系的两个问题说几句话，一是萧燕燕的形象问题，一是萧燕燕与汉官韩德让的关系问题。

首先，来说萧燕燕的形象问题。

以往人们对萧太后萧燕燕的了解，多是从诸如《杨家将》《穆桂英挂帅》等旧戏剧小说中得到的，在这些戏剧小说中把这位辽朝的最高统治者描绘得凶残野蛮，给人以狰狞丑陋的恐怖印象。而在近些年的某些戏曲艺术中，又往往以宣传民族平等，提倡中华各民族间的友好交往，把萧太后描绘成一副慈眉善目、和蔼慈祥的形象。

无论是狰狞丑陋也好，慈眉善目也罢，这都是戏剧小说中为突出人物个性和形象而惯用的艺术手法，不足为怪，也不必为此而说三道四，多所指摘。

但是，要了解历史上的萧太后究竟是怎样的一个人，仅仅靠戏剧小说的描写不能全面了解和把握那个特定的历史时代赋予萧太后性格中多方面、多层次的复杂表现。

萧燕燕从入宫不久便参与朝廷大政，辽圣宗即位后，她又以皇太后身份摄政，她在这前后长达40余年的时间里，实际上是辽朝这个雄踞于中国北方泱泱大国的最高统治者，处于至高无上的地位。从这里，人们很容易联想到她手中所掌握的生杀予夺的大权，并且也很容易受她的统治者生涯中的残酷暴虐行为的影响对她留下深刻的印象。

例如，萧燕燕在处理与两个同胞姐姐的关系上最能表现她的严酷无情。如果是一般人，很难对一母所生的亲姐姐下此毒手，这是萧燕燕入宫前连她自己也未曾料想过的。然而，萧燕燕初则以皇后身份辅佐弱不禁风的辽景宗，继之则以皇太后身份统摄军国事。命运已经把她与两代皇帝、与整个耶律氏天下紧紧连在了一起，一荣俱荣，一损俱损。她的两个姐姐先后走上了与耶律氏最高政治利益为敌的道路，萧燕燕只能舍弃亲情，以铁的手腕果断处置之，这种铁的手腕，或称为严酷无情，却是保持辽朝统治的稳定和久远所必需的。这虽然悖于情理，却与萧燕燕的地位及其所肩负的使命相一致。

萧燕燕以马球骑手胡里室冲撞了宠臣韩德让，而下令把胡里室枭首示众，则是一例典型的法外用刑，是萧燕燕用此极端手段杀人立威，炫耀其至高无上的专制权力的表现，淋漓尽致地反映了专制皇权的残暴本质。这在长期的封建专制时代并不罕见。

萧燕燕为重新得到韩德让的爱情，迫使他满足自己的要求，派人缢杀了韩德让的结发妻子李氏。这却是萧燕燕借助手中的权力达到一己之私欲的一例，也只有手握生杀予夺大权的人才能轻而易举做到这一点。

通过以上数例可知，历史文献中关于萧燕燕"天性忮忍，阴毒嗜杀"的评价不是空穴来风，也不是对她的污评和诋毁。

但是，与此同时，我们又不能不看到萧燕燕作为活生生的人性格中的另外一面，尤其是作为女性的独具特点的情感世界。

作为皇后，在理政之余，她体贴侍奉患病的皇帝；作为母亲，她谆谆教诲、辛勤哺育子女们，不乏贤妻良母的美德，使人感受到温馨的亲情。对于昔日情人韩德让，在萧燕燕所表现出的敢爱敢恨、敢作敢当的品格同时，也可以看到她对韩德让爱意绵绵、柔情似水的一面。在日理万机的闲暇之时，萧燕燕与皇帝、蕃汉大臣、诸王、驸马们登高踏青、纵马郊野、弈棋游戏、聚会饮宴，每逢此时，君臣共乐，合家同欢，萧燕燕似乎又成了一家之中年辈最长、受人尊敬的老太太。

把以上全部综合起来，就是一个完整的萧燕燕的形象，由于政治斗争的残酷，把萧燕燕这样一个纯情女子变成具有铁的手腕的最高统治者，在她的身上同时兼容了帝王、母亲、情人的多重性格，这是由她所处的特殊地位及面临的特定的社会历史环境所决定的。

其次，是关于萧燕燕与韩德让的关系。

萧燕燕与韩德让之间的关系，也与其他著名历史人物的隐秘一样，引起了当时及后世文人的兴趣，然而却由于各类史籍中对此缺乏明确的记载，以致众说纷纭，莫衷一是。

在记载辽朝基本史事的《辽史》中，对此没有可以说明问题的记载。这可能是修史者"为尊者讳"的结果，因为元朝修撰《辽史》时，所用底本是辽朝当代史学家陈大任所著旧史。陈大任以当代人修当代史，在这种"敏感"问题上心存顾虑，略过不记，是完全可以理解的。

韩德让于萧燕燕有"辟阳侯之幸"一说，联系萧燕燕摄政时曾经下令民间不得"聚众私语"，还有人因醉酒泄露宫掖事而受到惩罚，是否与此有关系，就不得而知了。而另一本辽朝历史著作《契丹国志》，说辽景宗即位之后，韩德让就在支持萧燕燕参决朝政中发挥重要作用。如果按"辟阳侯之幸"典故的原型西汉吕后与审食其之间的亲密关系来理解，韩德让与萧燕燕之间就绝不仅仅是政治上的合作关系。如果《契丹国志》作者所述不妄的话，韩德让在辽景宗时就已经在皇后萧燕燕的后宫生活中扮演了重要的角色。

与辽朝所修历史著作不同，宋朝人的著作中有关萧燕燕与韩德让关系的记述则更多一些，其中《东都事略》一书有这样的记载：萧燕燕在辽景宗在位时就与韩德让私通，派人杀了韩德让妻子李氏，又幸宫中医工迪里姑，对于敢于议论其行为者，动辄处以极刑，朝野为之侧目，人人噤若寒蝉，敢怒而不敢言，就连皇帝辽圣宗也无可奈何。这些记载让人信疑参半。

当然，有的传说萧燕燕与韩德让在相距很短的时间里先后死去，而且同枢合葬一处，显然距历史事实太远。

宋朝路振曾出使辽朝，在他所著《乘轺录》一书中，追记了他在辽中京谒见萧太后、辽圣宗时，看到当时已经改称耶律德昌的韩德让和在萧太后膝下嬉戏玩耍，身着锦衣，头戴胡帽的男童，其模样与韩德让颇为相似。路振说这个男童是萧太后与韩德让所生之子，而且知道这是楚王。路振言之凿凿，又系亲眼所见，很难让人不信。

时至今日，我们不必再去为考证萧燕燕与韩德让之间是一种什么关系而劳心费力，读者若能通过本书对萧燕燕其人其事有所了解，即是作者所希望的！

作者

2023 年 8 月